全国空乘专业系列规划教材

空乘人员职业形象设计与化妆

Professional Image Design and Makeup of Flight Attendant

邹湘慧　熊越强　李姿惠　主　编
王益友　主　审

航空工业出版社
北　京

内容提要

本教材共分为九章，分别是：形象设计与化妆的基本认知、护肤基础、护发基础、化妆基础、整体妆容设计、服饰与配饰、空乘人员的职业内容与形象塑造、空乘人员的身体塑形、空乘人员的气质培养与美容养生。每一章节前都设有导学小故事，章后设有思考与练习，个别章节根据需要设有深入阅读或知识拓展，以帮助同学们更好地掌握所学知识。

本教材实用性强，具有专业创新性，护肤、护发、化妆等内容都有更为深入的讲解，为实践环节打下丰富的理论基础。该教材编委均为来自一线的专任教师，教材内容都是基于行业标准和多年的教学经验编写而成，具有很强的针对性和实用性。其中理论与实践部分的知识点占比合理、难易程度适中。重要章节通过图文搭配的形式进行讲解，使同学们能够较好地掌握形象设计手法和化妆技巧。本教材主要适用于航空服务艺术与管理专业、空中乘务专业的教学，对于高铁乘务、酒店管理、旅游管理等有职业形象要求的专业也有借鉴意义。

图书在版编目（CIP）数据

空乘人员职业形象设计与化妆 / 邹湘慧，熊越强，李姿惠主编．--北京：航空工业出版社，2023.4

ISBN 978-7-5165-3319-2

Ⅰ．①空… Ⅱ．①邹… ②熊… ③李… Ⅲ．①民用航空-乘务人员-形象-设计-教材 ②民用航空-乘务人员-化妆-教材 Ⅳ．①F560.9

中国国家版本馆 CIP 数据核字(2023)第 055010 号

空乘人员职业形象设计与化妆

Kongcheng Renyuan Zhiye Xingxiang Sheji yu Huazhuang

航空工业出版社出版发行

（北京市朝阳区京顺路 5 号曙光大厦 C 座四层　100028）

发行部电话：010-85672675　010-85672678

北京富泰印刷有限责任公司印刷　　全国各地新华书店经售

2023 年 4 月第 1 版　　2023 年 4 月第 1 次印刷

开本：787×1092　1/16　　字数：344 千字

印张：14.25　　定价：48.00 元

全国空乘专业系列规划教材
专家委员会

全国空乘专业系列规划教材

编写委员会

蒋树平（宁波大学副教授）
刘　超（华侨大学航空学院副院长、副教授）
黄　娜（青岛职业技术学院艺术学院副教授）
陈思涵（武汉商贸职业学院航空服务学院院长）
孙　梅（上海建桥学院航空服务系博士）
张号全（武汉商贸职业学院招生就业中心原处长、高级职业指导师）
孙东海（江苏新东方艺先锋传媒学校校长）
房桂兵（铜陵民航科技学校校长）
资晓健（金鹏航空公司全球人才招聘中心经理）
杜　鄀（南方航空公司培训中心）
龚和星（江苏天合诚功机场管理有限公司董事长）
王建凯（江苏凯启教育科技有限公司董事长兼教育总监）

丛书编写委员会委员：

石　慧（南昌航空大学）
王丽蓉（南昌航空大学）
胡　妮（南昌航空大学）
张贺杰（郑州航空工业管理学院）
王　晶（沈阳航空航天大学）
黄春新（沈阳航空航天大学）
李　蕾（沈阳航空航天大学）
崔祥健（沈阳航空航天大学）
贾丽娟（沈阳航空航天大学）
李雯艳（沈阳师范大学）
李　姝（沈阳师范大学）
王　莹（沈阳师范大学）
陆丽静（桂林航天工业学院）
邹湘慧（桂林航天工业学院）
张艳梅（桂林航天工业学院）
李　丽（桂林航天工业学院）
徐洁玉（桂林航天工业学院）
许　阳（桂林航天工业学院）
唐　珉（桂林航天工业学院）
闫　绪（桂林航天工业学院）

胥佳明（大连海事大学）
曹璐璐（中原工学院）
吴爱荣（江西工程学院）
郑菲菲（南京旅游职业学院）
李　仟（天津中德应用技术大学）
黄　晨（天津交通职业学院）
朱茫茫（潍坊职业学院）
周茗慧（山东外事翻译职业学院）
操小霞（重庆财经职业学院）
戴雨汐（湖南网络工程职业学院）
于　莉（辽宁轻工职业学院）
马海霞（大连航运职业技术学院）
孙春霞（秦皇岛市青龙职教中心）
李志娟（河北雄安新区雄县职业技术教育中心）
柳　武（湖南流通创软科技有限公司）
张　悦（深圳艾芙莱航空集团）
黄婵芸（东方航空公司原乘务员）
付砚然（海南航空公司原乘务员）
李霏雨（中国国际航空公司原乘务长）
晏渲贻（中国南方航空公司原乘务长）
祝梅雪（深圳航空公司原乘务员）
凤　琴（山东航空公司原乘务员）
黄　颖（上海航空公司原乘务长）
费艺飞（吉祥航空公司原乘务员）
吴丽真（厦门航空公司原乘务长）
陈新路（春秋航空公司原乘务长）
倪欣雨（斯里兰卡航空空中翻译，印度尼西亚航空、日本航空原乘务员）

《空乘人员职业形象设计与化妆》编委会

主　编　邹湘慧　熊越强　李姿惠
副主编　卢　芳　黄雨泉　唐　珉
主　审　王益友

前言

PREFACE

我们经常听到一句话——你的职业形象价值百万，一个好的职业形象会给你的职场增色不少，到底什么是职业形象？职业形象是指我们在职场大众面前树立的印象，包括外表形象、知识结构、品德修养、沟通能力等。职业形象可以通过妆容衣着、言行举止来体现我们的职业素养和专业技能。当我们乘坐飞机时，空中乘务员们的微笑和周到的服务，会让我们劳累的旅途倍感轻松；当我们生病就医时，医生不仅帮我们解除生理上的病痛，更带来心灵的慰藉。试想一下，当我们看到穿戴不整齐的空乘人员，或者邋遢的服务生，我们还会让他们为我们服务，或者信任他们的专业度吗？

航空客运作为一种快速、高效的交通方式，已逐渐成为人们远距离出行的首要选择。空中乘务员作为航空公司对外宣传与服务的重要形象窗口，不仅代表着航空公司的文化形象，而且在特定环境中将成为国家和民族的代言人。因此，空乘人员的职业形象承载的是民族审美的积淀，而这种审美也是航空公司文化氛围的有机产物。随着我国从民航大国到民航强国的战略性转变，航空公司对优质人才的需求不断升温，为进一步更新专业知识、提升人才培养质量，我们特组织了业内资深专家、专业教师、空中乘务从业人员共同编写《空乘人员职业形象设计与化妆》。本书从护肤、护发、妆容设计、服饰搭配、体态塑形、气质培养、美容养生等多维度进行深度讲解，全方位打造空乘人员的人物形象。并借鉴行业要求，重点分析空乘行业的职业形象特点，融入美妆、美发、塑形等与时俱进的新观念。

本书编写的分工如下：桂林航天工业学院邹湘慧完成全书统稿及第一章第二节和第三节、第四章、第五章的撰写；桂林航天工业学院熊越强完成第三章第四节、第七章的撰写，广西商业技师学院李姿惠完成第一章第一节、第八章的撰写；广西商业技师学院卢芳完成第二章、第三章第一节~第三节的撰写；桂林航天工业学院唐珉完成第六章的撰写；柳州市第一职业技术学校黄雨泉完成第九章的撰写。桂林航天工业学院学生曹怀颖、孙晓兵、邹依燕、陈智浩、王子源完成出镜模特工作；欧晋林、白恩吉完成摄影及后期工作。

第七章“空乘人员的职业内容与形象塑造”中所用到的航空公司职业形象照片，均为桂林航天工业学院学生，他们分别是：南方航空柳凯槊、孙亚男，四川航空龙玉清，大韩航空王雨，厦门航空岳嘉伟，昆明航空文涛，深圳航空唐芳芳。

每个职业都有自己的职业属性，良好的妆容、得体的穿着、合适的身体比例、恰当的言谈举止，都是对自己精神和心灵上的双重肯定。在现代生活中，随着人们交际圈的不断扩大，形象设计与妆容不再是空乘人员的专属，而是时代大潮流中爱美人士的必修课。本书不仅可以作为空中乘务专业和航空服务艺术与管理专业的课程指导用书，还可以成为相关专业（酒店管理、旅游管理、高铁乘务、邮轮乘务等）或爱美人士的参考资料。

虽然我们在《空乘人员职业形象设计与化妆》的特色编写方面做了很多有益的探索和努力，但由于能力和水平有限，难免有不当及错漏之处，恳请读者在使用过程中提出宝贵意见，并将意见和建议及时反馈给我们，以便我们及时修正和改进。

本书在编写过程中，参考了国内相关资料，也参考了多家航空公司的职业形象手册，在此一并向相关作者和航空公司表示感谢！

编者

2022 年 12 月

目　录

CONTENTS

目录

第一章　形象设计与化妆的基本认知

形象设计与化妆的基本认知：这一章节将系统地阐述形象设计与化妆等基本理论。根据空乘职业特征来阐述形象设计和化妆的特点，并通过基础理论学习，使学生掌握人物形象的塑造。

小故事1：衣着与行为

墨子是战国时期一位伟大的政治家和道德家。有一天，墨子的弟子报告墨子说："先生，外面有一个穿着儒生服装的人请求与先生相见。"墨子说："请他进来吧！"

一会儿，那个人跟随墨子的弟子进来。此人复姓公孟，信奉儒家学说，是孔子弟子的弟子，人们尊称他为公孟子。只见他头戴青布冠，穿一身儒生的服装，扬扬自得地走进来，问墨子道："请问先生，作为君子是穿上某种服装之后才有所作为呢？还是有所作为以后才穿上某种服装呢？"

墨子回答说："有没有作为，不在于他穿什么样的服装，关键在于他的行为如何。"公孟子进一步追问："凭什么得出这样的道理呢？"

墨子解释说："从前，齐桓公头上戴着高冠，腰间系着宽大腰带，身佩金剑，手持木盾，他治理齐国，把齐国治理得很好；晋文公身穿粗布衣服，外套老羊皮袄，用熟牛皮系挂着长剑，他治理晋国，把晋国治理得很好；楚庄王头上戴的法冠还系着丝带，身上穿着的衣袍十分肥大，他治理楚国，也把楚国治理得很好；越王勾践剪短头发，身刺花纹，他治理越国，也把越国治理得很好。这四位君王，他们的穿着不同，但是都很有作为，建立的功业同样显赫。我凭这些懂得有作为的人不在于他们穿什么样的服装。"公孟子说："讲得好！我听说：'赞赏好的主张而不尽快实行，是不吉祥的。'我愿意脱去儒生的服装，更换掉儒生的青布冠，再来拜见先生，可以吗？"

墨子说："不必了，请你就穿这身衣服与我相见吧。如果一定要换一身衣服再来见我，那么不就等于说，一个人有没有作为果然取决于他的穿着打扮了吗？"一句话把公孟子也说笑了。

小故事2：黄花闺女

南北朝刘宋时，宋武帝有位女儿寿阳公主，生得十分美貌。有一天，她在宫里玩累了，便躺卧于宫殿的檐下，当时正逢梅花盛开，一阵风过去，梅花片片飞落，有几瓣梅花恰巧掉在她的额头。梅花渍染，留下斑斑花痕，寿阳公主被衬得更加娇柔妩媚，宫女们见状，都忍不住惊呼起来。从此，爱美的寿阳公主就常将梅花贴在前额。

寿阳公主这种打扮被人称为"梅花妆"。传到民间，许多富家大户的女儿都争相效仿。但梅花是有季节性的，于是有人想出了法子，设法采集其他黄色的花粉制成粉料，用以化妆。这种粉料，人们便叫作“花黄”或“额花”。由于梅花妆的粉料是黄色的，加之采用这种妆饰的都是没有出阁的女子，慢慢地，“黄花闺女”一词便成为未婚少女的专有称谓了。以上的说法是民间传说，贴花黄之风俗比刘宋时期早，北朝民歌《木兰诗》中就有“对镜帖花黄”一句，而北朝的建立是早于刘宋的，北魏一个普通民间女子早已贴花黄，可见这一风俗可能在东晋之前就有了。花黄是古代流行的一种女性额饰，又称额黄、鹅黄、鸭黄、约黄等，是把黄金色的纸剪成各式装饰图样，或是在额间涂上黄色。这种化妆方式起源于南北朝，当时佛教盛行，爱美求新的女性从涂金的佛像上受到启发，将额头涂成黄色，渐成风习。南朝梁简文帝萧纲《美女篇》云：“约黄能效月，裁金巧作星。”就是指额黄。到唐朝时额黄更加盛行。如卢照邻诗：“片片行云着蝉鬓，纤纤初月上鸦黄。”皮日休诗：“半垂金粉知何似，静婉临溪照额黄。”郑史诗：“最爱铅华薄薄妆，更兼衣著又鹅黄。”经过五代，到宋代时，额黄还在流行，如彭汝砺诗：“有女夭夭称细娘，真珠络髻面涂黄。”古时还时兴过由额黄发展而成的佛妆，张芸叟《使辽录》中所说：“胡妇以黄物涂面如金，谓之佛妆。”但这种潮流并未大范围地在汉地流行。

小故事3：步步生莲

公元498年7月，南朝齐高帝萧鸾死后，太子萧宝卷即位为君。这年，他年方十七岁。萧宝卷是个少年昏君，他沉湎酒色，不理朝政。他手下的奸臣茹法珍、梅虫儿投其所好，为他广选美女。有一个潘姓美女，长得貌若天仙，妖艳无比，也被选中。萧宝卷和她一夜欢会，神魂颠倒，不久便封她为贵妃。虽然潘妃是个穷奢极欲之人，但萧宝卷贵为天子，当然样样都能满足她的要求。有时甚至为了表示对她的恩宠，出游时让潘妃乘车走在前面，自己骑了骏马跟随在后，而奔走一阵后，潘妃渴了，他还下马亲自把茶水送到潘妃面前。公元500年8月，萧宝卷和潘妃等出外夜游，宫中不幸失火，烧毁了三千多间宫殿。但萧宝卷不以为意，立即下令重建。同时，他为讨得潘妃欢心，特地为她另造了神仙、永寿、玉寿三座宫殿，装饰得比一般宫殿华丽得多。更有甚者，萧宝卷又下令在潘妃宫中正殿的地面贴满莲花状的金砖，令潘妃慢慢地一步一步走。潘妃的三寸小脚慢慢移动，脚下的莲花熠熠生辉。萧宝卷在一旁观赏潘妃美妙的步姿，赞美说：“美极了！你每走一步，步步都生出一朵莲花！”

萧宝卷如此骄奢淫逸，国运当然不会长久。他在位只有三年，公元501年，雍州刺史萧衍在襄阳起兵，进攻都城建康，城中禁卫军与萧衍里应外合，将萧宝卷杀死。此后不久，萧衍将茹法珍、梅虫儿等奸臣一齐处死，独独对潘妃不忍杀戮，意欲留作姬妾。他特地为这事与领军王茂商量。王茂说：“这尤物是齐朝灭亡的祸水。如果留在宫中，必定会招致朝野的非议。”萧衍听了这话，权衡得失，不得已只好下令将潘妃缢死。这个得宠于一时、步步生莲花的尤物，就这样结束了她的一生。

后来，“潘妃金莲”这一典故，用来形容美人的小脚；或称誉美人步态的佳美；亦用来指称美人。明清时代的女性，会把鞋子的高跟掏空，安个活动小抽屉，在里面装满白色香粉。穿上这样的鞋，一旦走动起来，地上会印出一个莲花或兰花的完整图案，这叫“步步生莲”。而且这种运用在日常并不罕见。

第一节 形象设计

学习目标

理论目标：形象设计的概念；形象设计的审美；形象设计的原则

实践目标：具有自我形象提升的基本意识

学习内容

随着人类文明的不断发展和进步、时尚对社会经济高速发展的影响和推动，人们的生活形态和方式也随之日益趋于讲求品位、追求变化、提倡格调。尽管时尚在不同的历史阶段有不同的社会、政治、文化的内涵，然而一旦形成，便具有不可抗拒的巨大力量。尤其在经济飞速发展的我国，人们的消费支出行为已经逐步转向时尚性、娱乐性、健康性消费，特别是在服装领域，时尚对服装的推动作用不但形成了无法抗拒的流行趋势，更在经济理论层面得到了强力支撑。形象设计作为诸多时尚设计门类中与人们生活、工作息息相关的重要组成部分，其产生和发展的时代背景及不可或缺的必然性愈发显而易见。事实上，形象设计作为人类的一种文化形态，其历史可谓源远流长。史料记载中的历代绘画及文字，深深地影响着华夏民族穿衣打扮数千年，其中许多内容至今仍闪耀着璀璨的光辉。从历史角度上看，现代形象设计在国外的发展历史较长，并且也较为普遍，而国内在此领域则尚处于起步和发展阶段。化妆界曾流行过这样一句话：20 世纪 60 年代讲化妆，70 年代讲香水，80 年代讲健美，90 年代讲美容，21 世纪则讲形象。由此可见，对人对己进行全方位的形象设计，也就是人物形象的整体塑造，是这一社会发展阶段的必然产物和审美诉求，也势必成为现代社会的一种时尚。

一、形象设计的概念

提及形象设计的概念，首先必须要明确何谓“形象”，何谓“设计”。

“形象”（image），属于艺术范畴，泛指占有一定空间、具有美感的形象或者是使人通过视觉来欣赏的艺术，其可概括为创造出来的物体或人物的形象。在《辞海》中被解释为形状、相貌及根据现实生活各种现象加以选择、综合所创造出来的具有一定思想内容和审美意义的具体生动的图画。由此可见，“形象”的含义应从广义和狭义两方面来概括。前者是指人和物，包括社会、自然的环境与景物；后者专指人。

“设计”（design），含有徽章、记号、图案、造型、形式、方法、陈设等意；在《辞海》中被解释为根据一定要求，对某项工作预先制定的图样和方案。

就“形象设计”而言，其从属于现代艺术设计的范畴。故此，它是集现代设计之共性和自身特点于一身的艺术造型形式。它的构成形式即是运用各种设计手段，借助视觉冲击力和视觉优选，而引起心理的美感判断，并着重于研究人的外观与造型的视觉传达设计。

在当今社会，“形象设计”一词作为近年来最为时尚的词汇之一，我们对其早已是妇孺皆知、耳熟能详。但无论是在专业书籍还是在报纸杂志中都较少对其概念进行确切的界定，这或许是形象设计尚处于待发展完善阶段的缘故。所以，在分别明确了“形象”和“设计”的含义之后，再从广义和狭义两个角度来解释其概念就显得水到渠成了。

从广义上讲，形象设计是指在一定的社会意识形态支配下，进行的一种既富有特殊象征寓意又别具艺术美感的衣着装扮的创造性思维与实践活动。它以体现人的社会属性为首要目的，审美属性为其次。

从狭义上讲，形象设计是以审美为核心，依据个人的职业、性格、年龄、体型、脸型、肤色、发质等综合因素来指导人们进行化妆造型、服装服饰及体态礼仪完美结合的创造性思维和艺术实践活动。简言之，即按照美的创作规律进行衣着装扮。该概念与广义概念的差别是，它以体现人的审美属性为首要目的，社会属性为其次。审美属性一方面在于它与人的自然形体融为一体，表现人的外在美；另一方面它又要与人的气质、性格、思想、情趣、爱好等相适应，表现人的内在美。因此，可以将其视为是人的内在美与外在美的综合产物。

二、空乘人员学习形象设计的意义

作为一名空乘人员，在各航司制服、影像拍摄、公司宣传这些典型的专业工作过程中，以及除此之外的服务客群、接受媒体采访、会见客户，甚至是面试及平日的形象打理等，都需要依据自身的整体条件、结合流行时尚、针对不同状况进行专业的形象设计。航空公司之间的制服演变、空乘人员的跨界风潮也是愈演愈烈，这便对空乘人员的专业形象规划提出了更高的要求。即便是完成一次次的机上服务，也需要有繁琐的前期准备和庞杂的后台技术支持，穿着光鲜的制服只不过是人们看到露出水面的冰山一角。在当下，空乘人员已经不仅仅满足于在飞机上服务，同时他们把脚步也迈向了娱乐的舞台，如抖音带货、礼仪培训师等，在不同领域尽情地绽放着自己的光彩。这些恰巧证明了不仅需要具备相关领域的专业素养，而且要将自身独特的职业形象扎根于大众的意识中。

此外，对流行时尚特殊的敏锐度和理解力是空乘人员必须具备的专业素养，形象设计专业知识的掌握为这种能力的培养提供了基础平台。众所周知，奔波于各地市飞行的空乘人员不只是影响航空业服装时尚的重要角色，更重要的是他们通过丝巾、腰带、帽子等配饰解读时尚、阐释时尚、融入时尚。

总之，空乘人员的形象规划和形象设计是其在航空服务领域中获取一席之地的重要路径之一，也是其进行职业规划和拓展专业的重要技巧之一。借鉴一下活跃在国内外的航司们的装扮意识，我们就不难发现，个性的装扮、不俗的品位、超前的意识、趋优的选择是赢得公众趋同的绝佳手段，同时更是职业形象设计的必备专业智囊。

三、形象设计的审美

审美标准随着社会历史的发展在不断演化，即使是同一时代，由于国家和地区以及民族风俗习惯、宗教信仰、文化水平和审美心理等的差异，也使人们对审美标准有很大差别。这也对以人为本的个人形象设计的审美取向造成了影响，在形象设计中对人的再创造本身不能不依据一定的审美标准，不能不遵循一定的美学原则，因为它们自身必然映现出某种美学效果。

1. 形象设计中要追求美的和谐统一

个人形象设计是为人服务的，人是设计的核心，因此与人相关的一切也成为设计中的重要参考依据。美在形象设计中往往表现得很宽泛，必须从不同的角度、通过不同的形式体现出符合人物个性的美学特质。对于形象设计师来说必须要从整体上把握人物个体，那么设计应该从哪些方面入手呢？

首先，在设计活动展开之前，要充分考虑到个人与自我、个人与自然、个人与社会的和谐。尤其是个人与社会的和谐，人毕竟是社会中的人，任何凭空超越自我的臆想都是不现实的，也是不可能的，我行我素的设计可以成为一种风格，但不是个人形象设计的目的，只有在适合自己、适应社会大众审美观及环境特点的基础上创造出的个人形象，才能做到美与和谐真正的统一。

2. 个人需求创造美

个人形象设计是针对人物个体而设计的，服务于人们的生活需要是设计的最终目的。生活中人们会不断地产生新的追求，现实中的不圆满和心理上的匮乏都需要通过某种形式来弥补、替代、完成。如今“形象”相关行业的蓬勃发展也是人们需要的映衬。

对于设计来说，实际上需求和设计不是相互独立的，不能让它们之间存在一道屏障。这种“需要”本身便让人们充当着生活设计师的角色，我们以“需求”为导向，随之也自然会通过努力创造出许多事物来装点生活，使它更趋于完美优雅。基于这种需求性，我们也不难想象人对个人自身的形象需求是如何引导着美的再创造。形象设计中，需求为设计指引了方向。设计师要通过需求来设计对象，因为这些需求创造的美，对于设计对象本身而言才是创造了价值。这样的设计会给人以生动、真实的感受。同样，应该通过需求来驱动所需的审美活动，从而实现最终目标。这样创造的美才不是千篇一律的。对于个人形象设计要在尽量满足人物需求的基础上，最大限度地创造出多姿多彩的美。

3. 审美取向的多元化对个人形象设计的影响

任何一个时代，特别是 20 世纪以来，每个民族的社会结构、意识结构和文化结构同样呈现多元化发展，这种格局又总会不同程度地影响着审美的取向。

个人形象设计的审美取向也体现现代审美的多元化特点。个人形象设计要适应时代审美标准的需要。如同对知识追求的无止境，人们对美与精致的追求也是无止境的，不同的时代亦有不同的审美需求。同一时代的社会发展形态必然引发出多元的审美观；同地域的人对美的看法总会表现出多样的民间风情和地域色彩。形象设计也牵涉到十分复杂的文化表达机制和文化认同机制，雅与俗、美与丑、自然欲望与审美需要都在这种文化表达机制和认同机制中得到肯定或否弃。即便是同一时代、同一历史条件、同一国家、同一民族、同一地域，审美观也会大异其趣。这样一来，折射到具体的形象设计中，人们的需求针对性更强、更为个性、更为多元、更为纷杂。设计师不能只依靠自己的审美眼光与个人偏好，应从客观实际出发，形象设计中更加注重令设计对象满意、实用与美感，不同于其他的设计带有设计师强烈的个人风格。设计的变化必须顺应这种趋势，成为形象设计时代审美变化中的一部分。

4. **审美意识的不稳定性与形象设计**

绝大多数人都有自己的审美观，但是由于审美意识受到多方面的影响，造成了个人审美意识会暂时出现不稳定性。在设计中即使面对同一设计对象也要即时灵活调整变动设计方案，如果按部就班，可能导致设计的失败。这种经常出现的问题往往是由于设计师与设计对象之间缺乏交流，特别是其出现审美变更时与设计师之间的交流不足，从而使所交付的设计成果无法满足设计对象不断变化的需求。

在设计中了解设计对象的近期动态，保持与其经常交流，并把握市场脉搏，紧跟时代潮流，这是对一个形象设计师最起码的要求。这样才能更好地判断和把握设计中的不稳定因素。

5. **形象设计中审美的共同性**

一方面，设计中经常会遇见众口难调的问题，如果能充分把握审美方面的共同性，那么许多问题便迎刃而解了。尽管审美活动中存在着个体的、时代的、民族的、阶级的差异，但我们不能把这种差异绝对化。事实上，即使是不同时代、不同民族、不同阶级的审美主体，其差异也存在着互相影响、互相渗透的因素，对同一审美对象往往仍能找到一些相近或相似的审美感受，这便是审美活动中的共同性。在面对个人的形象设计时，个体的审美取向和心理欲求牵涉到十分复杂的内心世界和文化机制，设计师不可能面面俱到地满足其个人审美趣味，况且对于美与不美的界限也不能仅从设计师的审美角度来决定，但是差异中存在的相互联系的部分作为融合各种口味的共性让形象设计有根可寻。人物个体对于审美的把握往往不仅仅依据个人的喜好，受众人群的审美评价也对其形象的取向起到了重要的作用，越多人认同的个人的美才会让人心情愉悦，同样审美共性可以中和很多复杂的因素，是形象设计过程中重要的参考因素。

总之，个人形象设计的发展与其审美标准的发展变化、个人的审美观之间的依存关系是十分重要的。每一个设计的创作过程中，都必然要受到现有的主、客观审美标准的影响，使设计成果能够为现实的目标人物所接受；追求设计创新则需要了解和分析审美标准的发展趋向，尤其是个人审美取向，使设计能真正满足个人需求。

四、形象设计的原则

1. 整体性的原则

（1）内外结合：外在形象与内在精神个性应该结合为一个整体，不能貌合神离。

（2）“形”与“色”结合：形与色相符合。

（3）健与美结合：健康与美丽结合为整体，形象设计要体现出人健康美丽的形象，而不是病态之美。

（4）男女有别：男性整体设计以阳刚之美为主，刚中有柔、刚柔相济的整体；而女性则以阴柔之美为主，柔中有刚，柔刚相济的整体设计，时代不同了，审美应有变化。

2. 自然和谐的原则

自然和谐的美是最吸引人的，没有自然和谐的美是不真实的美。通过综合设计对象的各方面条件，如年龄、性别、身高、脸型、体型、肤色、个性特征、气质、文化素养、社会环境、职业等，找出体现内在精神的重点。通过造型的手段、美容、化妆、发型、服装、饰物和仪态风度、语言的自我修养，实现和谐、自然的整体形象美。

3. 个性的原则

人的容貌、形体是千差万别的；人的性格与气质也是多种多样的。有的人文雅、沉静、内向，有的人活泼、开朗、豪爽，有的人严肃、庄重、强悍，有的人诙谐、幽默、温和，有的人朴实憨厚，有的人精干、灵巧等。不同的性格、不同的气质、不同的文化素养、不同的职业等，应有不同的整体形象，形象设计应该展示多种多样的个性形象，切忌千篇一律。美不应千篇一律，美必须是多种多样的、具有个性特征的。没有个性的形象是缺乏活力的，有个性特征的设计，才是完整意义上的形象设计。

第二节　化　妆

学习目标

理论目标：了解化妆的概念及作用

实践目标：具有自我美化的基本意识

学习内容

化妆，能表现出人物独有的自然美；能改善人物原有的“形”“色”“质”。化妆是职业形象设计的重要组成部分，同时作为一种艺术形式，不是女性专属，更没有性别限制。

一、化妆的基本概述

面部作为人的“集中呈现”，它无时无刻不反映着人的情绪、状态甚至性格。黑格尔在《美学》中也说，“精神的表现尽管贯穿整个身体，却大部分集中在面部构造上”。面部的社会交往机能可以分为感觉水平、知觉水平、认知水平三个层次。前面二者意味着化妆呈现出来的人的自然状态，如脸部的轮廓、皮肤的纹理等；认知水平则在社会层面上反映着化妆者对自己的身份认同、情绪表达、职业诉求等。因为，人无时无刻不在呈现着“我”，因此我们可以把“化妆”这个行为上升为“我希望大家看到怎样的我”，或者“我是谁”这样一些命题。

1. 化妆的概念

化妆是运用化妆品和工具，采取合乎规则的步骤和技巧，对人体的面部、五官及其他部位进行渲染、描画、整理，增强立体印象，调整形色，掩饰缺陷，表现神采，从而达到美化视觉感受的目的。化妆，能表现出人物独有的自然美；能改善人物原有的“形”“色”“质”，增添美感和魅力；能作为一种艺术形式，呈现一场视觉盛宴，表达一种感受。要强调的是，化妆不是女性专属，更没有性别限制。简而言之：化妆是人们利用工具与色彩描画面容，从面貌外形上改变形象的一种手法。从广义上来说，化妆指对人的整体造型，包括面部化妆、发型、服饰等；从狭义上来说，化妆只是针对人的面部修饰，就是对面部轮廓、五官皮肤作“形”和“色”的处理。

2. 化妆的内涵

化妆能表现出个人独有的审美情趣，表达个性，增添魅力。成功的化妆能唤起人心理和生理上的潜在活力，增强自信心，使人精神焕发，还有助于消除疲劳、延缓衰老。

3. 化妆的作用

随着社会的不断进步，化妆为人们追求理想的美创造了良好的条件。在现代生活中，人们追求的美，应该是健康的美、科学的美。只有这样，才能使美得以持久和深化。化妆的作用表现在以下几方面。

（1）美化容貌：通过化妆，使自身优点更加突出，起到美化容貌、增添神采的作用。

（2）增强自信：化妆在增添美丽的同时，也增加了自信，精心装扮而信心十足的人，会为社会交往和社会生活增添更多的愉悦气氛。

（3）弥补缺陷：化妆可通过运用色彩的明暗和色调的对比关系造成人的视错觉，从而达到弥补不足的目的。

对于空乘职业人员而言，化妆的作用还为了宣传公司正面形象，体现企业文化。

4. 化妆的注意事项

（1）扬长避短：发挥出自己最大的优点，遮盖自身原有的缺点。

（2）自然真实：不虚不夸，流露自然真实的一面。

（3）突出个性：有自己的个人风格，避免千篇一律，塑造独特的风格。

（4）整体协调：色调、外形、款式搭配协调和谐，给人视觉柔和、清晰。

二、中国化妆的起源与发展

爱美是人类的天性，化妆的起源众说纷纭，有宗教学、装饰学、保护学、标志身份学等。早在原始时期，人类就开始用一些特别的东西来装饰自己，使自己变得更加美丽。考古学家曾在原始人类的遗址上发现用小石子、贝壳或兽牙等物制作而成的美丽的串珠，用于装饰；在洞穴壁画上发现了美容化妆的痕迹。

1. 先秦时期

中国妇女的化妆习俗在夏、商、周时期已经兴起。我国古代妇女最开始用的粉底是用米研磨而制成的米糊，把米磨成细粉，再泡在水里发酵，最后筛出细腻的米糊，用盒子装起来就可以作为粉底使用。古人用的底妆比较厚，用米糊显然比较容易脱妆。经过多次尝试，人们终于发明出了另一种新型的粉底——白铅粉。但铅粉是一种重金属，虽然能够起到增白的效果且不易脱妆，但长期使用会让皮肤发青，甚至会出现铅中毒的情况。殷商时期，为了配合化妆而发明了铜镜，这更加促使化妆习俗的盛行。

商周时期的化妆还局限于宫廷妇女，主要是为了供君主享受而进行装扮。到春秋战国时期，化妆才逐渐平民化。据说画眉之风就起于战国时期，在没有特定的画眉材料之前，妇女主要还是使用烧焦的柳枝涂在眉毛上。《楚辞·大招》里有“娥眉曼只”，《离骚》中屈原自称“众女嫉余之蛾眉兮”，《诗经》中则有“螓首蛾眉”。由此可见，“蛾眉”是先秦时期非常流行的眉妆。

除了敷粉和画眉，楚女还用胭脂染唇和面颊，即“施朱”。战国时期的宋玉在《登徒子好色赋》中称他邻居东家那位小姐“着粉则太白，施朱则太赤”，明确指出了施朱这一习俗的存在。中国早期的红色染料大多取自矿物，如赤铁矿、朱砂等。湖北九连墩楚墓出土的木俑双唇鲜红，在地里埋藏千余年依然颜色鲜艳，这只有矿物染料才能做到。矿物染料色彩稳定，不易氧化，但是有一定毒性，长期使用对皮肤会有伤害。故此，人们使用植物染料制作妆品后，便慢慢减少使用矿物染料妆品了。

2. 秦汉时期

秦代是中国历史上第一个大一统王朝，秦朝关于妆容的记载多与秦始皇有关。秦始皇一生文治武功，“并兼天下，极情纵欲”（班固《秦纪论》），精力极其旺盛。他后宫佳丽无数，子女不下二十人。《史记·秦始皇本纪》记载，嬴政每灭一国，就将这国宫殿画下来，在咸阳模仿着建造一座，并把从该国掳来的美女安置其中。因此，其后宫嫔妃为来自各个诸侯国的美女，审美与风俗也自是各有千秋。自先秦以来，女子妆容多以“粉白黛黑”为主，而秦宫“红妆翠眉”打开了面妆色彩上的桎梏，开启了后世历代色彩丰富、造型各异的彩妆风潮。

秦朝实行法家的酷刑峻法，重功利主义与专制主义，人民生活在极其残酷的压迫之下。因此，当时的劳动妇女是无暇顾及化妆的，文献中也少有平民妆容记载。从高承《事物纪原》中的“秦始皇宫中，悉红妆翠眉”便可大致勾勒出，当时秦代官妃的妆容是以浓艳为美的。

汉代，是秦代大一统之后中国历时最长的王朝。中国人的妆容审美规范基本形成于这一时期。汉代彩妆品中最为人称道的进步就是“红蓝花（胭脂）”的引进，它的花瓣中含有红、黄两种色素，将整朵花摘下，放在石钵中反复杵槌，淘去黄汁后以获得鲜艳的红色染料。汉以前，胭脂主要是用以朱砂为代表的矿物制作，颜色鲜艳但有毒性。红蓝花的引进，使胭脂的原料摆脱了矿物色素的局限，而改为植物色素，对于中国妆品所追求的美、养兼顾起到了重要的积极影响。

西汉，社会审美风气受“黄老之学”影响，妆容修饰整体上趋于“简约素朴”“清新淡雅”，着重体现的是女子的本真之美。东汉，新儒学体系逐渐成为汉代社会的统治思想，主张有克制的修饰，将妆容修饰与修身养性结合起来。强调“美”和“善”的统一，追求“文质彬彬，然后君子”。另外东汉正式确立了女性对男性的全面依附关系，导致女性的妆饰从素朴大气迅速转向了追求娇弱与纤柔。

3. **魏晋南北朝时期**

魏晋南北朝时期，战乱频繁、政局动荡，北方的少数民族势力扩张至中原地区，中原居民又向南方迁徙，各民族经济文化交流融汇，为大唐繁华彩妆奠定了历史基础。由于儒学的没落和玄学的兴起，魏晋时期不论男女，均追求以漂亮的外在风貌来表达超凡的内在人格。白妆、紫妆、额黄妆等妆面已蔚然成风。

4. **隋唐五代时期**

隋唐五代是我国历史上重要的历史时期，隋朝妇女的装扮比较朴素，不像魏晋南北朝有较为多样的样式变换，更不像唐朝那样丰富多彩。唐朝时期国势强盛，经济繁荣，社会风气开放，女性普遍追求时髦，兴浓妆艳抹。唐代女子妆容构成主要包括敷铅粉、抹胭脂、画黛眉、贴花钿、点面靥、描斜红、涂唇脂等。螺子黛是隋唐时期妇女的画眉材料，出产于波斯国。在使用时只用蘸水即可，无须研磨，因为它的模样和书画用的墨锭相似，所以被称为石墨或者“画眉墨”（见图 1-1）。

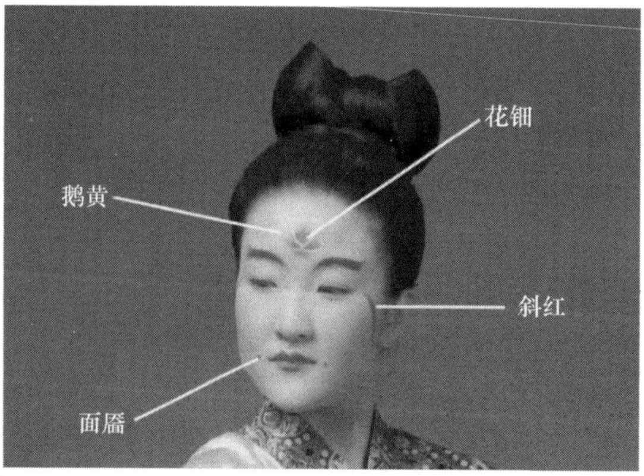

图 1-1　唐代女子妆容

大唐王朝是中国古代妆容发展的鼎盛时期，武则天作为政权巅峰的女性人物引领了面妆华丽的盛装时代：横扫粗眉，胭脂的面积从眉下一直扩大到脸侧，额上花钿的造型除了简单的扇面形，还晕染出各种花朵、卷草、卷云等复杂花样，两侧斜红不再只是一道红晕，也会绘成复杂的花样。武则天退位后十几年，夸张的武周风依然盛行了十几年，直到唐玄宗即位，审美风格才变得朴素收敛。但是整个唐朝的面妆风格都开放浪漫、博采众长、造型各异，光眉形的风格就千变万化。明代杨慎的《丹铅续录》中还详细记录了：“一曰鸳鸯眉，又名八字眉；二曰小山眉，又名远山眉；三曰五岳眉；四曰三峰眉；五曰垂珠眉；六曰月棱眉，又名却月眉；七曰分梢眉；八曰涵烟眉；九曰拂云眉，又名横烟眉；十曰倒晕眉。”事实上，不用说唐代，仅玄宗在位之时，各领风骚的也远远不止十眉。

5. **宋元时期**

天下诸事，盛极而衰。宋朝建立之后美学思想发展有了不一样的变化。宋朝妇女装扮清新、自然，重回两汉时期的朴素、淡雅。简单的擦白抹红是脸部装扮的基本要素。在

“程朱理学”的影响下，宋代形成了针对妇女的极为严酷的贞节观，如反对寡妇再嫁。而为了维护女性的贞节，使“男女有别”不仅体现在精神层面，也体现在身体层面，从宋代开始，社会对妇女肉身的约束逐渐强化。这主要表现在三个方面：一是妆容由前朝的浓艳招摇走向文静素朴，二是缠足开始流行，三是汉族女性开始穿耳。

北宋是中国妆容审美的转折过渡期，一方面，唐五代对于高髻、红妆的喜爱尚留有余韵，另一方面，妆面开始趋于简化和精致，过多夸张的涂抹不再多见。在面妆上，宋代一反唐代浓艳鲜丽之红妆，而代之以浅淡、素雅的薄妆；眉妆上，则以纤细秀丽的蛾眉为主流；唇妆上，也不似唐代那样形状多样，而是以“歌唇清韵一樱多”的樱桃小口为美。宋代女性的头饰种类丰富，不仅包括传统饰品，还有各具特色的冠、梳、翠羽等其他饰品。宋代出现过一种流行妆容名为“鱼媚子”，就是从青鱼脑袋里取出一种坚硬鱼石，经过打磨、抛光等流程制作出一种像玛瑙一样的半透明宝石，用来做头冠装饰。

宋人对女性的约束到元代愈演愈烈。在二十四史、《列女传》等书籍中提及的守节妇女，《元史》之前不超过 60 人，《宋史》有 55 人，而《元史》竟达 187 人之多。所以元代的汉族女性，在妆容修饰上并无多少突破，基本是承袭南宋的素妆风格。缠足在元代汉族中更加盛行。“弓鞋”“金莲”等小脚的代名词常见于元人杂剧和词曲之中。与此同时，出身漠北的契丹族、蒙古族女子，多过着逐水草、驰骏马的游牧生活。艰苦险恶的生活环境、流动奔波的生活方式，造就了她们刚健勇武、粗犷豪放的性格，与南方汉女的纤柔瘦弱、慵懒娇羞大相径庭。同时，少数民族的审美也带来了一些特有的妆容造型。在元朝存在的 97 年时间里，蒙古族宫廷女子多以暗红色着装，仍然保持着简洁的风格，民间盛行素颜风潮，整体妆容较随意。眉形以细长简洁的一字眉为主（见图 1-2）。

图 1-2　元顺宗皇后像

6. 明清时期

明朝的妆容特点，不仅淡雅素净，而且“低眉顺眼”。之所以如此，是由于明代对女性的束缚愈发严酷，可以说是最积极颂扬贞节的时代。朱元璋登上皇位不久，即把表彰妇女贞节当作维护其封建专制制度的大事来抓。巡方督学每年都将地方上的节烈妇女上报朝廷，朝廷便按照守节的程度给予封赏，包括赐祠祀、竖贞节牌坊等。在朝廷的大力表彰下，妇女守节不仅是个人的荣耀，而且会给家族带来荣光。这就使得明代女性的生存处境愈发艰难，妆容脂粉自然也愈发素净起来，端庄恭俭、低眉顺眼成了此时体面女性的不二选择。另外，明代还有一个非常特别的现象：大家族中的夫人通常妆面较庄重浅淡，或仅施涂白粉和点下唇，或几乎不上妆，但立于一旁捧物侍奉的婢女，往往浓妆华饰，甚于主人。侍女通常是未成年少女，作为富贵之家的门面，更需令人赏心悦目的靓妆鲜服，才可彰显主人的地位和财力。

清朝女子妆容沿袭了明朝之风，简约朴素。这得益于清政府“男从女不从”，即男子必须从满俗，而女子则可以满女从满俗、汉女从汉俗的政策。在清满族社会，骑射并不是男子的专利，女子也骑射成风。《建州闻见录》载：“女人之执鞭驰马，不异于男。”游牧生活，风餐露宿，并不需要浓妆艳抹，因此满族在入关之初一直保持着非常质朴的民风。

晚清时期，随着西方文化的输入，清宫装扮也逐渐走向西化，上海也出现了面向女性消费者的化妆品、首饰专卖店。西式自然饱满的唇妆开始出现，到民国中期广泛流行（见图 1-3）。林语堂夫人廖翠凤所写《十九世纪的中国女性美容术》一文载：“现在摩登的化妆术正在急遽地提倡，以前传统的化妆旧法几乎全被淘汰了。尤其是居住在沿海都市里的中国女子，她们对于修饰和美容都是崇尚西法的。”

图 1-3　婉容皇后与末代皇帝溥仪

7. 民国时期

民国，在近现代中华民族发展的历史长河中，显然是一个极为短暂的，甚至可以说是昙花一现的历史时期。然而就是这个时代辛亥革命极大地解放了人们的思想观念及习俗。

在民国时期，无论是官方还是民间，女性要成为“新女性”已是一种社会的共同意识和时代潮流。民国时期的女性不再像明清前朝那样以缠足为美，故所谓的“三寸金莲”也已经不具有原来意义上的审美形象和审美价值了，小脚女人已经被浩浩荡荡的新的历史潮流所荡涤和抛弃，取而代之的是以旗袍、手推波为时尚典型的东方美。民国妆容中标准细眉勾勒出东方女性的“风情万种”“仪态万千”。眼影以棕黑色为主，眼型丹凤眼比较受青睐，唇色饱满，颜色最好是正红色，整个妆面比较素净。

8. 新中国成立后的妆容变化

由于新中国成立后百废待兴，人们比较崇尚劳动人民的形象，所以装扮上一般会以头巾来包裹头部，而且更加强调自然健康的肤色。这一时期最常见的还有乌黑油亮的大长麻花辫，口红及眉毛以自然为主，不需要过多的修饰。浓浓的女性当自强主义价值观。

1980 年改革开放后，经历了民国的妩媚、新中国成立后的淳朴自然，到了 20 世纪七八十年代改革开放，时尚风向标指向了港式复古风。这一时期的时尚以大波浪、新月眉及大红唇为主，审美回归了以白皙肤色为审美标准，同时重视浓重的眼影、眼线及腮红的妆容搭配。20 世纪 90 年代大众的审美走向了清纯甜美的邻家乖乖女或直发披肩的淑女风。2000 年后，延续了 90 年代自由随意的风格，同时也做了新的突破。现代风格的妆容以突出浓眉、烟熏眼影、高鼻梁及裸色透明唇釉为主，主要能够突出清爽自然的裸感、V 字脸颊修饰及骨感美。

第三节　空乘职业的特性与形象定位

学习目标

理论目标：了解空乘职业的特点

实践目标：构建空乘职业形象，并在后续学习中为此努力

学习内容

空乘的职业形象不仅是个人职业气质的符号，更是航空公司的名牌。而“形象”诠释的不仅仅是外在穿着与容貌，更是职业本身内在的特性与价值。

一、空乘职业的特性

客舱乘务员的第一职责是保证客舱安全。客舱安全是运行安全的重要组成部分，保障客舱安全是客舱乘务员的主要职责，对客舱秩序的管理是客舱乘务员履行安全职责的具体表现。国际民用航空公约附件 6 对客舱机组有明确定义：“为了乘客的安全，受运营人或机长指派执行值勤任务，但不得作为飞行机组成员的机组成员。”CCAR-121 部《大型飞机公共航空运输承运人运行合格审定规则》附件 A 机组成员定义：“指飞行期间在航空器上执行任务的航空人员，包括飞行机组成员和客舱乘务员。”明确了客舱乘务员是机组必需成员的定位，是保障飞行运行安全的人员之一，客舱乘务员的主要职责是保证客舱安全。航空公司应重新梳理客舱乘务员工作职责，在运行手册中明确相关定位。

空中乘务员的职业生涯可分为 4 个阶段：普通舱乘务员、两舱乘务员、区域乘务长、主任乘务长。一般学员在完成相应的业务培训后，可担当普通舱乘务员。随着飞行小时数的增加、个人资历的提升，通过相应的考核，可提升为两舱/头等舱乘务员。头等舱乘务员考核期满后，可担当区域乘务长，成绩优秀的区域乘务长经过考评委员会严格的考评后，可担当主任乘务长，并可以独立带班执行国际航班及首长专机任务。

二、空乘职业形象的定位

现代心理学的“光环”效应，又称晕轮效应，由美国心理学家罗森塔尔和 L·雅各布森于 1968 年通过实验发现。指在人际交往中，人们常从对方所具有的某个特性而泛化到其他有关的一系列特性上，从局部信息形成一个完整的印象，即根据最少量的情况对别人做出全面的结论。例如，人们习惯把一切好的特征都放在漂亮的人身上：研究者给人们看了三张照片，一个外貌很漂亮、一个外貌很一般、一个外貌不好看。研究者要求人们对这三个人的 27 种人格特质和未来是否幸福做出评价。结果，无论是男人评价女人、男人评价男人、女人评价男人，还是女人评价女人，结果都是最令人满意的特质、最幸福的预言都安排在外貌漂亮的人身上。我们一直被告知不要以貌取人，但在实际交际中，尤其是在初次见面时仪表是一个非常重要的因素。

空中乘务员的职业形象不仅反映了其仪容仪表和气质风度，更是航空公司对接旅客的形象窗口，在一定环境中还代表着国家的形象，展示着乘务人员的精神面貌和航空公司的企业文化。干净整洁的容颜、规范标准的着装、干练高效的行为、亲切温馨的微笑和高贵优雅的气质是空中乘务人员的职业形象要求。

空乘的职业形象定位包括仪容、姿态、服饰和个人卫生等方面，它是空乘精神面貌的外显形式。其中仪容由发式、面容及人体所有未被服饰遮掩的肌肤（如手部、颈部）等内容所构成。每个人的先天条件固然重要，然而并非意味着一个在仪容方面先天条件优越的人便可以过分地自恃其长，后天的修饰可以起到非常重要的作用，这就是为什么电影演员在扮演不同角色时带给观众的美感却有着不同变化的原因，空中乘务员在参加飞行后，工作环境的变化往往会对仪容有一些影响，所以后天的仪容养护和修饰是非常重要的。

【深入阅读】

以下部分内容，摘自深航机上读物《深航空姐养成记》，作者王筱筱。

每一名空乘从乘务学员开始，到成为合格的乘务员，再到前舱乘务员、乘务长，乘务员的第一职责都是保证旅客自登机至离机的安全。

当客舱内发生火情时，空乘将是一名“消防员”。她必须第一时间进行灭火处置程序。因为火情是不可控的，如果没有及时处置导致错过了灭火最佳时机，后果是无法想象的。所以乘务员必须在 15s 内完成灭火，15s 只是三次深呼吸的时间，但乘务员要在这么短的时间内，判断火源位置，快速戴好防护式呼吸装置，取到灭火器，完成灭火。不同的飞机机型配备的灭火设备不同，乘务员首先要熟知每种机型上的灭火设备使用方法及存放位置，并能熟练使用它们。机舱内的不同区域，如厨房、洗手间、客舱的灭火处理方式也不尽相同。

如遇到旅客突发状况时，空乘将变成一名“医护员”。航班上每天成百上千的旅客，乘务员难免会遇到一些突发情况，因此基础的医护知识是乘务员必须具备的。4 个月的初始培训加上之后每年的复训，将每一个乘务员都训练成优秀的医护人员。飞机上有配备齐全的应急医疗箱和急救药箱，乘务员熟悉每一个医疗用品的功效和使用方法。心肺复苏，外伤包扎，不同病症的急救方法，她们都能做到得心应手。在急救过程中，乘务员不仅需要准确判断旅客的身体状况，进行合理的救治，还需懂得如何安抚旅客的情绪。这一系列有序有效的解决流程，都需要乘务员具备强大的急救能力。

空乘是一名“救生员”，应急撤离是应急情况处置中最重要的一项。当飞机遇到突发状况被迫降落后，乘务员必须在 15s 内打开舱门，在 90s 内完成所有人员的陆地撤离。撤离！撤离！在听到机长的撤离指令后，乘务员要立刻确认舱门是否完好，确认预位滑梯，确认外部环境是否安全，最后成功打开舱门，喊出第一遍中英文口令。这一系列的应急行动，乘务员必须在 15s 内完成，1s 也不能多。要达到这样的水准，从乘务学员起就要一遍又一遍地训练，让肌肉形成记忆，成为身体的条件反射。

每一名空乘在其职业的成长过程中，会经历不知道多少次的严格考核。

每一份光鲜的背后，都有着不为人知的隐忍和酸楚。

也因为从事了这份职业，让她们练就了一身本领。

所以我想说的是：当她们穿上那套制服时就代表了一切，她们所做的事并不是一个服务员就能做到的。

【思考与练习】

1. 简述形象设计的原则。
2. 分析唐朝妆容的变化及特点。
3. 简述空中乘务人员的职业特性。

第二章　护肤基础

护肤基础：随着社会经济的发展、生活水平的提高，人们追求身体健美的愿望及对皮肤美容与保健的需求日益强烈。本章将对人体皮肤基础、皮肤类型分析、皮肤基础护理进行较系统的归纳和阐述，为空乘人员的皮肤护理建立相关的理论基础。

小故事1：关于古代女子护肤小秘方

中国女性追求白嫩肤质的历史很长，至少可以追溯三千年，她们护肤的目的大概可以分为去垢、美白、保湿三类，这与今天的女性也相去不远。

早在先秦时期，古人便流行以淘米水除垢美白，称之为“潘”。《礼记·内则》云：“三日具沐，其间面垢，燂潘请靧。”指的就是用淘米水洗脸。比较讲究的“潘”往往由精米制成，含有淀粉、维生素、蛋白质等营养物质，可能能起到一定的养颜功效。米汁美容历史悠久，流传广泛，至今仍被不少人视为可行的“土法护肤”。

到了魏晋南北朝，人们又发明出清洗皮肤用的“澡豆”。“澡豆”的主要成分是豆粉，辅之以各类药材和香料。豆类富含大豆异黄酮等营养物质，对女性美容确有好处。但“澡豆”中豆粉以外的某些成分却令人生疑。唐代《千金翼方》记录了一些极其复杂的“澡豆”配方，涉及数十种原料，多半为达官贵人所用。

从武则天到太平公主，到杨贵妃，再到慈禧等，历史上这些著名的女人可以说人手一份独特的美容秘方。

杨贵妃国色天香法，此法可以让你身体有奇香缕缕不散。用甘松、山奈、香薷、白芨、白芷、防风、蒿本、白僵虫、白附子、天花粉、零陵香、绿豆粉一起捣成细末，每天洗脸或洗澡用来擦身，很快会产生上述效果。杨贵妃美容秘方：以杏仁为主药，将杏仁去了皮，取滑石、轻粉各等份，研末，蒸过，加入龙脑、麝香少许，晚洗面后敷脸。能起到很好的美白养颜效果。

唐代女皇武则天，80岁高龄时仍然保持着青春般的容貌，不显衰老。《新唐书》上说道“虽春秋高，善自涂泽，虽左右不悟其衰”。武则天所用的美容秘方后来在唐代官府组织编写的药典《新修本草》上也有收录，不久又流传到民间。其方法是五月初五采益母草全草，不能带土，晒干后捣成细粉过筛，然后加面粉和水，调好后，捏成如鸡蛋大药团，再晒干。用黄泥做一个炉子，四旁开窍，上下放木炭，药团放中间。大火烧一顿饭时间后，改用文火再烧一昼夜，取出凉透，细研，过筛，放入干燥的瓷皿中。用时加十分之一的滑石粉、百分之一的胭脂，调匀，研细，沐浴或洗面、洗手时，用药末擦洗。此方又名“神仙玉女粉”。功效：光滑肌肤，玉容红颜。主治面晦、面老。

清朝的慈禧每天按时服一银匙上好的珍珠粉，使用多达几十种草药提炼精制而成的

“玉蓉散”，同时每天还要服用“长寿益寿丹”等好几种养颜药，以达到“永葆青春”的目的。至于化妆，她每天要用玉棍在脸上滚动，然后用加入少量铅粉的贡米精磨而成的米粉薄薄地敷一层，再用玫瑰花磨浆、过滤、晒干凉透后制成的花粉抹在脸颊上，最后用胭脂轻点口唇。睡觉前则用香皂和清水洗净脸后，涂抹一层用蒸馏器蒸馏过的耐冬花汁，以防止皮肤松弛，其繁复和奢华的程度令人叹为观止。

我国民间也流传着许多古代宫廷美容秘方，如据说是陈后主陈叔宝的宠妃张贵妃使用的面膏，将新生鸡蛋去黄留清，装入朱砂细末，再用蜡封孔后与其他鸡蛋一起让母鸡孵化，待其他蛋孵化出来后即成美容面膏，古书中称其可以“令面白如玉，光润照人”。

第一节　认识皮肤

学习目标

理论目标：认识人体皮肤的解剖结构；掌握皮肤各层的结构

实践目标：绘制皮肤结构简图

学习内容

皮肤的组织结构分三层，即表皮、真皮和皮下组织，其间含有丰富的神经、血管、淋巴管、皮肤附属器及肌肉组织（见图 2-1）。表皮来源于外胚层，真皮及皮下组织来源于中胚层。皮肤的毛发、指（趾）甲、皮脂腺、汗腺等结构是胚胎发生时由表皮衍生而成的，故称作皮肤附属器。皮肤的重量约占总体重的 14%~16%，成人皮肤的总面积为 1.5~2.0m^2，是人体最大的器官。皮肤的厚度因年龄、性别、分布部位不同而有所差异，平均厚度在 0.5~4.0mm(不包括皮下脂肪组织)；真皮的厚度是表皮的 15~40 倍。手掌、足跖等处皮肤较厚，眼睑、耳后等处皮肤较薄；儿童的皮肤比成人的薄，女性的皮肤比男性的薄。

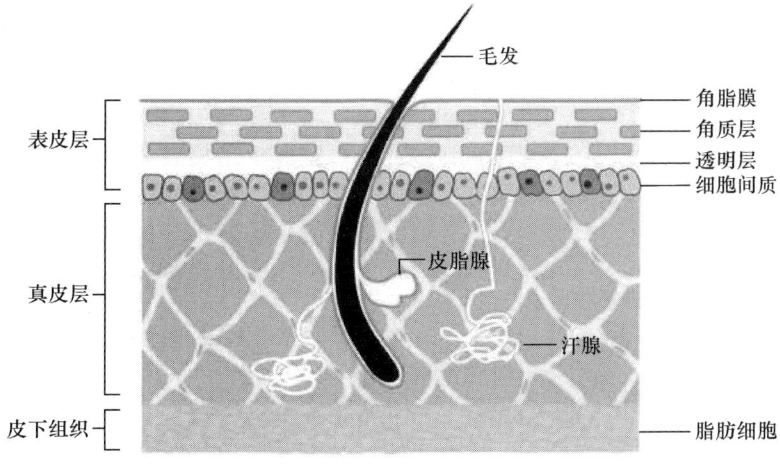

图 2-1　皮肤结构示意图

一、表皮

表皮覆于机体表面，是皮肤的浅层，由外胚层分化而来，由角化的复层扁平上皮构成。因分布部位不同，表皮的厚薄也有不同，手掌和足底的表皮较厚，一般为 0.8~1.5mm，其他部位厚约为 0.07~1.2mm。表皮细胞分两大类，即角质形成细胞和非角质形成细胞，后者散在分布于角质形成细胞之间，因形态呈树枝状突起，又称树枝状细胞，包括黑素细胞、朗格汉斯细胞、梅克尔细胞及未定类细胞。表皮是人体的第一道屏障，能保护机体免于不良因素的侵袭；表皮细胞有分化、更新的能力，对皮肤损伤的修复起重要作用，同时表皮是反映人体皮肤外观特征的重要指标，其更新代谢正常，皮肤就会展现柔软细腻、润泽光滑的美丽外观，使人尽显靓丽容颜。

角质形成细胞又称“角朊细胞”，是表皮的主要细胞，约占表皮细胞的 80%。该细胞代谢活跃，能连续不断地进行分化和更新，在分化、成熟的不同阶段，细胞的大小、形态及排列均有变化。分化过程中胞质内逐渐形成具有保护作用的角蛋白，最终形成富含角质蛋白的角质细胞层，完成了角质形成细胞的角化过程。根据角质形成细胞的分化和特点，将表皮由内到外依次分为 5 层，即基底层、棘层、颗粒层、透明层和角质层，基底层借助基底膜与真皮连接。

1. 基底层

基底层即基底细胞层，是表皮的最底层，附着于基底膜上，由单层矮柱状或立方状的细胞组成，与基底膜带垂直排列成栅栏状，与下方的真皮层呈锯齿状嵌合。表皮基底层与真皮之间为 0.5~1.00μm 厚的红染带，称“基底膜带”。此膜具有半渗透膜作用，真皮内分子量小于 4 万的营养物质可经此膜进入表皮，表皮的代谢产物亦可经此膜进入真皮。电镜下，可见相邻基底细胞间、基底细胞与棘细胞间靠桥粒连接，与基底膜带以半桥粒连接、基底细胞是未分裂的幼稚细胞（干细胞），有活跃的分裂能力，新生的细胞向浅层移动过程中逐渐分化形成表皮其余几层的细胞，故基底层又称“生发层”。正常表皮基底层细胞的分裂周期为 13~19 天，分裂后形成的细胞逐渐向上推移分化，由基底层移行至颗粒层需 14~42 天，由颗粒层移行至角质层表面而脱落，又需约 14 天。故分裂后的细胞从基底层移行至角质层并脱落需至少 28 天，此时间通常称作“角质形成细胞的通过时间”，又称“更替时间”。基底细胞是人体表皮细胞新陈代谢的补充及表皮组织修复再生的新生细胞的来源，因此外伤或手术中如果未完全损伤破坏基底细胞，表皮的皮损就可以很快修复，不留瘢痕。所以，基底层在表皮的不断更新和创伤修复中起重要作用。

2. 棘层

棘层即棘细胞层，位于基底层之上，由 4~10 层体积较大的多边形细胞组成。细胞向四周伸出许多细短的突起，故称棘细胞。棘细胞内含有角质小体和角蛋白丝（张力丝），可增强表皮的黏合能力，以适应皮肤的牵拉、伸张等机械作用，并含有糖结合物、糖皮质激素、肾上腺素及其他内分泌受体和表皮生长因子受体等。初离基底层的棘细胞仍有分裂功能，可参与表皮损伤后的修复。

3. **颗粒层**

颗粒层即颗粒细胞层，位于棘层之上，由 2~4 层较扁平的梭形细胞组成。细胞质中含有许多大小不等、形状不规则、强嗜碱性的透明角质颗粒，故此层称颗粒层。颗粒没有界膜包被，呈致密均质状，沉积于成束的张力细丝间。颗粒层细胞有较多的角质小体，它们常与细胞膜融合，将磷脂类物质等内容物排除到细胞间隙内，使邻近细胞间黏合，成多层膜状结构，构成阻止物质透过表皮的主要屏障。

4. **透明层**

透明层位于颗粒层上方，是角质层的前期，仅见于掌、跖等角质层较厚的表皮，由 2~3 层扁平细胞组成，无胞核，细胞界限不清，但紧密相连，有强折光性，故名“透明层”。胞质中有较多疏水的蛋白结合磷脂，与张力丝黏合在一起，因此透明层是防止水、电解质及相关化学物质通过的屏障。

5. **角质层**

角质层为表皮的最外层，由多层扁平角质细胞和角质层脂质组成。掌跖部角质层较厚，可达 40~50 层，其他部位多在 5~15 层。角质细胞扁平无核，结构模糊，角化、干硬，没有生物活性，常称为“死皮”。角质层细胞上下重叠，镶嵌排列组成板层状结构，非常坚韧，构成人体很重要的天然保护层，能够防御致病微生物的侵入，阻止水与电解质通过，抵抗外界摩擦，对一些理化因素如酸、碱、紫外线有一定耐受力。细胞间隙充满由脂质构成的膜状物，细胞间桥粒逐渐消失，因而细胞不断成片脱落，成为皮屑，同时又有新生角质细胞相继补充，不断的新陈代谢使表皮厚度保持相对稳定状态。若因生理性或病理性因素使表皮过度增厚或变薄，则可影响皮肤外观，若发生在面部则可直接导致容颜受损。

表皮由基底层到角质层的结构变化反映了角质形成细胞增殖、分化、移动和脱落的过程，同时也是细胞逐渐生成角质蛋白和角化的过程。细胞之间桥粒的位置不是僵硬不变的，新生角质细胞从基底层经棘层过渡至颗粒层的移动中，桥粒可以分离并重新形成，使角质形成细胞有规律地到达角质层而脱落。若细胞移动时间异常即表皮更新异常，就会导致一些皮肤病的发生（如银屑病时细胞移动速度大大加快，使得细胞角化不完全），进而破坏皮肤的健美，导致容颜受损。

二、真皮

真皮位于表皮下方，通过基底膜带与表皮基底层细胞相嵌合，对表皮起支持作用。真皮来源于中胚层，属于不规则致密结缔组织，由纤维、基质和细胞组成，内含有血管、淋巴管、神经、肌肉、皮肤附属器等。真皮又分浅部的乳头层和深部的网状层，前者较薄，纤维细密，含有丰富的毛细血管和淋巴管，还有游离神经末梢和触觉小体；后者较厚，粗大的胶原纤维交织成网，并有许多弹力纤维，含有较大的血管、淋巴管和神经等。

1. 纤维

真皮内的纤维包括胶原纤维、弹力纤维和网状纤维。纤维组织的不同排列组合形成了皮肤表面的皮嵴（包括指、趾纹）。若程度较深的皮肤损伤破坏基底层及以下组织，真皮内纤维组织即会增生取代缺损组织，使皮面得以修复，但其不完全再生会引起瘢痕的出现。

（1）胶原纤维新鲜时呈白色，有光泽，又名“白纤维”，是由胶原蛋白构成的原纤维经糖蛋白黏合而成的粗细不均的胶原纤维束，是真皮纤维中的主要成分，约占95%。浅部乳头层胶原纤维较细，方向不一；深部网状层胶原纤维变粗，集成粗束，与皮面平行交织成网。胶原纤维韧性大、抗拉力强，赋予皮肤张力和韧性，能抵御外界机械性损伤，保护皮肤，并且能储存大量水分，协同弹力纤维使皮肤呈现润泽、光滑、柔软弹性的外观表现。

（2）弹力纤维新鲜状态下呈黄色，又名“黄纤维”，为细束状，由无定形弹力蛋白与微原纤维构成。在外力牵拉下，卷曲的弹性蛋白分子伸展拉长；除去外力后，弹性蛋白分子又恢复为卷曲状态。弹力纤维富于弹性而韧性差，多与胶原纤维交织缠绕在一起，并环绕皮肤附属器与神经末梢。弹力纤维在乳头层与表皮垂直走向基底膜带，在网状层的排列方向则与胶原纤维束相同，与皮面平行，使胶原纤维束经牵拉后恢复原状，赋予皮肤弹性，对外界机械性损伤有防护作用。

（3）网状纤维呈黑色，较细，分支多，交织成网，是幼稚纤细的胶原纤维，纤维表面被覆蛋白多糖和糖蛋白。网状纤维多分布在结缔组织与其他组织交界处，如表皮下、毛囊、腺体、皮下脂肪细胞和毛细血管周围，在创伤愈合中或肉芽肿处可大量增生。

2. 基质

基质是一种无定形均质状物质，充填于纤维和细胞间。构成基质的大分子物质包括蛋白多糖和糖蛋白。蛋白多糖是由蛋白质与大量多糖结合而成，是基质的主要成分。其中多糖主要是透明质酸，其次是硫酸软骨素、硫酸角质素、硫酸乙酰肝素等。立体的蛋白多糖复合物形成有许多微细孔隙的分子筛，小于孔隙的水和溶于水的营养物、代谢产物、激素、气体分子等可以通过，便于血液与细胞之间进行物质交换；大于孔隙的大分子物质及细菌等不能通过，使基质成为限制细菌扩散的防御屏障。基质具有亲水性，是各种水溶性物质及电解质等交换代谢的场所，并有参与细胞的增殖、分化及迁移等生物学作用。

3. 细胞

真皮中含有成纤维细胞、肥大细胞、组织细胞、淋巴细胞及少量真皮树突状细胞、噬黑素细胞、朗格汉斯细胞。成纤维细胞能产生胶原纤维、弹力纤维、网状纤维和基质，同时是皮肤组织深层损伤后的主要组织修复细胞。肥大细胞与变态反应有密切关系。肥大细胞合成和分泌多种生物活性物质，使微静脉及毛细血管扩张，通透性增加，称为过敏性介质。肥大细胞脱颗粒、释放介质是一种特异性反应。若机体受过敏原（如花粉、某些药物等）刺激后，启动肥大细胞脱颗粒，释放其内容物，即会引起过敏反应，如皮肤荨麻疹、支气管哮喘等。

三、皮下组织

皮下组织位于真皮下，但与真皮之间界限不明显，深部与肌膜等组织相连。皮下组织由疏松结缔组织和脂肪小叶构成，脂肪小叶中含有脂肪细胞，脂肪细胞胞浆透明，含大量脂质，故皮下组织又称“皮下脂肪层”。此层内还含有汗腺、毛囊、血管、淋巴管及神经等。皮下组织的厚薄因营养状况及分布部位而异，并受内分泌调节，具有缓冲外力冲击、保温、储备能量、参与体内脂肪代谢等功能。若人体皮下脂肪过度沉积，可造成肥胖，影响形体美。

四、皮肤附属器

皮肤附属器由外胚层分化、表皮衍生而来，包括皮脂腺、小汗腺、顶泌汗腺、毛发、毛囊、指（趾）甲等。

1. 皮脂腺

皮脂腺能合成和分泌皮脂，位于立毛肌与真皮毛囊夹角之间，开口于毛囊上部，是由一个或几个囊状的腺泡与一个共同的短导管构成的泡状腺。立毛肌收缩可促进皮脂的排泄，属全浆分泌腺。其分布广泛，除掌跖与足背外遍布全身，但以头、面、胸背上部较密集，这些部位称“皮脂溢出部位”。有些皮脂腺直接开口于皮肤表面，称“独立皮脂腺”，分布于颊黏膜、唇红、乳晕、阴蒂、大小阴唇、包皮内板、龟头等处。皮脂腺腺体呈分叶状，没有腺腔，由多层细胞构成，外围一薄层基底膜带和结缔组织。成熟的腺细胞内充满大量脂质微滴，腺细胞解体破碎连同释出的脂质团块组成皮脂（称为“全浆分泌”），经过在毛囊上 1/3 处的开口进入毛囊，再由毛囊排至皮肤表面。独立存在的皮脂腺则经单独的导管开口，将皮脂排至皮面。皮脂是几种脂类的混合物，约 50% 是甘油三酯和甘油一酯，其次是胆固醇、蜡酯及鲨烯，并携带一些棒状杆菌、酵母菌、螨虫等常驻微生物。其分泌受性激素和肾上腺素的影响，青春期分泌活跃，具有润泽皮肤、毛发及杀菌作用。多数人体皮脂分泌量适中，女性绝经后及男性 70 岁后，皮脂分泌量会明显减少。皮脂分泌过多、过少或排泄不畅淤积均有碍美容。皮脂腺集中的地方是痤疮、酒渣鼻的好发部位。

2. 小汗腺

小汗腺又称“外泌汗腺”，具有分泌汗液、调节体温和电解质平衡、排泄机体代谢产物、保护和润泽皮肤的作用。除唇红、甲床、乳头、龟头、包皮内侧、阴蒂和小阴唇外，遍布全身，160 万～400 万个，以足趾（600 个/cm^2）、腋窝、前额等处较多，背部较少（64 个/cm^2）。小汗腺属局浆分泌腺（汗腺细胞分泌汗液时，形态学上很难看到细胞质损失）。每个小汗腺可分为分泌部和导管部。分泌部位于真皮深层及皮下组织中，由单层细胞排列成管状，球形盘绕，外有肌上皮细胞及基底膜。小汗腺的分泌细胞有亮细胞和暗细胞两种，其中亮细胞稍大，胞质中含较多的糖原颗粒，为分泌汗液的主要细胞。小汗腺导管部又称“汗管”，由两层小立方形细胞构成，螺旋状上升，开口于皮嵴汗孔。表皮内的汗管细胞发生角化的过程早于表皮角质形成细胞，在颗粒层水平处即已完全角化。小汗腺分泌的汗液除大量水分，还有钠、钾、氯化物、尿素等，分泌功能受胆碱能神经和激素的控制，室温条件下排汗量少，称“不显性出汗”；气温升高到30℃以上时，排汗增多，称“显性出汗”；因刺激因素不同，又有温热性排汗、精神性排汗和味觉性排汗几种类型。

3. 顶泌汗腺

顶泌汗腺又名“大汗腺”，是较大的管状腺，腺体分泌部位在皮下组织内，由一层立方形或柱形分泌细胞排列成分枝管状，盘绕成团，外有肌上皮细胞及较厚的基底膜；其导管部分的组织结构与小汗腺相似，由两层细胞组成，螺旋状上升，开口于毛囊内皮脂腺开口的上部，少数直接开口于表皮。顶泌汗腺大小约为小汗腺的10倍，属顶浆分泌腺（腺细胞分泌时，富含分泌颗粒的细胞顶部突向腺腔，从细胞脱落，分解成为分泌物，这种分泌方式称为“顶浆分泌”），能合成与分泌乳样液。顶泌汗腺主要分布于腋窝、乳晕、脐窝、肛门及外阴等处。外耳道的耵聍腺、睑睫腺、乳腺属于变异的顶泌汗腺。顶泌汗腺的分泌受性激素影响，性成熟前呈静止状态，青春期后分泌旺盛。新鲜的顶泌汗腺分泌物为一种无菌、无臭、较黏稠的乳状液，除水分外，还含有蛋白质、糖类、脂类。顶泌汗腺分泌物本身无臭味，也无细菌，但分泌物被细菌分解后会产生特别的气味，当分泌过盛、气味过浓时，则会发生“狐臭”。

4. 毛发与毛囊

毛发是人体皮肤重要的附属器，由角化的表皮细胞变化而来，具有加强触觉感应、调节体温、抵御紫外线照射、机械性保护等重要作用。此外，其外形、色泽、长短是构成人体外在美的重要因素，在人的工作、社交、生活中有重要的美化作用，满头秀发可尽展人的气质和风度。

人体除唇红、掌跖、指（趾）末节伸面、乳头、龟头、包皮内侧、阴蒂及阴唇内侧无毛外，其余皮肤均附有毛发。按不同生理阶段及分布部位，毛发分为胎毛、终毛、毳毛三种。胎儿期毛发细软色淡，称胎毛；成熟期毛发粗长而黑，含有髓质，称终毛。终毛又分长毛和短毛，头发、胡须、阴毛和腋毛为长毛；眉毛、睫毛、鼻毛和外耳道毛为短毛。毳毛俗称“汗毛”，较细，无髓质，分布于面、颈、躯干、四肢等全身光滑皮肤。按毛发的基本结构又分为毛干、毛根、毛囊、毛球4部分。露出于皮肤以外的部分称毛干；在皮内的部分称毛根；包裹毛根的上皮和结缔组织形成的鞘称毛囊；毛根和毛囊的下部融合膨大部分称毛球；毛球底部向内突出的真皮组织称毛乳头，内含有神经、血管与结缔组织，为毛发与毛囊提供营养物质。毛乳头上部有一层柱状细胞称毛基质，内有黑色素细胞，相当于表皮基底层，是毛发与毛囊的生长区。

毛囊由内根鞘、外根鞘和结缔组织鞘构成，含丰富的神经末梢，是灵敏的触觉感受器，分为上下两段、三个部分：毛囊口至皮脂腺开口处称毛囊漏斗部，皮脂腺开口至立毛肌附着处称毛囊峡部，这两部分又称毛囊的上段；毛囊的下段包括毛囊茎部与球部。在毛囊的稍下段有立毛肌，属平滑肌，受交感神经支配，立毛肌下端附着在毛囊下部，上端附着在真皮乳头层，神经紧张及寒冷可引起立毛肌的收缩，即所谓的起“鸡皮疙瘩”。

毛发的外形与民族、遗传、营养及相关疾病有关。常见的毛发形态有直形、卷曲形、螺旋形和波浪形。黄种人头发多为直形；黑种人头发多为卷曲形或螺旋形；白种人头发可为直形或波浪形。毛发的颜色与黑色素的含量有关。黄种人与黑种人是黑头发，黑色素含量相对较多；白种人是金黄色头发或灰白色头发，黑色素含量较少。

毛发的生长呈周期性，分为生长期、退行期、休止期三个阶段。不同部位的毛发由于生长期的长短不同，毛发的长短也不同。头发每日生长 0.27～0.4mm，平均约 0.37mm，生长期 3～6 年，退行期 3～4 周，休止期 3～4 个月，可长至 95～150cm，脱落后再长新发。眉毛、睫毛较短，生长期不超过 6 个月。正常人有少量毛发脱落属生理现象，会有相等数量的新发生长，使人体毛发始终保持一定的数量。毛发的周期性生长受各种因素影响，其中激素的影响最明显。如雄激素可促进胡须、腋毛、阴毛的生长；甲状腺素缺乏时，毛发干燥、粗糙；甲状腺素过多时，毛发则细而柔软。此外，毛发的周期性生长与遗传及健康、营养、气候、环境等因素都有重要关系。

5. 指（趾）甲

指（趾）甲位于指（趾）末端伸侧，是由多层紧密的角化细胞形成的硬角蛋白性板状结构，分甲板和甲根两部分，外露部分称甲板或甲体，伸入近端皮肤中的部分称甲根。正常甲板为透明板状，略呈长方形，比较坚硬，能保护指（趾）末端，并能协助手指抓挤小物体，也是健康状态和某些疾病的外显标志；覆盖甲板周围的皮肤皱襞称甲襞；甲板与甲襞之间的沟称甲沟；甲板下组织是甲床；甲根之下和周围的上皮称甲母质，是甲的生长区；甲板近心端半月形淡白色区域称甲半月，是甲母质细胞层较厚所致。甲的生长呈持续性，成人指甲的生长速度约每日 0.1mm，趾甲生长速度为其 1/3～1/2。健康美丽的指（趾）甲平滑、亮泽、半透明，起装饰作用，是重要的美饰对象。疾病、营养状况、环境及生活习惯等可改变指（趾）甲的外观，甚至导致病变。

第二节　皮肤类型分析

学习目标

理论目标：理解皮肤类型分析的相关知识；掌握人体皮肤分析的基本程序和检测的方法

实践目标：制定各类型皮肤护理方法

学习内容

有的人皮肤看起来细腻光滑，有的人脸上却容易长粉刺暗疮，虽然皮肤的构造都是一样的，但是每个人的皮肤都有自己的特点。要想使皮肤健康美丽就必须根据皮肤的特点进行有针对性的护理。关于皮肤的分类，通常按皮肤皮脂腺、汗腺的分泌情况来进行划分，将皮肤分为中性皮肤、干性皮肤、油性皮肤、混合性皮肤、敏感性皮肤 5 个基本类型。

一、皮肤类型分析

1. 中性皮肤

中性皮肤是健康理想的皮肤，是水油平衡的肌肤，在成年人中比较少见，多见于青春发育期前的少年儿童。

（1）状态

油分和水分含量适中。有足够的水分和皮脂，但皮脂分泌并不过剩，皮肤含水量为25%。

（2）中性皮肤的特点

①既不干燥又不油腻，光滑、细腻、柔软、富有弹性、红润而有光泽，皮肤厚度适中。

②皮脂膜功能健全，对外界的刺激不敏感、耐晒。

③放大镜观察：毛孔细小，纹理细腻（不粗不细）。

④中性皮肤化妆后不易脱妆。

⑤中性皮肤的良好状态也不是一成不变的。皮肤会受季节和健康状况的影响，夏季偏油，冬季偏干。

⑥皮肤的pH值在5~5.6之间。

⑦洁面后不擦任何化妆品，紧绷感在30min左右消失。

⑧伍氏灯（美容透视灯又称过滤紫外线灯，是美国物理学家罗伯特·伍德发明的，所以又称伍氏灯）下，则表现为青白色。

2. 干性皮肤

（1）状态

皮肤角质层的含水量低于10%，皮脂分泌量不足。

（2）干性皮肤的特点

①皮肤干燥，缺水、缺油，皮肤薄，没有光泽，缺乏弹性及娇嫩感，面部常有细小皮屑、细小皱纹。

②在放大镜下观察：皮纹较细，毛孔细小不明显，常见细小皮屑，皮肤毛细血管和皱纹较明显。

③化妆时，化妆品不易展开，且妆面不易脱落。

④皮脂膜不健全，角质层较薄而且排列疏松，皮肤缺乏保护，很容易长出皱纹，在眼周、嘴周和颈部，经常会出现褶纹和细纹，容易老化，容易长斑，容易过敏，极少出现痤疮、粉刺等皮肤问题。

⑤干性皮肤通常比较脆弱，如果不小心护理就容易受到伤害和衰老。容易出现毛细血管扩张。

⑥皮肤的pH值在4.5~4.9之间。

⑦在伍氏灯下，则表现为青紫色。

（3）分类

干性皮肤因其形成原因不同又可分为缺油性干性皮肤和缺水性干性皮肤。

①缺油性干性皮肤。导致皮肤表面皮脂缺乏的主要原因有以下几点。

a. 皮脂腺功能障碍，有先天性皮脂腺活动力弱及后天性皮脂腺和汗腺功能衰退、维生素 A 缺乏症等。

b. 洁面用品碱性过大及洗澡次数过多。

c. 烈日曝晒、寒风吹袭等。

d. 皮肤护理不当。

此类皮肤干燥，缺乏光泽，无弹性，皮纹细，毛孔小，皱纹明显，有粉状皮屑。

②缺水性干性皮肤。皮肤干燥缺水的常见原因有以下几点。

a. 汗腺功能障碍。

b. 脱水。

c. 自然环境恶劣。

d. 长期居住在有暖气及空调的房间。

e. 化妆品使用不当。

此类皮肤干燥，缺乏弹性并且松弛，皮纹细，毛孔小，有皱纹，皮肤粗糙。

3. 油性皮肤

处于青春期的人，由于内分泌激素的影响，皮肤皮脂分泌量增加，多为油性皮肤。男性中油性皮肤的人比例较大。

（1）状态

皮脂分泌旺盛，皮肤水分充足。

（2）油性皮肤的特点

①表面油腻发亮，毛孔粗大，皮肤较厚，纹理较粗。

②在放大镜下观看这种皮肤，看上去呈现厚厚的颗粒状的结构。

③附着力差，化妆后易掉妆。

④容易出现毛孔阻塞，如果日常清洁不彻底就容易长粉刺、暗疮。油性皮肤比较耐老化。

⑤皮肤的 pH 值为 5.7~6.5。

⑥在伍氏灯下，则表现为青黄色。

（3）分类

根据油性皮肤皮脂分泌量和油性皮肤水分含量的不同，油性皮肤又可以分为以下几种类型。

①普通油性皮肤：具有油性皮肤的所有特征。

②超油性皮肤：以油脂特旺、油腻垢浊为突出特征。

③缺水性油性皮肤：除了皮肤表面泛油光，毛孔粗大，易生粉刺、暗疮外，由于缺乏水分，皮肤紧绷，容易产生细纹或脱皮现象，如果护理不当还容易出现敏感情况。

4. 混合性皮肤

混合性皮肤是最常见的皮肤类型，在成年人中的比例达到70%~80%。

（1）混合性皮肤的特点

一个人面部皮肤有两种或两种以上的皮肤类型，通常T区（额部、鼻部、口周）为油性皮肤，面颊为干性或中性皮肤。

（2）分类

混合性皮肤又可细分为混合偏干性、混合偏油性和典型混合性三种。

①混合偏干性皮肤：此类皮肤多数部位呈现干性，只有眉间或鼻中心区少数部位呈现油性。

②混合偏油性皮肤：此类皮肤多数部位呈现油性，只有眼部、眼后区或额上部、两颊后侧少数部位呈现干性或中性。

③典型混合性皮肤：此类皮肤T区为油性，面颊为干性或中性。

5. 敏感性皮肤

（1）敏感性皮肤的特点

①皮肤较薄、干燥、毛细血管表浅。有时可见红斑、脱屑甚至红肿等现象。

②皮肤对外界刺激的适应性差，如冷热变化、刮风、日晒等，会出现发痒、脱皮、起皮疹等现象。

③中性皮肤、干性皮肤、油性皮肤都可能成为敏感性皮肤，但多见于干性皮肤。此类皮肤在正常情况下呈现皮肤本身的特征，一旦过敏，皮肤外观毛孔粗大、纹理粗糙、红肿发痒，多有丘疹分布。

（2）敏感性皮肤和过敏性皮肤的区别

①敏感性皮肤：指对外界刺激（日晒、冷、热、粉尘、油漆、化妆品等）的抵抗力弱的皮肤，当遇到外界刺激时，极易产生泛红、紧绷、瘙痒、脱屑，甚至起皱纹的现象。通常情况下皮肤较干，生理机能较弱，导致皮肤保水力不佳，皮脂膜形成不良。

②过敏性皮肤：此类皮肤当机体被致敏物质刺激后，产生一种病理性的免疫反应。表现为红疹、发痒、肿胀、起水泡等症状。导致皮肤过敏的致敏源很多，主要有花粉、香精及金属物质等。

二、各类型皮肤的分析方法

1. 中性皮肤的分析方法

（1）观察法

①观察皮肤的油脂分泌情况和水分含量：中性皮肤是处于水油平衡状态的肌肤，具有足够的水分和皮脂，但皮脂分泌并不过剩，因此，皮肤的外观有光泽，同时又不会出现油腻的情况，也很少出现由于缺水所引起的细纹和皮屑等情况。

②观察皮肤的纹理：由于皮脂分泌和水分充足，皮肤能够得到很好的滋润，皮脂分泌

量并不过剩，毛孔细小，因此皮肤的纹理细腻。

③观察皮肤的弹性：由于真皮基质含水量充足，皮肤外观饱满富有弹性。

（2）触摸法

用洁净的双手触摸皮肤，能够判断皮肤的滋润度和弹性。

①将手指轻放于面部，可感受到皮肤的水分充足，轻轻在皮肤上滑动，感觉皮肤柔软细腻。

②用手指提捏皮肤，感觉皮肤紧致，被捏起的皮肤能够很快复原，说明皮肤的弹性良好。

（3）仪器检查法

①放大镜观察法。在进行了表层清洁后，通过放大镜可以观察到中性皮肤纹理细腻，表面饱满而光滑，毛孔细小。

②伍氏灯观察法。使用伍氏灯观察中性皮肤，在灯光下皮肤呈现青白色。

2. 干性皮肤的分析方法

（1）观察法

①观察皮肤的油脂分泌情况和水分含量：由于皮脂分泌量少，角质层排列疏松，皮肤水分难以保持，因此皮肤的外观没有光泽，常有由于缺水而引起的细纹、皱纹和皮屑等情况。

②观察皮肤的毛孔：由于皮脂分泌不足，干性皮肤毛孔会细小。

③观察弹性：由于真皮基质含水量较低，皮肤外观不饱满缺乏弹性，因此容易衰老。

④观察皮肤表面毛细血管扩张情况。

（2）触摸法

用洁净的双手触摸皮肤，能够判断皮肤的滋润度和弹性。

①将手指轻放于面部，可感受到干性皮肤表面干涩、缺乏水分。

②用手指提捏皮肤，感觉皮肤不够紧致，被捏起的皮肤复原较慢，皮肤的弹性欠佳。

（3）询问法

通过询问，了解是否有以下情况。

①夏天是否有皮肤油腻感。帮助判断皮肤类型，由于干性皮肤的皮脂分泌量低，即便在夏天也没有油腻的感觉。

②洁面后多少分钟以后紧绷感消失。皮肤的水分含量低，皮肤常会有紧绷感，尤其是在洗完脸之后，而且这种紧绷感 40min 后才会慢慢消失。

（4）仪器检查法

①放大镜观察法。在进行了表层清洁后，通过放大镜可以观察到干性皮肤表面纹理细腻，毛孔细小，有细纹或者皱纹，缺水较严重时可观测到皮屑。

②伍氏灯观察法。使用伍氏灯观察干性皮肤，在灯光下皮肤呈现青紫色，特别干燥的皮肤呈深紫色。

3. 油性皮肤的分析方法

（1）观察法

①观察皮肤的油脂分泌情况和水分含量：油性皮肤皮脂分泌旺盛，因此，皮肤表现油亮，皮肤水分得以很好地保持；而缺水性油性皮肤，虽然皮肤表面油亮，但仔细观察能够发现皮肤上有缺水引起的细纹或者皮屑。

②观察皮肤的毛孔：皮肤毛孔粗大，有粉刺、暗疮。

③观察弹性：皮肤外观饱满，富有弹性，不容易衰老。

（2）触摸法

用洁净的双手触摸皮肤，能够判断皮肤的滋润度和弹性。

①将手指轻放于面部，可感受到油性皮肤表面滑腻，水分充足。

②用手指提捏皮肤，感觉皮肤紧致，被捏起的皮肤能够很快复原，皮肤的弹性良好。

③缺水性油性皮肤，除了可以触摸到皮肤的油腻感以外，还能发现皮屑，皮肤粗糙。

（3）询问法

①由于油性皮肤的皮脂分泌量高，自觉皮肤黏腻，无紧绷感。

②缺水性油性皮肤自觉皮肤黏腻，但却时常有紧绷感，受到刺激有敏感情况出现。

（4）仪器检查法

①放大镜观察法。在进行了表层清洁后，通过放大镜可以观察到油性皮肤纹理较粗糙、毛孔粗大、有粉刺。缺水性油性皮肤还可见细纹或皮屑。

②伍氏灯观察法。使用伍氏灯观察油性皮肤，在灯光下皮肤呈现青黄色，皮脂分泌旺盛的部位呈橙黄色。

4. 混合性皮肤的分析方法

根据干性、中性、油性皮肤的分析判断方法，分区域进行皮肤的分析判断即可。

5. 敏感性皮肤的分析方法

因为敏感性皮肤多为干性皮肤，所以敏感性皮肤的分析诊断方法以干性皮肤的分析诊断方法为依据，并结合对顾客的询问即可诊断。

三、各类型皮肤护理方法

1. 中性皮肤的护理

中性皮肤是理想的、近乎完美的皮肤类型，护理的目标就是要保持皮肤健康的状态，预防皮肤的衰老。

（1）保养重点

每天注意洁肤、爽肤、润肤。依据季节、年龄选择护肤品，夏季选水包油型的清爽乳液，冬季选油脂多的面霜。有条件的一周做一次美容院专业皮肤护理，同时注意均衡的饮食和充足的睡眠。

（2）根据季节、皮肤的情况进行针对性护理

①春季：预防皮肤过敏，选择性质温和的化妆品保护皮肤。中性皮肤虽然对外界刺激并不敏感，但不意味着中性皮肤就不会出现过敏的情况。每个人的致敏因素不同，尤其在换季等过敏疾病高发的时期，中性皮肤受致敏因素的影响也可能出现过敏情况。保持皮肤滋润度，让皮肤对外界刺激有良好的抵抗力，慎重进行功效型护理，如去死皮、激光。因为功效性的护理所使用的产品或者方法对皮肤刺激性都比较大，例如，很多去角质产品因含有果酸等表面剥脱剂，让角质层变薄，皮肤缺乏角质层保护变得容易干燥和敏感，应减少去角质的频率，避免皮肤抵抗力下降。

②夏季：注意皮肤的清洁和防晒。中性皮肤夏季偏油，皮质分泌较旺盛，夏季时应该注意皮肤清洁。可以选择清洁力度较好的洁面产品，清洁完皮肤后仍然要注意给皮肤适度的滋润保护，可以选择乳液或者润肤啫喱。夏季紫外线照射强烈，曝晒是导致皮肤皱纹和皮肤衰老的因素之一，研究表明，90%的皱纹源于过多的曝晒，而仅有10%的皱纹源于自然衰老，因此，做好防晒工作至关重要。

③秋季：秋季气候干燥，中性皮肤在这个季节应该特别注意水分的补充。多使用补水的面膜，如软膜、啫喱面膜、湿布面膜等。应多吃红枣、银耳、梨等滋阴润燥的食物和蛋白质丰富的食物。此外，经过一个夏季肤色会变深，在秋季和冬季的时候紫外线会逐渐转弱，此时可以开始进行美白护理，让皮肤恢复白皙。

④冬季：冬季气候干燥寒冷，皮肤干燥、光泽度较差，此时可以给皮肤进行营养滋润。涂抹补水的精华素、营养丰富的面霜，还可以定期使用膏状面膜、软膜等补水滋润的面膜。

（3）中性皮肤的专业护理程序

中性皮肤的美容院护理，可根据不同季节皮肤的状况选择护理品和仪器，按照标准面部护理程序进行护理即可。

2. 干性皮肤护理

（1）干性皮肤的形成原因

引起皮肤干燥的原因很多，主要有以下几种。

①遗传：天生汗腺、皮脂腺功能差。

②衰老：多见于35岁以后的人，年龄增长，人体衰老，皮脂腺、汗腺功能衰退，分泌能力降低，导致皮肤干燥。

③饮食不当：营养不良，脂类食物摄取不足，饮水不足；维生素A缺乏，毛囊角质化，汗管狭窄，导致皮脂汗液排泄不通畅。

④护理不当：使用清洁力度强的洁面产品，如常用碱性大的香皂洗脸或者洗脸过于频繁都会导致皮肤干燥；去角质过于频繁破坏角质层结构，导致屏障功能下降、水分流失、皮肤干燥；护肤品选择不当。

⑤自由基的影响：自由基会对细胞的结构造成损害，导致皮肤的功能紊乱，皮脂腺、汗腺分泌能力降低，造成皮肤干燥衰老的现象，紫外线、吸烟、疲劳、烟熏油炸食品等因

素都会产生自由基。

⑥空气干燥：干燥的气候或长期处于暖气房或空调房中干燥的空气使皮肤水分丧失加快，导致皮肤干燥，风吹日晒也可引起皮肤缺水。

⑦情绪压力、过度疲劳：情绪的压力会引起内分泌紊乱，引起皮肤干燥。

（2）干性皮肤的护理重点

干性皮肤的护理重点是在提高皮肤角质层含水量的同时，使皮肤滋润柔软，延缓皱纹的出现，预防皮肤衰老过早出现。

①清洁方面：选用温和的洁面乳，勿除去过多的油脂，最好用冷水洁面。

②正确选择护肤品：补充水分和油分，使用营养丰富、油分充足、成分自然的产品护理皮肤，修复皮肤的皮脂保护膜。

③美容院护理：定期进行美容院护理，给皮肤补充深层营养，集中改善皮肤干燥、缺水、无光泽的情况，尤其是秋冬季节。

④做好防护，预防皮肤敏感：给予皮肤良好的滋润，修复皮脂膜，避免过度按摩、过度去角质或对皮肤疏于保护，以此提高皮肤的抵抗力，减少过敏的发生。尤其在春季或换季时期，应该选择温和而滋润的护肤品，尽量减少对皮肤的刺激。

⑤防晒：由于干性皮肤较为脆弱，容易受到紫外线的伤害，导致皮肤衰老和色斑的产生，因此注意防晒显得尤为重要。

⑥生活规律：起居规律，避免过度疲劳、过度紧张。

⑦平衡饮食：平衡膳食，防止营养素摄入不均衡。

（3）干性皮肤的专业护理程序

①面部清洁：选用弱碱性的洗面奶，避免破坏自身的皮脂膜，洗面的力度要轻柔，在面部做打圈动作。

②喷雾：可选择热喷喷雾，时间控制在 8～10min，避免时间过长产生皮肤脱水的现象，喷雾距离皮肤 35cm 左右，由于干性皮肤较敏感，不宜进行奥桑喷雾，也可选择冷喷。

③去角质：选择柔和的去死皮膏或去角质啫喱进行去角质处理，操作时动作要轻柔，时间控制在 3min 内，避开眼部娇嫩的皮肤，每次护理间隔 3～4 周，干性皮肤一般不需要真空吸啜护理。

④面部按摩：选用保湿滋润的按摩膏或植物油、精华素等介质，进行面部、眼部和颈部的按摩，手法以安抚和穴位揉按为主，通过刺激血液循环和促进腺体的分泌，达到营养滋润的效果，按摩的时间视情况控制在 20min 以内。

⑤面膜：面膜的选择以补充水分和保湿性强的面膜为主，如软膜、海藻面膜、巴拿芬蜡膜、骨胶原面膜等。

⑥爽肤：爽肤水应选择保湿性的柔肤水，在补充水分的同时也可柔软角质。

⑦润肤：润肤霜包括面霜、眼霜和防晒霜，夏天可选择水包油型的清爽乳液，秋冬季则选择油包水型的滋润乳霜，为了延缓皱纹的出现，应加强眼部的护理和紫外线的防护。

3. 油性皮肤护理

（1）油性皮肤的形成原因

引起油性皮肤的原因很多，主要有以下几种。

①遗传：先天汗腺、皮脂腺功能差，遗传因素是油性皮肤产生的主要因素。

②雄性激素影响：皮脂腺分泌受雄性激素影响。雄性激素分泌旺盛，皮肤油腻，容易造成毛孔堵塞，产生粉刺、痤疮。

③饮食不当：摄入高油脂、高糖、高热量的食物过多或者辛辣刺激性食物过多，导致皮肤油腻。挑食、偏食造成维生素和矿物质不足，如维生素 B 缺乏容易导致皮肤油腻。

④清洁不当：油性皮肤皮脂分泌旺盛，容易附着灰尘。如果清洁不彻底，皮脂堵塞毛孔会造成毛孔粗大或者粉刺；如果毛囊内细菌滋生，造成炎症就会形成痤疮；如果过度清洁，或长期使用碱性清洁力度强的洁面产品，容易让皮肤变成缺水性油性皮肤。

（2）油性皮肤的护理重点

油性皮肤的护理重点是皮肤清洁。由于油性皮肤的皮脂腺分泌较旺盛，如不及时做好清洁工作，皮脂堆积就会造成毛孔堵塞和细菌感染，进而形成粉刺和痤疮。

①注重清洁：油性皮肤因为皮脂阻塞毛孔，容易出现粉刺和痤疮的情况，因此注重皮肤清洁对油性皮肤来讲非常重要。清洁油性皮肤时，应选择清洁力强的清洁用品，并选择温水清洁。还可先用油溶性清洁品，如卸妆油、清洁霜等溶解油性污垢，然后再用水溶性清洁品，如洁面啫喱、洁面皂等彻底清洁皮肤。另外，为了预防死亡的角质细胞阻塞毛孔，应定期为皮肤做深层清洁。

②适度滋润：虽然油性皮肤油脂分泌旺盛，但如果缺乏适当的保护仍然会出现缺水的情况。久而久之皮肤容易向缺水性油性皮肤发展。因此，要进行适度滋润，可以选用收敛性化妆水、清爽的润肤乳液或者润肤啫喱，给皮肤补充水分。

③美容院护理：定期进行美容院护理，给皮肤进行深层清洁，平衡油脂分泌，集中改善皮肤油脂分泌过剩导致的毛孔粗大、皮肤炎症等情况。

④睡眠充足、注意饮食：饮食以清淡为主，多吃水果蔬菜，特别是粉刺、痤疮皮肤应少吃高脂、高糖、高热量食物，少吃油炸及辛辣刺激性食物，少喝可乐、咖啡，少饮酒。

⑤如有粉刺情况，需要进行针清和消炎，以免粉刺感染形成炎症性痤疮。但从鼻底到口角下方的危险三角区，最好不要使用针清。

（3）油性皮肤的专业护理程序

①面部清洁：可选用清洁霜或洁面啫喱配合温水进行清洁，为彻底清洁和保持毛孔通畅可重复清洗两次，在美容院护理时可配合电动摩面刷使用。

②喷雾：选择热喷。喷雾距离皮肤 20～25cm，普通喷雾时间为 5～8min，奥桑喷雾时间为 2～3min，时间过长会造成皮肤的灼伤或色素沉着。

③去角质、清理粉刺：应选择磨砂膏或去角质啫喱进行深层清洁，也可利用真空吸喷

仪或者针清的方法，将鼻部、口周，甚至面部的黑头里的皮脂从毛孔中排出，彻底畅通和清洁毛孔。

④面部按摩：选用清爽并具有收敛作用的按摩膏进行面部、眼部和颈部的按摩。手法以揉捏、安抚为主。按摩的时间视情况控制在 20min 左右。

⑤面膜：面膜的选择以平衡油脂分泌、消炎收敛或具有深层清洁作用的面膜为主，如矿物泥面膜、果酸面膜等。

⑥爽肤：爽肤水应选择平衡油脂分泌、收敛粗大毛孔的化妆水。

⑦润肤：油性皮肤可以选择水包油型的清爽乳液，为保持毛孔的通透性，避免使用油脂过多的滋润霜。

（4）针清粉刺的方法

操作步骤：

①备品：在小方盒的底部垫上 3~5 层的纱布，将暗疮针头插在纱布中固定，避免针头被撞弯，然后在方盒中加入 2%戊二醛溶液浸泡 30min，盖上盒盖备用。每周更换消毒液，清洁、灭菌一次。在需要使用时，先观察消毒液是否混浊或有否絮状物出现，确定没有后，再用镊子取出暗疮针，放在消毒托盘中以供使用。

②清洁皮肤：用洗面奶将皮肤清洁干净。

③热喷：使用热喷仪器热喷 5~8min，奥桑蒸汽 2~3min。热喷时可以在粉刺处贴上浸满黑头导出液或者除垢液的湿棉片，让粉刺乳化松动便于清除。

④用酒精棉球消毒需要针清的皮肤，并用酒精棉球去除暗疮针上的戊二醛液。

⑤针清：清理黑头粉刺时，用暗疮针的针圈在毛孔周围轻压，将脂肪栓从毛孔中挤压出来；清理白头粉刺时，用暗疮针针尖以小于 5°的角度刺入覆盖在毛孔上的角质层，然后再向上将角质层挑开，用暗疮针的针圈在毛孔周围轻压，将脂肪栓从毛孔中挤压出来。

⑥针清后，用超声波美容仪或者阴阳电离子仪收缩毛孔，避免毛孔粗大。

注意事项：

①面部的危险三角区不能进行针清。

②在针清时用力不可过大，避免损害毛囊，造成毛孔粗大。

③对于急性炎症的丘疹不能针清。

4. 混合性皮肤护理

（1）混合性皮肤的护理重点

混合性皮肤的护理重点是根据皮肤情况分区域进行护理，选择合适的护理产品、护理仪器和护理方法。

（2）混合性皮肤的专业护理程序

①面部清洁：T 字区加强清洁，可选用清洁霜或洁面啫喱，清洁油脂分泌旺盛部位，用洗面奶清洁两面颊干性或中性部位。

②喷雾：可将两面颊用棉片湿贴后进行热喷，如此可均衡皮肤受热程度，热喷时间控

制在 5～8min，喷雾距离皮肤 30cm 左右。

③去角质：选择磨砂膏在油脂分泌旺盛部位进行去角质，选择去死皮膏或者去死皮啫喱在两颊进行使用，也可视情况只针对 T 字区进行去角质处理。

④面部按摩：如整个 T 字区非常油腻，应选用油性皮肤使用的按摩膏，若只是鼻部较油腻，其他部位均偏干，则应选用干性皮肤使用的按摩膏，按摩时间视情况可控制在 20min 以内。

⑤面膜：面膜的选择应按不同的部位进行不同的选择，如 T 字区油脂旺盛，有黑头情况，可以选择平衡油脂分泌、溶解黑头污垢的清洁性面膜，两面颊可选用中干性皮肤使用的面膜。

⑥爽肤：T 字区选择平衡油脂分泌的收敛性化妆水，两面颊选择保湿滋润的柔肤水。

⑦润肤：T 字区可选择水包油型的清爽乳液，皮肤保湿的同时也保持毛孔的通透性，两面颊可选择营养霜或滋润霜。

5. 敏感性皮肤护理

（1）敏感性皮肤的护理原则

①镇静安抚皮肤。

②增加皮肤的抵抗能力。

（2）敏感性皮肤的护理程序

①清洁水温：注意水温不能太冷，也不能太热，温度最好控制在 36℃左右。最好选择对皮肤没有负面影响的软水。

②护肤品的选择：禁止使用强碱、强刺激的产品，选择性质温和的不含香精、纯植物配方的产品。在使用之前最好通过斑贴测试之后，方可使用。注意皮肤保湿，注意防晒。

（3）敏感性皮肤的专业护理程序

①清洁：选择性质温和滋润的洗面奶进行面部清洁，避免使用碱性的洁面产品，产生皮肤脱水或敏感现象。

②冷喷：喷雾选择具有镇静安抚、补充皮肤水分作用的冷喷仪，时间为 8～10min。

③按摩：可选择性质温和、滋润性强的按摩膏或按摩啫喱按摩，手法多选择大面积安抚为主，宜轻不宜重，在滑动过程中尽量避免对皮肤过多的牵拉。

④超声波导入：利用超声波导入具有补水、舒缓等作用的精华素。

⑤面膜：为增加皮肤的含水量，提高皮肤的抵抗力，可选择补水软膜、舒缓啫喱面膜。

⑥冷喷：在上膜前再次镇静皮肤、补充皮肤水分。

⑦爽肤：使用保湿滋润性的柔肤水。

⑧润肤：选择具有滋润营养皮肤的润肤乳或霜。

第三节　空乘人员的皮肤特点及护理

学习目标

理论目标：了解空乘人员的皮肤特点，掌握问题肌肤的护理方法

实践目标：根据自身实际情况，制定自己的皮肤护理方法

学习内容

真正的美丽妆容源自良好的皮肤基底。好的皮肤就像是一块优质的玉石，稍加雕琢就能成为一块美玉。一般来说，空乘人员的皮肤保养主要分为日常基础保养与每周特殊护理两部分。日常基础保养是空乘人员每天都必须履行的护肤步骤，防止皮肤出现问题，如黑眼圈、眼袋、肤色暗淡、毛孔粗大、干燥、斑点等；每周特殊护理是指每周进行去角质、按摩敷面等步骤，去除老化的细胞，预防角质增厚，加速新陈代谢，使养分更易被吸收，增加肌肤的弹性与光泽。

一、空乘人员皮肤特点

空乘人员在正式录用前就会有关于皮肤的检测，整体要求是皮肤肤色均匀、健康，不管是面部还是手部肌肤，不能有明显疤痕、胎记、大面积色素沉积等。

入职之后，空乘人员大部分工作时间是在客舱中执行飞行任务。而高空作业和不规律的作息是影响皮肤状态的隐形杀手。

1. 高空环境引起皮肤干燥

民航客机基本是在对流层飞行，最高可在平流层的下部飞行。在对流层中，从地面开始，大气的温度、密度和气压随高度的升高而降低，平均每升高 1km，温度降低 6.5℃。对流层几乎包含了全部大气质量的 3/4，含有大量的水蒸气及其他微粒，当空气垂直运动时，就会引起水蒸气的凝结，形成云、雾、雨、雪等自然现象。当到达平流层时，大气温度不随高度的增加而变化，保持在−56.5℃，大气压力随高度的增加呈指数规律迅速下降。飞机的空调系统对供气量的温度、压力、压力变化率、湿度、清洁度等进行调节，使到达座舱的空气满足人体生理卫生的要求，为空勤人员和乘客提供相对安全而舒适的环境。长时间在封闭的空调环境中作业，容易导致皮肤缺水。

2. 不规律的作息导致皮肤长痘

对于空乘人员来讲要习以为常的不只是早上 6 时许的航班，最晚凌晨 4 时就得起床，化妆，赶到公司，协作会，班前准备，等等，还得习惯凌晨 2 时转场落地，长期的熬夜早起连轴转也就成了空乘的必备技能。空乘不是一个朝九晚五有固定节假日作息的工种，排班休息也是不固定的。而且如果遇到天气延误、机械故障等可能备降，可能通宵，这些都是常有的，如果飞国际航线，还会存在连续倒时差的困扰。所以长时间不规律的作息容易导致内分泌暂时性失调，引发焦虑不安的情绪和面部痤疮。

二、空乘人员的皮肤护理

1. 基础保养步骤

（1）第一步：卸妆与清洁

皮肤与机体一样，每时每刻都在进行生理代谢，其中通过皮肤皮脂腺分泌适量的皮脂滋润皮肤是必不可少的过程。但是，由于皮肤直接与环境接触，分泌的皮脂往往会被氧化，出现“老化”现象，这种老化的皮脂长时间驻留在皮肤上，会对皮肤产生损伤，必须定时清洁，以利于皮肤的健康。

清洁是讲究卫生、增进肌肤健康的基础。科学证明，在美丽的皮肤上，有许多你看不见的、对皮肤不友好的物质。皮肤全天候地有死亡的表皮角质细胞脱落；皮肤全天候地分泌皮脂，进行无感觉的汗液排放，其中含有滋润皮肤的成分，也含有排出体外的废物；皮肤上寄居着数不清的微生物，死亡后的微生物释放出毒素；皮肤上有未吸收完的日常使用的护肤品中的营养物质，以及使用的彩妆中不可吸收的物质。皮肤上的这些脱落细胞、皮脂和汗液、使用的化妆品，在紫外线、空气中的氧气及皮肤表面微生物的综合作用下，一方面产生对皮肤有利的物质，另一方面也产生有害的物质。所以，对皮肤进行科学清洁是有道理的。当然，不科学的清洁可能导致皮肤伤害，如过度清洁可能会引起皮肤表面脂质大量流失，出现皮肤正常结构发生损坏。

选购和使用卸妆产品的原则如下。

①皮肤类型——油性皮肤不要选用卸妆油；敏感皮肤应选择敏感皮肤适用的产品。

②上妆淡、浓——淡妆对卸妆产品没有特殊要求；浓妆需要用清洁力强的卸妆产品。

③卸妆水——适合敏感皮肤、油性皮肤、混合性皮肤。随时使用化妆棉蘸取卸妆水就可以开始卸妆，部分产品甚至具有卸妆、清洁、保养三合一的功效。这种产品在补妆时也很好用，可以简单地把脱妆的部分擦拭干净，再开始补妆。

④卸妆乳/霜——适合干性和中性皮肤。取适量，涂在脸部，按摩30~60s。注意，过度按摩，会将污垢再按回肌肤，结束时可以使用面巾纸擦拭或是直接用水清洗，滋润度较好。

⑤卸妆油——适合浓妆并且每天上妆的人。必须在手和脸都干燥的情况下，按摩清洁，并慢慢加水乳化，冲洗干净。可以快速、温和地卸除掉脸上的妆，即使是厚重的底妆也可以清洁得很干净。

如何选用一般清洁产品？

一般清洁产品，是指用于洗脸、洗浴等常规使用的清洁产品，包括清洁皂类、清洁霜、洗面奶、清洁用化妆水和清洁啫喱、清洁面膜等。

①清洁皂——按其原料的组成可分为两种类型。皂基型，含脂肪酸钠和助剂的香皂，呈碱性；复合型，呈中性。按产品的使用功能可分为婴儿专用香皂、润肤香皂、药物香皂、透明皂和液体皂等。

②清洁霜——是一类含油量中等的轻质型洁肤产品，油腻感小，适用于油性皮肤和有痤疮的皮肤。

③洗面奶——又称为洁面乳、清洁乳液。一般由两类成分组成，一类是表面活性剂型；另一类是溶剂型。主要包括油性成分、水、表面活性剂等物质。

④清洁用化妆水和清洁啫喱——清洁用化妆水，以水为主，含有水溶性油脂；清洁啫喱，是在化妆水中添加凝胶类成分。

⑤清洁面膜——采用不透气的黏性成膜成分，在皮肤表面成膜后，毛孔打开，最后撕下面膜的同时，将毛孔内的污垢带走。

（2）第二步：保湿

大家或许都经历过洗脸后不使用保湿润肤产品而感觉皮肤紧绷，其道理就是把皮肤表面或浅表的皮肤油脂洗掉了，皮肤缺少了润肤物质。洗脸后不及时使用保湿产品，皮肤不但紧绷，久而久之还会引起皮肤损伤。尽管保湿产品的剂型不一样，但都含有保湿剂，补充皮肤缺失的脂质。所以，在护肤三部曲中的第二步，必须及时使用保湿产品补充清洁去除的油脂，呵护皮肤。

保湿，包括两层意思，给皮肤补水和防止皮肤水分流失。水是生命之源，大地缺水会干裂，植物缺水会枯萎，动物缺水会生病乃至死亡。皮肤缺水，如不进行适当的保湿，则会出现以下情况。

①皮肤 pH 值上升、水分下降、表皮中的酶活性发生变化，使表皮细胞不能正常角化，会变得粗糙、起屑。

②表皮脂质合成减少、天然保湿因子合成减少，进一步发展，会出现干性细纹（假性皱纹）。

③皮肤微生态寄生环境的变化，会发生紊乱，菌群失调，引起炎症甚至皮肤病。

④干燥严重时，皮肤内出现大量炎症因子，初始黑色素细胞和免疫细胞活跃，皮肤变得暗淡、无光泽。

⑤皮肤会变得敏感，久而久之成为敏感皮肤。

⑥皮肤长时间干燥得不到保湿，将会出现色素分布不均，干性皱纹将变成永久性皱纹（真性皱纹）。

保湿产品的作用如下。

干燥的皮肤，就像干旱的大地一样，需要“灌溉”、施肥（赋予细胞营养，调节细胞代谢）、罩膜（封闭，补用）。保湿产品含有润肤剂（又称为封闭剂），主要为油脂；保湿剂，具有吸水性的低分子量物质，如天然保湿因子。

不论什么剂型的保湿产品，使用到皮肤上后，均能形成厚度均匀的人工膜，类似于我们皮肤上天然的“皮脂膜”，弥补了皮脂腺分泌不足导致的皮肤干燥感。

伴随着皮肤对水的吸收，保湿剂被皮肤吸收，使干燥的皮肤得到良好的水合，使皮肤含水量大大增加。皮肤水合得到改善后，增强了皮肤角质细胞之间的黏附性，进一步避免了皮肤失水现象。保湿产品有 4 个方面的作用：使皮肤光滑和柔软、增加皮肤含水量、改善外观、将有效成分输送到皮肤表面。

如何选择适合的保湿产品？

保湿化妆品，是所有护肤类化妆品的基础，皮肤护理的重中之重。根据皮肤特征分为中性（正常）皮肤、干性皮肤、油性皮肤和混合性皮肤，不同皮肤类型所需要的保湿成分有所差异，为此化妆品科学家将保湿产品制作成不同的剂型，以适应不同皮肤类型的人使用。

①中性皮肤——正常皮肤，皮肤水分充足，皮脂含量适当。日常护理时只需要防止皮肤水分过度缺失即可，使用的产品可含有轻薄的封闭剂、少量保湿剂，一般产品形式多为保湿乳。

②干性皮肤——不但缺少水分，还缺乏脂质，有时皮肤屏障也遭到破坏。日常护理不但需要补充水分和脂质，还要给予封闭性物质，以弥补屏障功能不足，一般使用比较厚重的保湿霜。

③油性皮肤——明显的皮脂过多，实际上缺水。日常护理需要注意给皮肤补水，一般使用保湿水或比较轻薄的保湿乳。

④混合性皮肤——根据 T 区出油程度选择。

（3）第三步：防晒

雨露滋润禾苗壮，万物生长靠太阳。人类的生长也需要太阳。在阳光的作用下，可以杀死环境和人体表面的多种致病微生物，减少疾病发生；刺激皮肤合成维生素 D，促进人体对钙和其他矿物质的吸收，促进新陈代谢，增强免疫力，调节发育和生长。我们可以想象，没有阳光的日子，不但人类不能生存，万物皆不存在。然而，过度暴露在阳光下，会对机体，特别是皮肤造成损害。

如何选择防晒产品的 SPF 指数？

通常情况下，若在室内活动，偶尔在阳光下走动，普通肤色的人选择 SPF 值 10~15 的防晒产品为宜。如上班族，只是路上接触阳光，以脸部防晒为主，使用 SPF 值在 15 左右的防晒产品即可。室外活动较多的人，可能需要 SPF 值为 20 左右的产品；特殊场合，如在野外游玩、海滨游泳、雪地上活动的人，或在阳光强烈的区域旅游、度假，肌肤完全裸露在阳光下的人，需选用 SPF 值为 30 或者 30 以上的防晒产品。若在太阳光下逗留时间久或者在游泳、大量出汗时，宜选用具有抗水性能的防晒产品。值得注意的是，防晒产品不仅仅只在夏季使用，一年四季都应该使用防晒产品来保护我们的皮肤。

从科学角度来看，SPF 30 不会给你提供比 SPF 15 多一倍的防晒效果。SPF 15 可以阻挡 92%的紫外线，SPF 30 可以阻挡 97%的紫外线。不管 SPF 值多高，都不会阻挡 100%的紫外线。使用高于 SPF 50 的防晒霜，没有多大意义。最重要的是，使用防晒产品时涂上足够的防晒霜，并经常补充使用。

如何选用适合你皮肤类型的防晒产品？

选择防晒产品，就像选择其他功能的化妆品一样，适合自己的才是好产品。一定不要只关注防晒指数高还是低。

①油性皮肤——尤其有痤疮的油性皮肤，要选择清爽、具有保湿作用的防晒产品，这样既不会感觉皮肤油腻，也能防御紫外线的伤害，保护皮肤。尽量避免选购和使用比较油腻的产品，这种油腻的防晒产品多为物理防晒霜。

②干性皮肤——适合使用比较油腻的防晒产品（物理防晒为主），具有补水、保水的作用。尽量避免使用含酒精的产品，会导致皮肤屏障受损，恶化皮肤干燥程度。

③敏感皮肤——与干性皮肤相当，选购比较厚的防晒霜为好，尽量避免使用化学性质的防晒产品，化学物质容易刺激皮肤。不论选购哪种产品，注意要在耳后皮肤上测试一下，避免出现过敏现象。

2. 周期保养

大家都知道，皮肤表皮细胞从皮肤深处“出生”开始，经过分化，直至死亡，约经历28天，有些死细胞自然脱落，但有些死细胞“赖”着不脱落，导致皮肤厚度增加，皮肤出现粗糙、暗沉、发黄等现象。

（1）去角质也是去“死皮”，去角质的好处如下。

①去除皮肤的老化死旧细胞和粗糙角质，皮肤显现出细嫩光滑的质感。

②去除皮肤表面覆盖的黑色素，使肤色变白，更有光泽。

③使护肤品吸收更有效，更容易达到功效。

去角质产品作为清洁产品的一种，主要分为以下几种类型。

物理性去角质——主要包括各种坚果颗粒（胡桃、杏仁等）、谷物颗粒（燕麦、米糠等），以及天然水晶、矿石的粉末等。这些成分是通过摩擦去除死亡的角质细胞，从而达到深层清洁皮肤的目的。优点是不刺激、温和。

化学性去角质——主要是由水杨酸、果酸、维甲酸等组成。该类化妆品原料本身能够促进表皮的更新、真皮层内胶原纤维的生长和合成胶原的增加。因此，该类去角质产品不仅可以去角质，还对消除黑斑、暗疮及改善皮肤表面粗糙很有效果。

蛋白酶性去角质——是植物蛋白酶，如木瓜蛋白酶、菠萝蛋白酶等。其缺点是效果要弱些，但是最温和、刺激小的去角质产品。

（2）专业的去角质产品有着明确的分类和使用指导。

①选购原则

科学而合理地使用去角质产品非常必要。如果你的角质层非常厚、毛孔非常粗大，去角质自然是用磨砂膏比较好，也可以选用化学去角质，如用果酸产品，但刺激性比较强，难以控制，可能会过度刺激。根据消费者常用的去角质手段，按去角质强度排序：磨砂膏霜型>化学膏霜型>面膜型>乳液型>化妆水型，强度越强，使用频率要越低。

②使用方法

按照产品使用指导，一般结合手法按摩。

第一步：顺着唇周围的肌肉走向由里向外圆弧形打圈。

第二步：鼻梁处由上往下直线轻搓，鼻翼处则由外向内画圈。

第三步：额头用中指或无名指，往上向两边轻打螺旋状按摩。

第四步：脸颊部位由下往上轻揉。

③不要过度去角质

角质具有保护人类肌肤的天然属性，如使皮肤不易起干纹、防止细菌和病毒入侵、防止紫外线损伤、增强耐受力、防止化学刺激等。过度去角质，角质层太薄，皮肤会变得敏感、脆弱，防御力下降，有干燥、瘙痒感，还容易出现红斑、丘疹、脱皮等现象。

④不宜使用去角质产品的人群

痤疮皮肤——建议不选购和使用物理性去角质产品。产品中细微颗粒会诱发痤疮或加重痤疮倾向。

敏感、红血丝皮肤——建议不使用去角质产品。过度去角质，会让肌肤变得敏感。

⑤不需去角质的人群

柔软的皮肤、年轻皮肤和勤于保养的皮肤不用去角质。

⑥去角质后的保护

去角质之后的保湿和防晒是必不可少的保养程序，一定不可以忽略。

三、空乘人员问题性肌肤的调理

1. 有了“熊猫眼”——黑眼圈，该怎么办

黑眼圈，就是眼眶周围环形的色素沉着的区域。进入青春期之前，很少有黑眼圈及眼部水肿的问题。由于学习、工作、生活节奏加快，导致疲劳，眼睛和周围组织代谢失调。血液流动速度减慢形成滞流，就会出现黑眼圈；血管渗透性增加，许多血液成分渗出血管周围组织，引起眼睑水肿。

另外，眼部皮肤过敏后，继发的炎症导致色素沉着，眼周浮肿，浅表毛细血管和皮肤松弛的阴影，形成黑眼圈。随着年龄增加，皮下脂肪的减少和皮肤萎缩引起毛细血管的显露，颜色偏深。皮下脂肪的缺失和眼周韧带附近皮肤变薄及颊部的消瘦，使对比度增加，其凹陷显得更加明显，黑眼圈也随之加重。黑眼圈不但预示着疲劳，还可能预示着身体出现问题，如血糖较高、肾脏功能不好等。

如果因为休息不够，睡眠不足，最好的办法就是增加睡眠时间。要想恢复得快一些，需要针对黑眼圈的眼霜或眼部精华液。防治黑眼圈的眼霜，多数含有改善微循环的成分，如肝素、维生素 K；含有防止毛细血管渗漏的成分，如维生素 C；含有抗氧化成分，消除局部“自由基”。晚上闲下来时，可以用针对眼部疲劳或黑眼圈的眼膜，当然，也可以使用一款敷整个脸部的面膜。还可以使用热毛巾做个热敷，也能有效地改善黑眼圈和眼部水肿。记住，睡觉前不能喝很多水，免得超过机体代谢，使过多的水分潴留在体内，加重第二天早晨眼部水肿。

2. 如何护理皮肤上的痘痘、青春痘、粉刺、痤疮

痤疮是医学名称，痘痘、青春痘和粉刺是俗称，均属于一种慢性炎症性毛囊皮脂腺疾病。由于出现的年龄不同、诱因不同，被称呼的名字也不同。例如，青春痘就是根据在青春期多发而命名的。青春期痤疮，大多与该年龄段体内激素水平较高、引起皮脂分泌增多有关。发病机理主要是皮脂分泌增多，排出皮脂的导管在皮肤开口处变狭窄致使皮脂排出受阻，以及在此基础上引起的各类细菌的作用而产生的。鉴于青春期皮脂腺分泌旺盛的特点，一定要制订适合自己的清洁和护肤方案，以便预防痤疮的产生。与频繁使用各类化

妆品和洗面奶、肥皂等清洁产品有关，故也将其称之为“化妆品痤疮”。另外，强烈的紫外线照射同样也使皮脂腺开口处角化增生，一般要在半年后方可逐渐恢复。痤疮还可能有其他原因，如内分泌功能紊乱、系统或局部使用皮质激素制剂和其他药物均可引起痤疮。

皮肤护理原则如下。

（1）早上

清洁：使用温和的清洁产品，如凝胶型清洁产品或洁面乳。

祛痘产品：根据痤疮的不同类型，选择不同的产品。

护肤：使用水包油型、轻薄的保湿产品，如保湿乳。

防晒：建议使用防晒啫喱或防晒乳，防晒成分多为化学防晒剂。

（2）晚上

清洁：使用温和的清洁产品，如凝胶型清洁产品或洁面乳。

祛痘产品：根据痤疮的不同类型，选择不同的产品。含维甲酸的产品，需留置15~30min。

护肤：使用水包油型、轻薄的保湿产品，如保湿乳。

3. 用了眼霜，眼睛周围起了脂肪粒怎么办

长在眼部皮肤上的白色丘疹，里面含有白色物质像脂肪（实际是角蛋白和死亡角质细胞），被人们称为脂肪粒。其实，脂肪粒是一种皮肤病，多数情况下属于粟丘疹或者是汗管瘤。脂肪粒的出现，通常与内分泌失调有关，小儿出现脂肪粒，是因为受母体激素影响或与外部损伤有关。眼霜引起脂肪粒的原因，归咎于眼霜厚重、油腻的质地，封堵皮肤孔道。眼霜具有刺激性的成分，刺激孔道周围组织产生炎症，角质细胞角化异常，逐渐形成脂肪粒。

使用眼霜后，如果产生脂肪粒，应当立刻停止使用该产品，改换成轻薄的眼霜或眼部乳液，最好是眼部保湿啫喱。

如果出现脂肪粒，可以使用稀释后的甘油，用卸妆棉蘸取进行局部涂抹，坚持两周，基本可以去除脂肪粒。当然，这种方法并不是人人有效。记住，一定使用稀释后的甘油。

【知识拓展】

院线皮肤护理的基本程序

一、清洁面部皮肤

1. 卸妆用卸妆水（或卸妆油、卸妆乳）清除眼妆、眉妆、唇妆、腮红和粉底（见图2-2）。

2. 水润面部角质层可给皮肤假性补水，提高洁面时抗摩擦能力，将角质变得松软，打开毛孔，便于更好地清洁（见图2-3）。

3. 清洁皮肤分人工徒手清洁和仪器清洁两种方法。在实际操作过程中究竟选用哪一种方法，还应根据顾客皮肤的性质、特点而定。如油性皮肤因油性大，常常借助磨刷帚进行清洁；而干性皮肤因表面皮脂少，用磨刷帚会过量除去皮脂而使皮肤更加干燥；暗疮皮肤使用磨刷帚清洁会引起皮肤发炎、感染。因此，对于干性皮肤和暗疮皮肤应禁止使用磨刷帚。

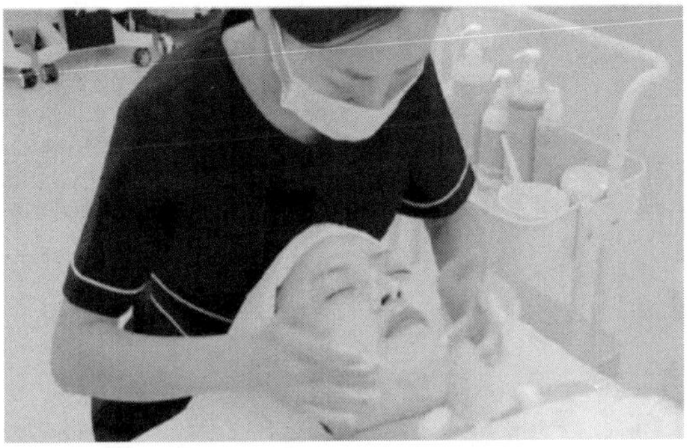

图 2-2　清洁皮肤

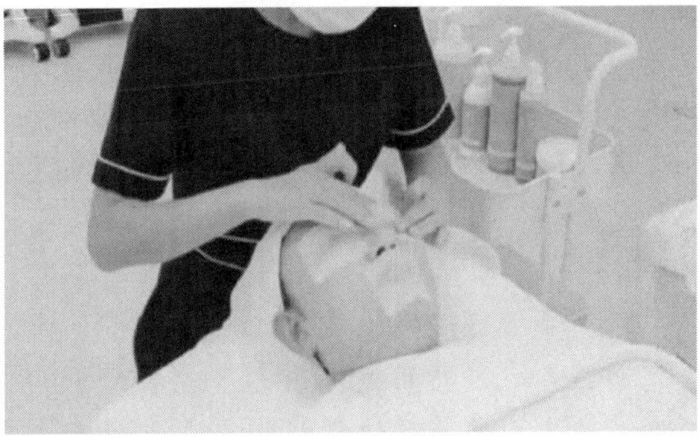

图 2-3　水润皮肤

二、判断皮肤性质，制订护理方案

皮肤性质的测定分析是皮肤护理的先决条件。除人工分析外还可借助专业的皮肤分析仪器（如美容放大镜灯、微电脑皮肤检测仪、皮肤测试仪、皮肤水分油分检测仪等）进行顾客皮肤分析。在分析皮肤类型时要认真观察皮肤表面毛孔的大小，皮肤颜色，油脂分泌情况，皮肤的松弛度、弹性，有无粉刺、暗疮，有无黑眼圈、眼袋、鱼尾纹等，询问顾客在使用化妆品或其他用品时，有无红斑、瘙痒、皮疹等情况。把观察和询问的结果做好记录后，根据顾客的皮肤状况选择和建议护理的项目。

三、深层清洁

应根据不同性质的皮肤，选择不同性质的深层清洁用品，并通过控制操作时间的长短和力度的强弱来掌握脱屑的程度。

（1）干性皮肤可使用去死皮膏或去死皮水轻微脱屑。当使用去死皮膏或去死皮水进行脱屑时，可将脱屑操作放在蒸（敷）面步骤的前面。

（2）油性皮肤可使用磨砂膏较深层脱屑。

（3）中性皮肤清洁用品和手法介于干、油性皮肤之间。

（4）暗疮、发炎、严重敏感的皮肤不可进行脱屑。

四、使用美容电疗仪器

在皮肤护理过程中，经常需要把某些电疗仪器安排到不同的程序中使用，以弥补徒手操作的不足（见图 2-4）。

五、面部按摩

面部按摩是面部护理中非常重要的程序。面部按摩就是借助外力和按摩膏的润滑和营养作用，使面部肌肉做出一些被动式且有规律的正确运动，以达到美容和保健的目的（见图 2-5）。

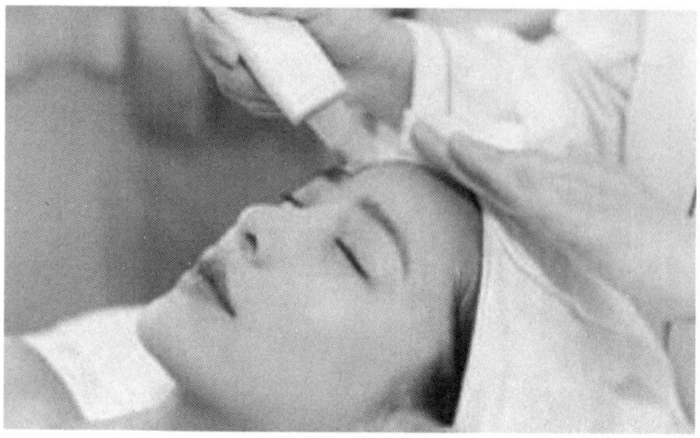

图 2-4　仪器操作

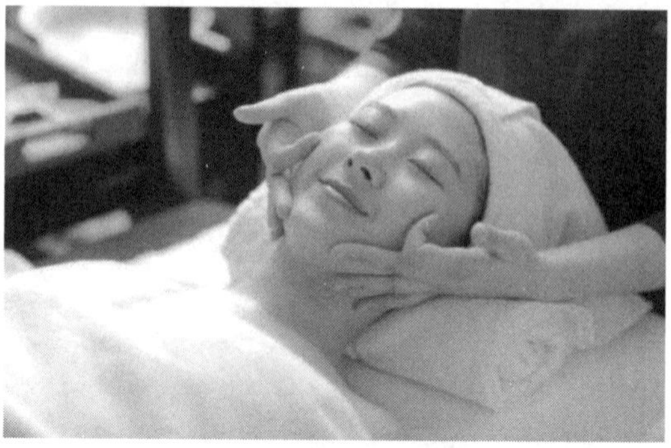

图 2-5　面部按摩

六、面膜疗法

面膜是一种新的美容用品，涂敷于面部，10～20min，即形成一层薄膜，有防止水分蒸发、使皮肤角质层软化膨胀、毛孔汗腺扩张、皮肤表面温度上升、改善血液循环的作用；面膜中的营养成分可以渗入皮肤，促进皮肤的新陈代谢；面膜干燥时收缩，使皮肤产生紧绷，能消除一些细小的皱纹和收敛毛孔；面膜中的有效成分对皮肤分泌物和污垢有吸附作用，在卸除面膜时对皮肤达到进一步清洁的目的（见图 2-6）。

七、头部按摩及肩颈、手部皮肤护理

实施面膜护理时可根据美容院自身情况或顾客要求进行头部按摩、肩颈皮肤护理（见图 2-7）或手部皮肤护理。

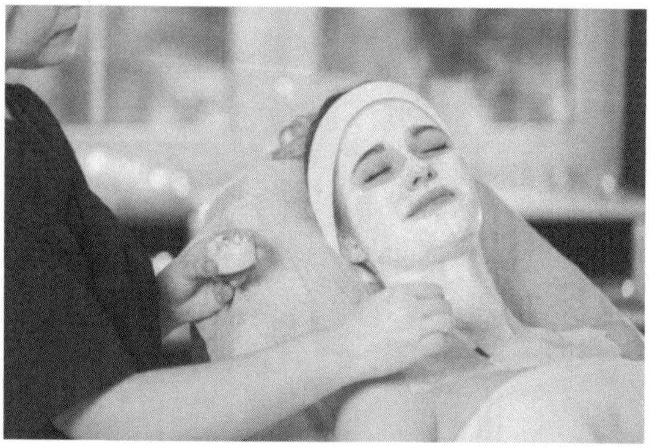

图 2-6　面膜疗法

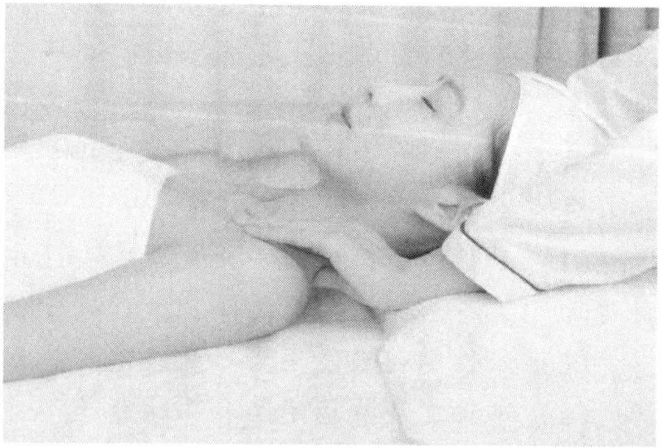

图 2-7　肩颈

八、滋润、营养

滋润营养是皮肤美容护理的最后一步。其主要目的是利用化妆水和润肤霜保养、滋润皮肤，在皮肤表面建立弱酸性保护膜，减少外界恶劣环境对皮肤的损伤。在使用皮肤滋润液、收敛剂等液状护肤品时还可以借助冷式或热式喷雾仪，将其喷射在皮肤上，以滋润、收敛皮肤，调整皮肤的酸碱度。

【思考与练习】

1. 简述皮肤的解剖结构。
2. 皮肤的表皮分哪几层？各有什么作用？
3. 简述敏感性皮肤护理的分析方法。
4. 简述皮肤周期保养的方法。
5. 简述黑眼圈的护理方法。
6. 简述空乘人员的皮肤特点及护理方法。

第三章　护发基础

护发基础：头发的外观在人们的整体体貌和自我感觉中起着重要的作用。从古到今，头发除了具有健康活力的生理意义外，还包含了诸多礼俗、信仰的象征意义，并以发密为健、以发黑为美、以发长为贵。本章将对头发的基础知识、护发的分类、日常护发方法进行较系统的归纳和阐述，目的是帮助同学们科学、系统地认识和了解头发护理。

小故事1：古代人护发小妙招

古代人在美发方面很注重，司马光在《西江月》中写道："宝髻松松挽就，铅华淡淡妆成。"蓬松的发髻，给人以一种舒雅的感觉，再施以淡淡的脂粉，更在雅中增添了几分娴静，这是一种阴柔之美。《木兰诗》写木兰代父从军，胜利归来后，"脱我战时袍，著我旧时裳。当窗理云鬓，对镜帖花黄"。其中的"帖花黄""理云鬓"，写出了木兰的少女模样，女性的阴柔之美跃然纸上。无论堆髻如云还是长发飘飘，秀美、健康的头发自古以来都是形象美的重要组成部分。

鸡蛋清：

《濒湖集效方》里写道："妇女头发垢脂，鸡子白涂之，少顷洗去。"鸡子白就是鸡蛋清。将生鸡蛋里的蛋清取出，涂抹在头发上，几分钟后用清水洗去，不仅可以洗去油脂和污垢，还可以修复干枯发质，让发丝更加顺滑。

稷：

稷，中国古代一种粮食作物，即粟，又称高粱。

在《礼记·玉藻》里有记载："沐稷而靧粱，栉用樿栉，发晞用象栉，进禨进羞，工乃升歌。"就是说洗头用一种叫稷的谷物煮的水，有碱性，可以去污垢，要一边烧热一边洗发才有效果。洗头的时候，去垢用一种比较硬涩的白理木做的梳子；晾干的时候，要用象牙做的梳子，可以避免伤发。

皂角：

皂角，又名皂荚树、皂荚等。皂角是一种外形很像四季豆的植物，皂角是皂荚树的果实，荚果中富有胰皂质可供人们洗衣去污用，还可以洗发。据记载说，在秦汉时期，人们就用皂角来洗衣物和头发，到隋唐已形成惯例。

明代李时珍在《本草纲目》中记载："十月采荚，煮熟捣烂，和白面及诸香作丸，澡身面去垢而腻润胜于皂荚也。"用无患子果实制作的洗发品，不仅可以有效清洁头发，还能起到去头皮屑的作用。

皂角用法有两种：一是把皂荚剥开，刮下内层有一层滑腻柔软的物质充当洗涤剂；二是把皂荚整个碾碎浸水滤出汁液，直接用于洗头。

淘米水：

淘米水，古时候称为“潘”，因为家家户户几乎都可以获得，而且很实惠，所以很久之前就开始被大家使用，流传广泛。包括但不仅限于大米，麸皮、糟糠、豆类之流似乎都是可用之材；亦可发酵、煮沸后再行使用，用法也很多。

《左传·哀公十四年》，中有“合疾而遗之潘汁”。据《史记·外戚世家》说，汉文帝的皇后窦氏少年时家中贫困，年幼的弟弟被人贩子买去，分别时，窦氏向邻家讨来淘米水为他洗头，寄托深情。当时不论男女，日常所用的洗发液也就是淘米水了。

清代《奁史》中，也有“以米汁洗头”的相关记载。淘米水可以使头发乌黑亮泽，还能防掉发。这种价廉物美的洗发方式，不论男女老少都适宜。淘米水中富含维生素和营养物质，效果喜人又容易获取，是寻常人家中最普遍的洗发用品。用淘米水洗头清爽不油腻，还能滋养头皮，起到护肤护发的功效。

第一节　头发的基础知识

学习目标

理论目标：认识头发的概念；掌握头发生理特性、化学性质、物理性质

实践目标：辨别发质类型

学习内容

头发，不是人类的专利，多数动物及类人猿都有头发，但是，与动物相比，人类除少数部位有可见的毛发以外，几乎没有毛，头部是人类毛发比较集中的部位。事实上，人类皮肤携带2500万个毛囊。除手掌、脚掌、皮肤和黏膜结合部没有毛囊外，毛囊遍布全身。一目了然的毛发主要包括头发、睫毛、胡子（男性）、鼻毛，还有私密处的腋毛、阴毛，部分人还会有胸毛等体毛。除以上部位外，人体的其余部分也有毛囊，并且长着无色、细小的毛发，就是我们常说的汗毛。

就可见的头发而言，大千世界，多种多样，如长发、短发，直发、卷发，黑发、金发，随着年龄的增加，出现白发。为此，做好美发、护发及养发，学习和了解毛发的结构、生长及生长调节十分必要。

一、头发的概念

头发，指生长在头部的毛发。头发并不是器官，所以不含神经和血管，但含有细胞。头发除了使人增加美感之外，主要用于保护头部。细软蓬松的头发具有弹性，可以抵挡较轻的碰撞，还可以帮助头部汗液的蒸发。一般人的头发约有10万根，在所有毛发中，头发的长度最长，尤其是女子留长发者。有的可长到95～100cm，甚至150cm，但一般不会超出200cm。

二、头发的生理性

头发从下向上可分为毛乳头、毛囊、毛根和毛干 4 个部分。头发的生理特征和机能主要取决于头皮表皮以下的毛乳头、毛囊和皮脂腺等（见图 3-1）。

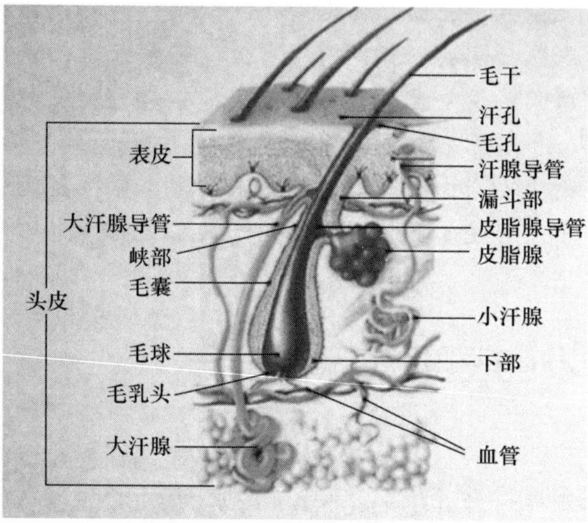

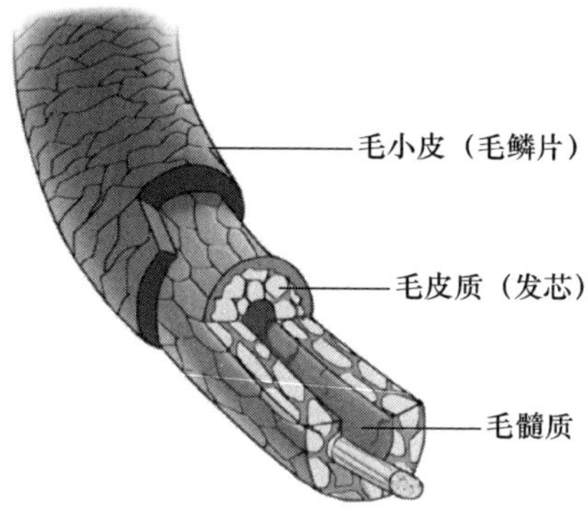

图 3-1　头发解剖图

1. 毛囊

毛囊为毛根在真皮层内的部分，由内毛根鞘、外毛根鞘和毛球组成，内毛根鞘在毛发生长期后期是与头发直接相邻的鞘层。内毛根鞘是硬直的、厚壁角蛋白化的管，它决定毛发生长时截面的形状。在毛发角蛋白化以前，内毛根鞘与毛发一起生长，其来源均为毛囊底层繁殖的细胞。在接近表皮处，内毛根鞘与表皮和毛囊脱开。

2. 毛乳头

毛乳头是毛囊的最下端，连有毛细血管和神经末梢。在毛囊底部，表皮细胞不断分裂和分化。这些表皮细胞分化的途径不同，形成毛发不同的组分（如皮质、表皮和髓质等），最外层细胞形成内毛根鞘。在这个阶段中，细胞是软的和未角质化的。

3. 皮脂腺

皮脂腺的功能是分泌皮脂，皮脂经皮脂管挤出，当头发通过皮脂管时，带走由皮脂管挤出的皮脂。皮脂为头发提供天然的保护作用，赋予头发光泽和防水性能。立毛肌是与表皮相连的很小的肌肉器官，它取决于外界生理学的环境，立毛肌能舒展或收缩。温度下降或肾上腺激素的作用，可把毛囊拉至较高的位置，使毛发竖起。

毛皮质是毛发的主要成分，由与毛发长轴平行的细长细胞所组成。在这些细胞中有约 10mm 的张力细丝及纤维间基质，这些成分决定了毛发的主要生理化性状。细丝由纤维蛋白所组成，其中 50%的蛋白质呈螺旋状结构，基质由含有丰富胱氨酸的非螺旋体蛋白组成。这些蛋白质在毛囊下端合成，合成的最后阶段半胱氨酸转变为胱氨酸。

三、头发的化学性质

毛发主要成分为角蛋白，占毛干总量的 85%～90%，此外还有微量元素、脂质、色素及水。

1. 头发中的角蛋白

由约 20 种氨基酸组成，如胱氨酸、赖氨酸、天冬氨酸、组氨酸、蛋氨酸、亮氨酸、酪氨酸等。胱氨酸含量一般高达 12%以上，它含有二硫键。

2. 毛发中的脂质

包括附着在毛发表面的脂质和毛发内部固有的脂质。内、外部的脂质的成分没有差异，主要是游离脂肪酸、蜡类、甘油三酯、胆固醇和角鲨烯等。脂质含量因人而异，占毛发的 1%～9%。

3. 毛发中的色素

在毛皮质的螺旋状蛋白质纤维间，有像一串串珍珠状的色素颗粒，这些色素颗粒使毛发呈现出色泽。

4. 毛发中的微量元素

毛发中的微量元素有铜、锌、锰、钙、镁等，还有磷、硅等无机成分。微量元素占毛发的 0.55%～0.94%。另外，微量元素也与头发颜色相关。黑发含有等量的铜、铁和黑色素，当镍的含量增多时，就会变成灰白色。金黄色头发含有钛，红褐色头发含有钼，红棕色头发除含铜、铁之外，还含有钴，绿色头发则是含有过多的铜。在非洲一些国家，有些孩子的头发呈红色，这是严重缺乏“蛋白质”造成的。

5. 毛发中的水分

在温度 25℃、相对湿度 65%的情况下，毛发中通常含有 12%～13%的水分。同一个人，所处环境不一样，毛发所含水分也不同。头发上的孔，用孔隙度来表示。就毛干而言，毛发孔隙是指水或化学物质通过头发毛小皮进入毛皮质的能力。所有的头发都具有天然的多孔隙，对水具有一定的通透性，但完整的头发通过毛小皮，特别是毛小皮的外表皮是由 18-甲基二十烷酸组成的疏水（耐水）脂层，通常被称为 f 层。f 层具有天然抵抗作用，对外来物质具有一定的屏蔽性。正常的、未受损的毛干，水从皮质层进入或流出的速度是缓慢的。为了表达头发的孔隙度，通常将头发浸入水中，测量在一定时间内头发重量增加的幅度，用 0～100%之间的百分比来表示头发的孔隙度。

正常健康的头发，毛小皮是紧凑的，毛皮质是完整的，抑制水分进入头发及水分流出。多孔性的头发是干燥的，而且容易产生末端分叉。毛皮质损伤的头发是脆弱的，受损程度越大，洗发时毛皮质吸收水分越多，头发膨胀得越厉害，同时，当头发干涸时，从头发中流失的水分也越多。

四、头发的物理性质

1. 头发的直径

头发根部较粗，越往发梢处就越细，所以发径也有所不同，可分一般发、粗发、细发。

2. 头发的形状

头发的形状可分为直发、波浪卷曲发、天然卷曲发三种。直发的横切面是圆形，波浪卷曲发横切面是椭圆形，天然卷曲发横切面是扁形，头发的粗细与头发属于直发或卷发无关。

3. 头发的弹性

头发的弹性是指头发能拉到最长程度仍然能恢复其原状的能力。构成毛发纤维的角蛋白多肽主链的空间结构在通常情况下为 x-螺旋，在拉伸时变为锯齿状的 β-角蛋白，长度约增长到原来的 2 倍。当健康的头发被湿润和拉伸时，它的长度可增加 30%，干燥后仍能恢复到原来的长度。超过 30%的拉伸会造成损伤，导致无法恢复甚至断裂。一根头发约可拉长 40%~60%，此伸缩率决定于皮质层。

4. 头发的强度

一根健康的头发大约可支撑 100~150g 的重量①。这主要与毛皮质中角蛋白的结构组成有关，角蛋白分子在毛皮质中组成有规则的结构，半胱氨酸通过二硫键形成较强的化学结构。

五、头发的生长周期

毛发不是以连续的方式生长的，而是周期性地生长。一般分为三期：生长期、退化期、休止期。通常有长时间的生长期，2~6 年。接着是退化期，1~2 个星期。然后毛发进入休止期，经历 5~6 个星期，并脱落。紧接着，毛发再进入另一个新的生长周期。头部毛囊 85%~90%是在生长期，1%在退化期，10%~14%在休止期。

1. 生长期

头发的生长期又称成长型活动期，头发呈活跃增生状态，毛球下部细胞分裂加快，毛球上部细胞分化出皮质、毛小皮。毛乳头增大，细胞分裂加快，数目增多，原本不活络的黑色素长出树枝状突，开始形成黑色素细胞。

2. 退化期

头发的退行期又称萎缩期或退化期，头发积极增生停止，它的下端是嗜酸性物质，周围绕呈竹木棒状；内毛根鞘消失，外毛根鞘逐渐角化，毛球变平，不成凹陷，毛乳头逐渐

---

① 本书中的重量为质量（mass）概念，法定单位为千克（kg）。

缩小，细胞数目减少；黑色素细胞失去树枝状突，呈圆形，没有活性。

3. **休止期**

头发的休止期又称静止期或休息期，毛囊渐渐萎缩，在衰老的毛囊附近重新形成一个生长期毛球，在洗头、梳头或搔头皮时，旧头发将随之脱落，这时会有新发长出，再进入生长期（见图 3-2）及重复周期。在一般情况下，头发的脱落和新生处于相对平衡状态。一旦脱落多于生长，头发就会逐渐稀少而出现病态的脱发症状，应及时就医。当然，因年高衰老而脱发，则属于自然规律。

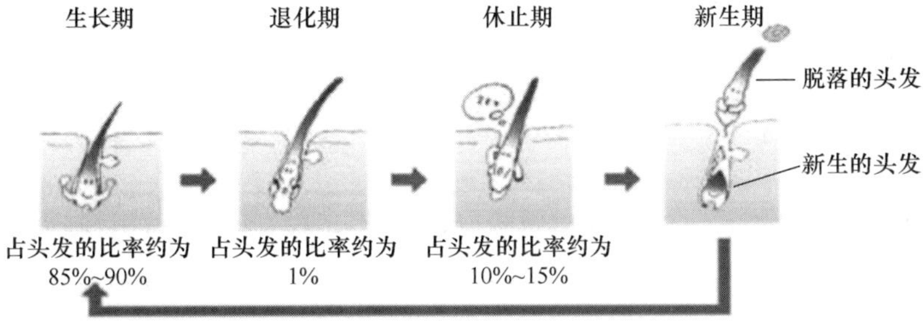

图 3-2　头发生长周期图

这种头发的周期生长，其周期时间长度，与家族遗传、个人健康状况及所处环境等有关，特别是随着年龄的增长而发生变化。在一生中，除了少数的例外，每个头皮毛囊可以进行 20 次循环，也就是说每个毛囊可以长出大约 20 根头发，但会随着年龄增长，头发的长度、直径和密度都在下降。

据统计，头部大约有 10 万个毛囊，多的可达 15 万个。婴儿头部毛囊的密度为 500~700 个/cm^2，成人头部毛囊的密度为 250~350 个/cm^2，老年人毛囊的密度略有减少。约有 10%的毛发处于休止期，按休止期是 2~3 个月计算，人们每天脱落 50~100 根毛发是正常的。每根毛发的生长速度为 1.2~1.8cm/月。一根毛发的平均寿命为 2~7 年，到休止期时，一般可长到 1m 左右。多种因素影响毛发的生长速度，毛发在春夏季比秋冬季长得快些；青少年比老年人更容易长发。

毛囊以各自为中心进行不同步的周期循环，也存在着 2 个或 3 个毛囊同步循环。正常情况下，这种良性循环能够保持整个头皮的稳定性和每天头发的常态脱落，并防止脱发严重和过度再生。如果毛囊周期循环出现问题，则会导致异常性脱发。在生长期时毛发每日生长的速度随年龄、性别及季节有少许差异。人类不同部位的毛发生长周期不同，每日脱发 60~100 根，是正常的生理现象。

六、头发发质的分类

1. 按人体健康状态、分泌状态和保养状态的不同，可将头发分为油性头发、干性头发、中性头发、混合性头发和受损头发 5 种类型。

（1）油性头发

头发看起来油腻腻的，像发光或者搽油一样。头皮中的皮脂腺会分泌油脂，这些油脂的存在对于头发有保护作用，可以使头发不会那么容易断裂，但是油性头发的人，头皮所分泌的皮脂量过多，超过了正常的需要，使得头发总是“油光光”的。而且油性头发的发干常会出现直径细小的情况，因而容易断裂或脱落。

（2）干性头发

干性头发的头皮中同样也有皮脂腺的存在，但是皮脂分泌少，所以头发看起来会没有油腻感，但是因为缺乏油脂的保护，干性头发常会表现为粗糙、僵硬、缺乏弹性、暗淡无光泽，而且发干会卷曲，发梢则容易分裂开叉或缠结成团，容易断裂和折断。干性头发往往受到后天因素如日光暴晒、空气干燥、风吹雨打、不恰当的洗发剂、接触化学剂等影响，使得头发上的水分丧失。

（3）中性头发

中性头发外观柔滑光亮，触摸起来感觉既不油腻也不干枯，整理打扮起来很容易，这是我们所追求的健康正常的头发。

（4）混合性头发

混合性头发具有油性和干性头发的一些共同特点，就是头发干燥但头皮多油，此型发质常伴有较多的头皮屑，头皮也容易出现瘙痒不适等炎症症状，较多见于青春期到更年期之间的女性。

（5）受损头发

这类头发不是先天形成的，而是由于后天处理不当所造成的，如平常过度烫、染等。受损发质摸起来类似于干性头发，但是有明显的粗糙感，而且大部分的头发发梢分叉、干焦、松散，不易梳理。

2. 头发的质地根据其物理特点可分为钢发、绵发、油发、沙发、卷发 5 种。

（1）钢发：比较粗硬，生长稠密，含水量也较多，有弹性，弹力也稳固。

（2）绵发：比较细软的头发，缺少硬度，弹性较差。

（3）油发：这种头发油脂较多，弹性较强，抵抗力强，弹性不稳定。

（4）沙发：缺乏油脂，含水量少。

（5）卷发：弯曲丛生，软如羊毛。

第二节　护发的分类

学习目标

理论目标：认识护发的概念；掌握护发的方法

实践目标：根据不同特性的头发进行护发

学习内容

护发，即是对头发进行保护。头发是身体上最容易脏的部分。护发、清洁很重要，头发与皮肤一样也有油性、中性和干性的分别，要视皮脂腺的分泌量而定。而拥有一头闪亮滑润的头发，是每个人都盼望的事，因为柔亮的头发会给人明朗、健康的感觉。因此人们更注重头发的质量，护发也就随着现行社会所发展的时尚潮流而更受关注。

一、护发受自然因素的影响

1. 日晒

日晒给头发带来的损伤，是近年来研究较多的方面。阳光中的紫外线照射可以引起头发表面和内在的变化，主要表现在以下几方面。

（1）可使头发中的二硫键打开，胱氨酸转变为磺基丙氨酸，同时色氨酸、酪氨酸等含芳香环的氨基酸会在紫外线照射下降解，使头发组织发生变化，头发变粗糙，头发褪色。

（2）引起皮肤表面脂质和内在脂质过氧化，产生具有损害作用的过氧化物。

（3）导致头发中的蛋白质变性，在蛋白质结构中，受影响的主要成分为氨基酸残基，如含硫残基的胱氨酸和蛋氨酸，以及色氨酸、酪氨酸和苯丙氨酸的含芳香残基。破坏了毛小皮的完整性，孔隙度增加。引起毛皮质中的二硫键断裂，使头发变得脆弱易断，失去弹性。久而久之，使头发毛糙、缠结、发梢分叉、难以梳理。

（4）可以漂白黑色素，特别是在黑色素含量较低的头发中，即金色和浅色头发，这种头发脱色现象会更明显。女性也可能注意到，永久性染发剂被紫外线照射后会出现漂白现象。当然，经常清洗也可以迅速褪色染料，在现实生活中，确实不太容易区分紫外线照射还是经常清洗引起头发脱色。

2. 温度及湿度

空气越湿润，头发含水量就越大。空气干燥时，头发含水量较低。温度、湿度对头发的影响如下。

（1）高温和高湿环境

①更多的水分；

②减少静电；

③折叠或塌陷。

（2）高温、低温和低湿、干燥环境

①水分减少；

②更多的静电；

③蓬松、体积变大。

当头发处于高湿环境时，毛皮质会膨胀，毛小皮鳞片的边缘也会上升。因此，潮湿的头发摩擦力更大，但不像干发时具有较大的静电。

在头发的许多特性中，调节水分含量是维护头发健康最主要的特性之一。如今，人们慢性头发脱水现象比较普遍，特别是过度烫染、清洁、梳理、吹烫，超过头发自我调节能力，会损害头发。

二、根据头发分类进行护发

一般来说，头发无论浓密还是疏松，卷曲还是平直，实质上每根头发都是一样的。它是由死去的细胞，即一种称之为角蛋白的物质组成，其原理与皮肤和手指甲的角质层相同。头发的角蛋白结构特别精细，使头发明显不同于手指甲，既有硬度，又富有弹性，既牢固又能做成各种形状。如果把头发横截面放到显微镜下可以发现一组纤维由某种黏合物黏合在一起，形成一个圆圈，中间是很细的“中腔”。纤维的外围层层叠叠地裹着鳞片，起到保护内部头发的作用。

1. 正常健康的发质

外观：正常健康的头发应具有活力，易于美发，在还未干透的情况下也容易梳理，并富有弹性、光泽、柔软。头发表面的鳞片光滑、无缺损。

护理：保持头皮干净，每2~5天清洁头发，适当涂抹护发素保护头发。

2. 纤细疏松的头发

外观：缺少力度，头发稀薄，其原因是头发数量太少，不够粗，纤维弹性不足，因而软弱无力。优点是容易梳成发型，不足之处是发型难以维持。

护理：使用轻薄的、含有油脂较少的洗发水，并且使用轻薄的护发素，尽量避免油脂或硅油等吸附在头发上，以免增加头发的重量，使头发服帖在头皮上，进而露出头皮。

3. 油性头发

外观：有油腻和湿润感，易黏结，常常黏在头皮上，梳成蓬松的发型不易保持，易恢复原状。其主要原因是头皮中的油脂分泌过多，导致液化并快速散发到头发上。

护理：选择去污力比较强的洗发水，以保证能够把头发和头皮上的过多油脂和污物清洁掉。如果头油多，并伴有过度脱发者，可以使用防脱发或防掉发洗发水。选择使用一般的轻质护发素即可，或不使用护发素。

4. 干性硬发

外观：头发的角蛋白质纤维非常有力，不易定型，极易恢复原来的头发走向。由于头皮油脂分泌少，头发缺少光泽，容易被吹乱。

护理：使用厚重的、含有油脂多的洗发水，并且使用较厚的、含油脂或硅油多的护发素为好。洗发水和护发素中的油脂可以沉积在头发上，使头发柔顺、光滑。

5. 受损头发

外观：表面毛糙，鳞片开裂，形成微孔。长头发由于头发生长时间较长，在靠近发梢三分之一部分，出现头发疲劳而开叉的现象（见图3-3）。

护理：使用厚重的、含有油脂多的洗发水，并且使用较厚的、含油脂或硅油多的护发素为好。洗发水和护发素中的油脂可以沉积在头发上，使头发柔顺、光滑。

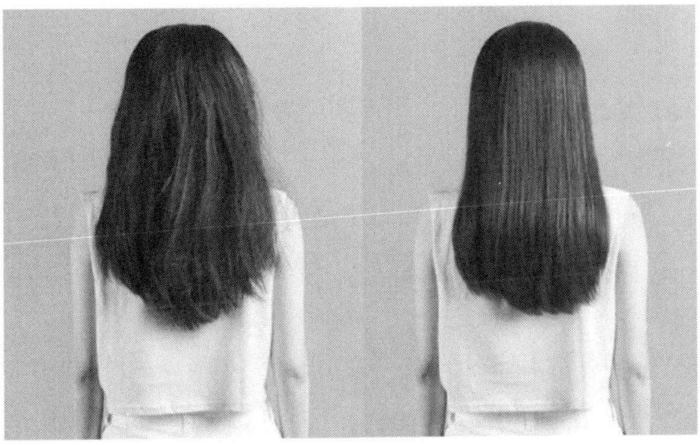

图 3-3　受损头发与健康发质对比图

三、头皮护理

目前全世界约有 50%以上的人群受到头皮屑问题的困扰，青年人为多发人群并且病症较严重，通常男性发病率高于女性。头皮屑是一种慢性、易复发、较常见的头皮问题，相比正常头皮，头皮上或头发里出现薄片状的皮屑即为头皮屑。正常情况下，表皮细胞脱落（一种蛋白酶负责）与细胞再生处于动态平衡，完全角化成熟的角化细胞聚集组成直径小于 0.2mm 肉眼不可见的团块脱落。当表皮细胞不能正常脱落，打破与细胞再生之间的关系，形成肉眼可见的角化细胞团块时，则被视为头皮屑。

1. 引起头皮屑的机理有哪些

（1）马拉色菌引起头皮屑

马拉色菌以头皮油脂为食而存活，其代谢物或裂解物会刺激头皮产生炎症，损伤头皮皮肤屏障，打破表皮细胞脱落和增殖平衡，出现头皮屑。故如今的洗发产品中出现了众多的含有杀灭马拉色菌成分的洗发水。

（2）头皮干燥引起头皮屑

干性皮肤或因为洗头频繁而引起的头皮干燥，导致头皮皮肤屏障受损，使负责表皮细胞脱落的蛋白酶活性下降，导致表皮细胞不能正常进行肉眼不可见的脱落。这种头皮屑，往往是指粒径比较小、银白色的头皮屑。消费群体中已经有人发现，使用婴幼儿的洗发水、保湿营养性洗发水，可以缓解头皮屑，其原因在于呵护了头皮皮肤屏障。

（3）脂溢性皮炎引起头皮屑

由于头皮缺水，降低正常脱落过程中的蛋白酶活性，严重程度大于干性头皮出现的头皮屑。这种头皮屑，往往是指大块的、颜色比较深的头皮屑，其实，脂溢性皮炎已经属于皮肤病，应到医院进行检查和治疗。

2. 引起头皮瘙痒的原因有哪些

头皮屑和头皮瘙痒，往往同时出现。由于头皮瘙痒，不自觉地就会去搔抓，会促进头皮屑的产生；头皮屑的不断出现，预示着皮肤屏障损伤，从而加剧头皮瘙痒。这两种皮肤问题的出现，不分前后，但会相互加剧。

（1）脂溢性皮炎

油脂分泌过多导致微生态功能紊乱，马拉色菌感染。

（2）过度清洁、长期使用去屑洗发水

短期使用深度清洁、去屑的洗发水，往往是非常有效的。但是，长期过度清洁或长期使用去屑洗发水，不仅会导致头皮脂质流失，导致马拉色菌耐药，还可能导致微生态失衡，加剧头皮屑的产生。

（3）烫发、染发等导致头皮屏障受损、功能紊乱

烫发剂和染发剂都是化学制剂，头皮的汗毛孔比较大，很容易随血液进入体内。最好少烫发或者染发，尽量不要染发和烫发。

3. 如何解决头皮屑和头皮瘙痒

合理使用清洁和护理产品解决头皮屑和头皮瘙痒，鉴于头皮屑和头皮瘙痒的发生是头皮皮肤屏障功能紊乱所造成的，要想解决头皮屑和头皮瘙痒，主要做到以下两点。

（1）对症护理

深度清洁或去屑洗发水在使用1~2周后，使用常规保湿洗发水。

（2）修复头皮皮肤屏障

市面上已经有头皮护理产品，特别是用于修护头皮屏障的精华或乳液，通过手涂抹、揉搓，促进头皮吸收。即使这些精华和乳液沾染和留置在头发上，也没有害处。

注意：不要在头皮使用护发素，因为护发素中含有很多高分子物质，不易被吸收，往往还会有诱发痤疮的风险，会加重头皮屑及头皮瘙痒的现象。

四、头发老化、脱发护理

1. 引起头发老化的原因有哪些

头发作为皮肤的一部分，不但随着皮肤的衰老而衰老，还由于它直接接触外界环境，衰老的进程会比较早，严重程度会比较高。头发的衰老主要表现在头发密度下降、生长期毛囊比例减少、头发黑色素合成障碍，且头发直径逐渐变细，毛球直径也变小。头发衰老的主要原因有以下几方面。

（1）与性激素有关的毛囊机能降低；

（2）毛囊、毛球部及头发生理机能低下；

（3）头皮紧张造成的局部血液循环障碍，引起毛囊和毛乳头的末梢毛细血管的流量减少，毛乳头和毛母细胞的养料物质供应不足，使头发的生长出现异常；

（4）营养不良、微量元素缺乏、抽烟及药物副作用等；

（5）工作紧张、思虑过度、忧虑及失眠等精神因素；

（6）家族性遗传因素；

（7）不合理的洗护、烫发和染发等。

2. 衰老的头发表现——白发和脱发

(1) 白发

出现白发，是一种与年龄相关的自然特征。头发变白及出现时间与衰老进程密切相关，在所有个体中，都有不同程度的发生。

出现白发的平均年龄，白种人为(34±9.6)岁，黑种人为(43.9±10.3)岁，黄种人介于前两种之间，晚于白色人种，早于黑色人种。根据澳大利亚科学家对白色人种浅色头发的研究报道，在50岁时，50%的人群具有至少50%的白发。

白发的发生率与性别和头发颜色无关。但出现的部位，有着性别差异，男性白发通常始于太阳穴部位(两鬓)和胡须；女人通常会沿着发际线开始出现白发，再在头的顶部、侧面和背面长出。

白发具有遗传性。通过观察与灰白头发人有亲缘关系的人，表现出明显的早期灰白出现时间和分布的一致性。

如果白种人在20岁之前出现白发，黑种人在30岁之前出现白发，那么称为过早变白。就黄种人而言，20多岁(可认为25岁)头发出现花白，医学上称少年白发，俗称“少白头”。

(2) 脱发

经常有人抱怨：“我年轻时头发是多么密，再看看现在。”随着年龄的增长，不论男女，最常见的是头发密度下降，这种表现以扎辫子较多的女性感知最为明显。可悲的是，当感觉头发总量明显减少时，大约50%的头发已经失去了。

①头发密度：随着机体衰老，头发密度逐渐下降，如女性的头发密度从35岁的293根/cm^2下降到70岁时的211根/cm^2。

②头发直径：平均头发直径从22岁开始增加，到35岁左右达峰值，随后随着年龄的增长逐渐缩小。

③头发生长速度：随着年龄的增长，角蛋白的产生速度减慢，毛干变细，终毛的平均直径也随之变小。头发生长周期在前一个休止期到开始一个新周期之间的间隔时间会延长。更严重者，有些毛囊停止工作，也就没有新发再长出来。

3. 哪些脱发需要引起重视

很多人都有脱发的困扰，尤其是工作节奏快、生活压力大的中青年群体，脱发使其非常痛苦，特别是突然大量脱发，严重影响个人的生活质量。

非正常脱发，有急性的，也有慢性的；有局部的，也有弥漫性的。

这里有一个名词非常重要，叫作“急性休止期流出”，在某些触发因素作用下，诱发大量毛囊进入其休止期。急性休止期流出在触发因素作用后2~3个月出现，最常见的触发因素包括全身疾病、药物作用、发烧、压力、生育、缺铁和炎性头皮疾病。

每天脱落超过200根头发时，脱发被认为是严重的。

(1) 休止期脱发

生育、接受大手术、大幅度减肥、心理重压等过后6周至3个月可能会出现休止期脱发。最严重时，洗头、做头发或梳头时可能会大把掉发。休止期脱发也可能与服用某些药物有关，如抗抑郁药、β 受体阻滞剂、非类固醇抗炎药等。

（2）遗传性脱发

又称雄激素性脱发，是最常见的脱发病因。遗传性脱发可能从 20 岁就已开始。脱发基因可能会来自父亲或母亲，如果双亲都脱发，子女脱发危险就更大。对于头发，雄激素则是起着下调作用，能使终毛转变为毳毛。当体内雄性激素过高，还原酶将睾酮代谢成二氢睾酮（DHT），后者进一步与细胞核雄激素受体结合从而调节靶基因转录，使毛囊逐渐萎缩，影响毛发生长，在头顶部表现比较明显。雌激素有对抗雄激素的作用，因此女性在绝经前较少出现脱发严重现象，而绝经后雌激素水平下降，脱发的发生率升高，且颜色上也有改变（白发增多）。

（3）慢性疾病、营养不良及人为的毛囊损害

甲状腺机能减退、系统性红斑狼疮、真菌感染；缺铁性贫血等微量元素缺失等；头发洗、烫、染过于频繁，也容易损害发质及发根导致头发易断、易脱。

（4）其他

斑秃，是一种骤然发生的局限性斑片状脱发，与焦虑和紧张相关。在年幼时，局部大面积头发脱落，通常被认为是颈部的秃斑（衣领型），与头发营养不良和摩擦有关。

4. 脱发护理

脱发的发生率为 20%~30%。从生理学角度来看，正常人每天一般掉 50~80 根头发，如果超过 100 根，就应着手防治了。洗澡或洗头时发现脱落的头发增多，一定要注意观察是从头皮脱落还是头发断裂掉发。如果从头皮脱落，一段时间后，头皮上的头发逐渐减少，有必要找医生弄清楚脱发原因。

（1）脱发的原因和防治方法

①雄性激素脱发——在医生指导下服用药物和外用药。

②脂溢性皮炎导致的脱发——使用碱性、控油洗发水。

从生活方式中寻找原因，如工作紧张、劳累、生活不规律等。针对这种原因的脱发，一般需进行养护。

（2）养护方法

①临床确定脱发原因，对症治疗。

②饮食避免辛辣，过咸与过甜食品均可引起或加重脱发，应予以限制。

③保持头皮的酸碱平衡，故应挑选适合自己的优质洗发水。制订洗发方案：洗发水温 37℃；洗发水使用量为 2~6mL；洗发水泡沫要在头发上停留半分钟以上，揉搓 20 次以上；清水清洗头发时间至少持续半分钟，并重复一次，确保从发根到发梢都没有洗发水残留；最后用干毛巾擦干头发上的水分，让它自然风干，最好不要使用电吹风。

④避开易致脱发的环境，如污染严重、日光太强的地方。

⑤ 坚持头部按摩，促进头皮血液循环，每晚一次，持续 5~10min。

⑥紧张焦虑的情绪对脱发也有一定影响，须及时化解心理压力。

第三节　日常头发洗护方法

学习目标

理论目标：认识日常头发洗护的方法；掌握日常头发洗护的产品使用方法

实践目标：根据不同特性的头发进行日常洗护

学习内容

日常头发护理是保持头发健康和美丽的重要方式。头发的健康和美丽不仅仅取决于使用什么样的洗发水和护发素，还取决于日常的护发习惯。头发洗护是指对头发进行清洁、护理和修护的过程。头发洗护的目的是保持头发的健康和美丽，预防头发干燥、易断、分叉、脱发等问题。

一、日常头发养护方法

（1）保护好头皮，尽量避免外力带来的损伤。

（2）制订头发、头皮清洁和护理计划，防止头发、头皮污物对头发、头皮产生损伤。

（3）经常“施肥”，提供足量营养。如选择一些富含维生素 B 的乳液精华或人参精华的洗发、美发产品，这些对头发有益的元素可以微量地渗入到头皮的毛囊中去，起到保护头发的作用。

（4）常用宽齿的梳子梳头，或用手指按摩头皮，达到刺激头皮加快血液循环的目的。

（5）借助于食疗调理头发，多吃核桃、黑芝麻、豆制品及富含维生素的水果和蔬菜。这些食物可以调节人体功能，并对头皮毛囊细胞产生滋养作用。

（6）合理染发、烫发，切忌过度。为了头皮和头发的健康，半年内染发不要超过一次。

（7）对于头发稀少者，出门注意头皮防晒，如使用遮阳伞、防晒护发素等。

二、日常护养产品和使用方法

随着经济的发展，人们对护发和美发的需求与日俱增。科学技术进步使得护发和美发产品得到细分化。如何选用市场上诸多的细分化产品，广大消费者需要熟悉和认识产品的作用、性能。从合理使用开始，逐步养成习惯，建立适合自己的护理方案。

1. 常见头发清洁产品与使用方法

头发清洁产品发展很快，从强效皂基型、表面活性剂型，到温和高效的氨基酸型，每年都有新产品出现。由于消费者存在的个体差异和季节变换，如何选用适合自己头发的清洁产品，避免造成刺激或不适，以及熟悉常见的头发清洁产品及其使用方法，显得格外重要。

洗发水是一种清洁剂，用于洗净附着在头皮和头发上的人体分泌的油脂、汗垢、头皮上脱落的细胞，以及外来的灰尘、微生物和不良气味等，保持头皮和头发清洁及头发美观。

洗发水，英文 shampoo，又称为香波。该词源自印度语 champo -，是按摩的意思。1762 年第一次用英语记录为由碱液、油和香味组成的头部按摩物质。用于剃须的肥皂在水里煮熟，并加入草药，用这种混合物使头发发亮和散发香味，并被人们认为是当时的“尖端技术”。

国外的洗发水是从 20 世纪 30 年代初期开始的，主要以肥皂、香皂清洗头皮和头发，其后用椰子油皂制成液体香波，但是以皂类为基料的洗发用品，洗后头发会发黏、发涩，不易梳理。20 世纪 40 年代初期，以月桂醇硫酸钠为基料制成的液体乳化型洗发水和膏状乳化型洗发水问世。

我国的洗发水是在 20 世纪 60 年代初问世的，当时的代表产品为海鸥洗头膏。发展至今，洗发水已经成为人们生活中不可缺少的日常用品。

早期的洗发水相对比较粗糙，许多产品都对皮肤和眼睛具有刺激性。当代的这些产品是高效、美观、温和的。

（1）优质的洗发水应包括以下几个方面。

①有效清洁，易于冲洗；

②使用中的美感（泡沫、产品浓稠度、香味等）；

③洗头后的良好效果；

④对皮肤/眼睛刺激性最小；

⑤不损坏头发，杰出的安全状况；

⑥对自然环境友好，良好的生物降解性。

（2）洗发水里面含有哪些成分呢？

“洗”，首先离不开表面活性剂。其次，因为是洗发用的，就会存在是否好梳理的问题，所以还会添加调理剂。另外，洗发水中还需要添加增稠剂、防腐剂、香精等。所以，洗发水中主要有以下几类成分。

①表面活性剂：作用是去除头发和头皮上的环境污垢、定型产品、皮脂和皮肤角质。

②发泡剂：可以使洗发水形成泡沫，多数属于表面活性剂，泡沫具有一定的清洁作用。

③美发成分：添加些油脂，用洗涤剂去除皮脂后，补充洗去的有益物质，使头发保持柔软、光滑。

④增稠剂：洗发水通常是稀薄的，增稠剂可以调节洗发水黏稠度，增加质感。

⑤珠光剂（遮光剂、不透明剂）：添加珠光剂是为了使洗发水不透明，以达到与清洁无关的美学目的。

⑥隔离剂：防止在硬水的作用下，头发和头皮上形成肥皂污垢。

⑦香精：加入香精，让洗发水散发出消费者喜欢的气味。

⑧防腐剂：预防洗发水开启前后微生物污染。

⑨特殊成分（宣称成分）：除了有清洁头发和头皮的成分外，还添加了治疗成分或营

销辅助工具，使洗发水具有其他功效。

2. **使用洗发水的好处**

头发直接暴露在环境中，不仅遭受风吹日晒，还不间断地受到环境中尘埃、微生物的侵袭。尘埃、微生物，与头发和头皮上的皮脂混杂在一起，在头发和头皮微生物的作用下，产生刺激性物质和不良气味，严重威胁头发和头皮的健康。

（1）能够有效地洗净附着在头发和头皮上的尘埃，同时清除头发和头皮上老化的皮脂膜；

（2）解除老化皮脂膜对毛根、毛囊带来的威胁，改善毛发生长环境；

（3）帮助紊乱的毛小皮重新排列，洗后能使头发发亮、美观、服帖；

（4）留有芳香，神清气爽；

（5）帮助解决头皮问题，如去屑、止痒、抑制皮脂过度分泌等。

3. **如何选择适合自己发质的洗发水**

每个人都希望自己能拥有一头健康亮丽的头发，但是染烫、日晒，甚至洗发水选择不当，都会令发质受损。洗发水选择不当，久而久之，头皮痒、头屑多、掉发、干燥、分叉等问题就会接踵而至。

（1）正常发质：如果头发没有烫染，也没有头屑多、出油、毛躁等问题，属于健康的发质，可以选择一些营养类的二合一洗护双效的洗发水，让头发保持健康状态。

（2）干性蓬松：头发比较干燥，而且很蓬松、毛躁，容易有静电，要选用弱酸性的洗发水，即滋润类的洗发水。碱性的洗发水会带走头皮中大量油脂，使头皮更加干燥。而酸性洗发水洗净头皮的同时不会破坏头皮油脂层。

（3）受损分叉：这一类发质一般是因为平时经常烫染，使头发毛鳞片受损形成的。头发很容易断裂、分叉，建议使用针对烫发和染发受损的洗护产品，修复头发毛鳞片，让头发重回健康。

（4）出油细软：因头皮皮脂分泌过多导致。建议采用清洁能力强的产品，不要用有滋润或修护功能的洗发水。如果出油量不多，选用有美发和控油双重功效的洗发水即可。

（5）容易脱发：掉发原因有很多，头发营养不足、出油过多等均会导致，可选择防脱发的洗发水，促进毛发再生。

（6）头屑头痒：头屑是头皮生态平衡遭到破坏导致的。头皮作为头部的天然屏障，其脆弱性和敏感性仅次于眼皮，针对头屑处理，一定要找到病因，对症治疗，不要盲目使用去屑洗发水。

4. **多长时间清洁一次头发合适**

针对洗头频率，没有科学的限制，那么需要清洗的标志是什么？通常是由以下几点决定的。

（1）发型：如果头发显得平直，缺乏朝气，没有型，就需要清洗头发了。

（2）头发类型：头发是干性、中性还是油性？油性头发洗头频率往往比较高，干性头发洗头频率比较低。

（3）季节环境：高温高热、寒冷干燥的环境等，都是驱动洗头的潜在动力。

（4）社会因素：参加聚会或某些重要活动，往往需要洗头、梳理。

洗头的目的是去除头发和头皮上的污物，减少头发的不良气味，利于发型的整理。但是，过度地清洗，会导致头发和头皮受到以下伤害。

（1）头发失去应有的、有益的保护性皮脂，使毛小皮鳞片干燥、折断和脱落；

（2）头发反复大量吸水、膨胀、脱水、干瘪，导致毛干松脆、易断；

（3）在表面活性剂的作用下，蛋白质变性或溶解，丢失氨基酸，孔隙度增加；

（4）头皮脂质流失，头皮屏障受到损害，出现头皮屑、瘙痒等现象；

（5）品质较差洗发水或去屑洗发水，会导致头皮微生态失调，加剧头皮屑产生和剧烈瘙痒。

三、常见护发产品与使用方法

有人认为，将毛发清洁干净就可以了，护发是可有可无的。其实不然，正确、合理、有效地对毛发进行护理，对于毛发完成一个生长周期的过程，并健康地生长是很重要的。

在日常生活中，由于护理不当、风吹日晒，特别是喜欢对头发进行染烫，达到不同色彩和造型的人们，常常遇到头发毛糙、断裂而脱落、头皮瘙痒、脱发逐渐变得稀薄等现象。为了修复这些问题，市面上有一系列的美发产品。所谓美发产品，是用来保护、修复头发和改善头发发质的化妆品。使用方法是在洗发后，将美发产品揉搓或喷洒在头发上，留置在头发上或停留一定时间后冲洗干净。

常见的护发产品种类包括：护发素、焗油膏、发膜或倒膜等。

护发产品有：护发精油、护发喷雾、免洗护发素、护发精华。

1. 什么是护发素

护发素是一种美发产品，可以保护和改善头发的质地。护发素通常是一种黏性液体，透明或不透明。护发素一般与香波一起使用，洗发后将适量护发素均匀涂抹在头发上，轻揉1min左右，再用清水漂洗干净，故也有人称为漂洗美发剂。护发素中可能含有润肤霜、油脂和防晒霜等成分，洗发后使用，可以不冲洗，让护发素留置在头发上保护头发，称为免洗护发素。

护发素的英文名称为 hair conditioner，有时中文翻译成“头发调理剂”。护发素是在20世纪30年代早期发展起来的，当时使用自乳化蜡。这些蜡类物质与蛋白质水解物、多不饱和物和硅油结合在一起，改善了头发的手感和质地。在那个年代，护发素使用的还有蛋白质来源的物质，包括明胶、牛奶和鸡蛋蛋白。早期的护发素相当于油腻的润肤油，能防止或减少染发、烫发对头发造成的损伤，质地比较厚重、黏腻。

护发素中最常见的成分是硅油。硅油是一种轻量级的油，它可以在头发上留下一层薄膜。随着科学技术的发展，科学家根据头发的不同需求，开发出了不同的护发素。

（1）按使用方式分：洗去型、免洗型。

（2）按剂型分：水剂型、凝胶型、乳化型、油剂型。

（3）按头发类型分：正常头发、干性头发、油性头发。

（4）按功能分：修复受损头发、定型作用、防晒型、烫发型和染发型等。

2. 护发素的成分与功能

（1）鉴于能够达到护发的功能，护发素配方中的关键成分如下。

①调理剂：主要功能为吸附于毛发上，使头发柔软、易梳理。护发素中的调理剂主要包括硅油、阳离子表面活性剂。阳离子表面活性剂的代表，如阳离子瓜尔胶、阳离子纤维素等。

②油脂类：主要是补充洗发水洗去的油脂，使头发达到滑爽、有光泽、易于造型。常用油脂包括液体石蜡、植物油脂等。

③增稠剂：既有增稠和稳定作用，也有一定的保湿作用。常用增稠剂包括纤维素、阳离子纤维素等。

④保湿剂：保湿作用。常使用甘油、丙二醇、山梨糖醇、聚乙二醇作为保湿剂。

⑤活性成分：根据产品的不同功能，添加不同物质，如去屑剂、止痒剂等。

⑥营养成分：包括蛋白质、维生素、氨基酸等。

（2）现代高质量的护发素，具备以下作用。

给头发补充洗发水带走的油脂；密封和修复毛干的损坏，抚平毛小皮，使头发顺滑，重现光泽；保湿，降低头发孔隙度，消除静电。

为此，高质量的护发素常常具备以下几种功能。

①使毛发易梳理、不缠绕。

②具有抗静电作用，使毛发不会飘浮。

③能赋予毛发自然的光泽。

④能保护毛发的表面，增加毛发的立体感。

3. 如何正确使用护发素

护发素是保护或修护头发的，它并不保护或修护头皮！护发素中的保护和营养成分是针对受损头发的，可以在毛干上形成一层膜，修护和滋养头发。使用护发素，尽量避开头皮和发根。靠近发根的头发是新生的健康头发，只有远离发根的发梢部分才会出现老化、分叉、毛糙。所以，在洗干净头发后，只需要将护发素涂抹在远离头皮一定距离的头发上即可。如果将护发素涂抹在头皮上，不仅对头皮没有好处，反而使头皮不容易洗干净，长时间停留在头皮上，对头皮产生刺激，甚至产生头皮屑。由于护发素有大分子物质，可能堵塞毛孔，引起粉刺。很多人习惯冲掉洗发水后，马上使用护发素，但这种使用方式效果不佳，因为此时的头发间尚存大量的水分，会稀释护发素，影响护发素的吸收和附着效果。

正确的方式是冲洗干净洗发水后，用毛巾将头发擦干、不再滴水时，再涂抹护发素，这样才能使护发素的效果发挥到最大。一般情况下，使用护发素有以下几个步骤。

（1）将适量护发素放在双手上。

（2）将护发素涂抹于头发末端，从发梢开始，用手指均匀地涂抹，注意不要涂抹在头皮上。

（3）使用手指或宽齿梳子轻轻分离头发，以确保护发素在头发上分散均匀。

（4）用温水好好冲洗头发。

4. 其他护发产品

（1）发膜

如果将护发素比喻成护肤乳液，那么发膜就好比护肤霜。发膜中同样含有营养物质和水分，它们会透过头发上的毛鳞片进入发丝中，帮助修复纤维组织，尤其适合干枯和受损发质。虽然发膜见效比较慢，需要坚持使用两三个月，但是它的效果更为稳定，能从根本上改变发质。头发枯了，黄了，分叉了，这些问题基本都可以解决。发膜如同护肤品，改变头发的质地，从根部开始营养头发。

（2）倒膜

倒膜，一般是在头发上抹上美发膏，用机器放出蒸汽并加温头发，使油脂渗入头发。这样一种给头发补充营养和水分的方法，称为倒膜。

（3）美发膏

①加强头发的韧性和弹力。

②防止头发干枯、分叉和折断。

③令染色后的头发色泽更加鲜明。

④能加强烫发的持久性。

5. 焗油

焗，一种烹饪方法，利用蒸汽使密闭容器中的食物变熟。美发中的焗油与倒膜相似，只是将倒膜中的美发膏换成焗油膏。

焗油膏是在美发膏中添加人工色素制成的，它与美发膏的工艺制作过程类似。头发干枯、没有光泽是因为发丝出现空洞，焗油用人工色素填补了这些空洞，头发就显得很饱满，但这些人工色素会随着洗头、日晒等渐渐流失，头发又恢复成原来的样子。打个比方，焗油就像彩妆，能使人看起来靓丽，但不能真正解决问题。

6. 如何选择正确的美发方案

选择美发方案，取决于头发的发质和头发损伤程度，以及需要达到的美发目的，如提高头发光泽和平滑的外观。选购护发素的时候，可以根据自己头发的状态挑选合适自己的产品。以下将头发受损程度分为三级，便于大家判断。

（1）轻度受损：失去光泽，发色变浅。

（2）中度受损：头发开始感觉脆弱，缺乏韧性，有些干枯。

（3）重度受损：头发明显很粗糙，干枯易打结，发梢开始分叉。

根据头发受损的不同程度解决方案如下。

（1）轻度受损发质：坚持使用洗去型护发素即可修护头发损伤。

（2）中度受损发质：建议选择留置型护发素，效果比洗去型护发素好。

（3）重度受损发质：建议去发廊做深度护理，在护理师的指导下，制订美发方案。

建议：

（1）常梳头：可以促进头皮血液循环，保持头发整洁。

（2）洗发：2~4 天一次为宜。

（3）护发：洗发时使用护发素，建议定期进行焗油或倒膜。

（4）补充营养。

第四节　空乘人员的头发护理

学习目标

理论目标：了解空乘人员的基本头发护理要求

实践目标：树立空乘人员发型形象基本意识，学会护发

学习内容

发型的礼仪，是空乘人员个人形象礼仪中不可或缺的一个重要的组成部分。发型礼仪，指的是有关人们的头发的护理与修饰的礼仪规范。在正常情况之下，人们观察一个人往往是“从头开始”的。位于头顶之处的头发，自然不会被错过。而且还经常会给他人留下十分深刻的印象。

美发，一般是指对人们的头发所进行的护理与修饰。其目的在于，使之更加美观大方，并且适合自身的特点。发型礼仪主要分为护发礼仪与美发礼仪这两个有机组成部分。前者主要与头发的护理有关，后者则是重点关注头发的修饰问题。任何一名空乘人员如果不打算使自己“头上失礼”的话，对护发礼仪与美发礼仪均应认真地学习和遵守。

1. 护发礼仪的基本要求

护发礼仪的基本要求是：航空服务人员的头发必须经常地保持健康、秀美、干净、清爽、卫生、整齐的状态。要真正达到以上要求，就必须在头发的洗涤、梳理、养护等几个方面加以注意。

（1）要重视头发的洗涤

任何一个健康而正常的人，头发都会随时产生各种分泌物。此外，它还会不断地吸附灰尘，并且使之与其分泌物或汗液混杂在一起。甚至产生不雅的气味。这类情况一旦出现，就会影响到头发的外观。保持头发干净、清洁的基本方法是，要对它按时进行认真洗涤。洗涤头发，最好是每日一次，并且贵在自觉坚持。即使一时难以做到，也不宜拖得过久。

洗涤头发，一是为了去除灰垢，二是为了消除头屑，三是为了防止异味，四是为了使头发条理分明。此外，它还有助于保养头发。

（2）头发的梳理

①要选择适当的工具。梳理头发，不宜直接使用手指抓挠，而应当选用专用的头梳、

头刷等梳理工具。其主要标准是不会伤及头发、头皮。在外出上班时，航空服务人员最好随身携带一把发梳，以备不时之需。

②要掌握梳理的技巧。梳理头发，不但是为了将其理顺，使之成型，而且也是为了促进头部的血液循环与皮脂分泌，提高头发与头皮的生理机能。要做到这一点，就必须掌握必要的梳理技巧。

③要避免在公共场合整理头发。

梳理头发是一种私人性质的活动。他人所了解的，应当是其结果，而不是它的过程。若是“当众理衣鬓”，在外人面前梳理自己的头发，使残发、发屑纷纷飘落的情景尽落他人的眼底，是极不明智的。

④要重视头发的养护。

身为炎黄子孙，绝大多数中国人都具有“黑头发、黑眼睛、黄皮肤”等共同的种族特征。按照常人的审美标准，每一个人都理当拥有一头浓密的乌发青丝。可是，这并非人人都能够办得到。

空中乘务人员如果要想做到这一点，就必须重视头发的养护问题。养护头发，其实是治标兼治本的。养护头发之中的“护”，指的是头发的保护。要保护好头发，就要有意识地使之免于接触强碱或强酸性物质，并尽量防止对其长时间曝晒。洗头时使用洗发剂之后，会使头发的养分受到一定的损失，致使其干燥、分叉、断裂甚至脱落。为此，可在洗头之后，酌情地采用适量的护发剂。此外，一些质量上好的发乳、发露、发油、发胶，以及生发水、亮发蜡等，只要使用得法，也会产生一定的护发作用。

养护头发中的“养”，则指的是头发的营养。如果说“护”是治标之法，那么“养”则重在治本。真正要养护好头发，关键还是要从营养的调理与补充等方面着手。一般认为，辛辣刺激之物，若食用过量，将有损于头发。烟、酒对头发的危害，则尤为严重。如欲减少发屑，应少吃油性大的食物，多吃含碘丰富的食品。欲使头发乌黑发亮，则适宜多吃蛋白质和富含维生素、微量元素的食物，尤其是要多吃核桃一类的坚果，或黑芝麻一类的“黑色食品”。

2. 女乘务员发型礼仪的基本要求

对于女乘务员来讲，美发礼仪的基本要求是：经过修饰之后的头发，必须以庄重、简约、典雅、大方为其主导风格。不论是修剪头发，还是为其选择一定的造型，空乘人员都必须严格遵守如下要求。

（1）着制服时必须按照出勤标准梳理好发型，不可披头散发。

（2）发型必须用发胶整理固定，做到不掉落、不松散。

（3）短发可留职业女士短发，长短整齐，不允许留超级短发及怪异发型，长度不过肩，不能挡住眉毛。

（4）染发只许染黑色或接近发色的自然色；白发过多者，建议染发。

（5）长发必须束起，盘于脑后，可使用公司统一发放的头花或发网，发网必须呈饱满状，禁止留刘海，碎发用发胶、夹子固定住（外露发夹数量不超过 4 枚）。

（6）女乘务员不能使用蓝、灰、棕等彩色发卡，不要在工作岗位上佩戴彩色、艳色或带有卡通、动物、花卉图案的发饰。

3. 男乘务员发型礼仪的注意事项

（1）应当定期理发。根据头发生长的一般规律，常人在每半个月左右理一次头发是最为恰当的。至少，每次理发的时间间隔也不宜长于一个月。如果经年累月拒绝理发，个人的形象必将惨不忍睹。有些特殊的时候，如参加重要的庆典、宴会时，为显示自己郑重其事，特意临时再理一次发，也是非常必要的。

（2）应当慎选理发方式。具体说来，理发又分为剪、刮、洗、染、吹、烫等各种不同的方式。空乘人员在选择发型时需要三思而行。比方说，如果打算把自己的头发染得更黑一些，是比较正常的。因为它既是“人之常情”，也符合中国人传统的审美习惯。然而若是执意把自己的黑头发染成黄、红、绿、蓝等各色，甚至将其染成数色并存的彩色，则与自己的职业身份不相符。另外一些新潮的发型，如“朋克式”“爆炸式”“多穗式”“迷乱式”“仿蛇式”等，虽华丽美艳，它们却绝对不适合航空服务人员选择，不能出现在航空服务工作场合。

【思考与练习】

1. 简述日常头发养护方法。
2. 简述引起头皮屑的原因。
3. 简述护发受哪些自然因素的影响。
4. 简述头发物理性特点有哪些。
5. 简述头发发质的分类。
6. 简述空乘人员护发的基本要求。

第四章　化妆基础

化妆基础：这一章节将系统地阐述有关化妆造型的基础知识和化妆手法的分解技能。根据不同的脸型、不同的肤质、不同的面部比例，以及不同年龄、不同种族的面部特征来讲解化妆的基础手法，并通过有序的技能训练，使学生掌握化妆的基础手法。

小故事 1：张敞画眉

张敞和他的太太感情很好，因为他的太太幼时受伤，眉角有了缺陷，所以他每天要替他的太太画眉后才去上朝，于是有人把这事告诉汉宣帝。一次，汉宣帝在朝廷中当着很多大臣的面对张敞问起这件事。张敞就说“闺房之乐，有甚于画眉者”。意思是夫妇之间，在闺房之中，还有比画眉更过头的玩乐事情，你只要问我国家大事做好没有，我替太太画不画眉，你管它干什么？

后此典故与韩寿偷香、相如窃玉、沈约瘦腰合称古代四大风流韵事。

资料来源：《汉书·张敞传》“然敞无威仪，时罢朝会，过走马章台街，使御史驱，自以便面拊马。又为妇画眉，长安中传张京兆眉妩”。

小故事 2：眼影的诞生

在很久以前的埃及，宗教信仰深入人心，同时也因为医疗条件比较落后，他们会用各种各样的方法祛灾辟邪，其中有一种就是在眼尾的上方涂抹颜料，这便是最早的眼影了。在古埃及不论是惊艳四方的埃及艳后还是当时的普通埃及民众，都喜欢把眼睛精心化妆成迷人的烟灰色。而据古埃及流传下来的遗物和文献显示，当时埃及的男男女女，从仆人到皇后，每个人都会用黑色及绿色粉末，厚厚地涂抹在眼睛周围。因为那时的他们相信，眼影具有太阳神的魔力，不仅能让自己更加吸引到别人注意，同时也能防止眼疾的传染。后来眼影就以驱邪保平安的方式从希腊、罗马传入阿拉伯，20 世纪传入欧洲，后来在明治时期传入日本。眼影的制作方法十分简单，首先把不同颜色的矿石磨成粉，然后混合蜂蜡、树胶、动物油脂等材质混合而成，绿色的眼影是由孔雀石磨制、银色的是锑金属，黑色使用更为普遍，是用埃及东部沙漠的方铅矿在石板上研成粉末。科学家们发现，绿色眼影中含有铜元素，黑色眼影中含有石墨，这在一定程度上的确有助于减少外部环境对眼睛的感染，防治眼部疾病，既能美化眼睛还能抵抗细菌。

生活在地中海沿岸的腓尼基妇女用阿拉伯胶、麝香、乌木及粉状黑色昆虫制成的黑色浆状物装饰眼眉。而在眼影传入亚洲之前，中国和日本妇女用金鸡纳皮做眼部美容，也会用木炭画眼线，有时候会用胭红来代替，因此我们看到的古代很多妆容是没有眼影的，只有眼线胭红和眉毛。后来明治时期日本也有简单的眼影，其实就是红色的黏土，人们把黏土涂在眼周以求神灵庇护，眼影在最初传入日本的时候，大家并没有发现它对眼睛有修饰作用，所以仍旧被当成是一种驱邪求保佑的“符”。在近代中国，20世纪40年代起，由于生活方式的变化和对流行时尚关心程度的提高和审美的变化，眼部美容化妆品被年轻年龄层的女性所接受并喜爱。

第一节　化妆品及化妆工具介绍

学习目标

理论目标：了解常用的化妆品及化妆工具

实践目标：能够基本区分市面上常见的化妆品及化妆工具

学习内容

化妆是运用化妆品和工具，采取合乎规则的步骤和技巧，对人体的面部、五官及其他部位进行渲染、描画、整理，增强立体印象，调整形色，掩饰缺陷，表现神采，从而达到美化视觉感受的目的。化妆学习的第一步就是认识我们需要用到的化妆用品和工具。

一、底妆

1. 妆前

妆前产品可以减少粉底对皮肤的伤害，能修饰肤色、滋润保湿、隐形毛孔、使妆容更服帖。市面上常见的妆前产品有隔离霜和妆前乳，隔离霜实质就是在妆前乳地基础上增加了防晒效果，所以在隔离霜和妆前乳之间，选择其一就可以了（见图4-1、图4-2）。

市面上常见的妆前产品：有色隔离（绿色、紫色、粉色）、提亮隔离、隔离防晒、毛孔隐形膏、保湿乳。

图4-1　隔离防晒

图4-2　提亮妆前乳

2. 粉底

粉底是施用于整个面部，起修饰和遮盖作用的一种美容化妆品。其最基本作用是颜面的修饰，它可以对面部进行肤色补正、修正质感、遮盖皮肤上的雀斑和肝斑等色素沉着，改善皮肤的粗糙感。另外，含有防晒成分的粉底还可以防止过量的紫外线对皮肤的伤害。根据剂型可以分为以粉体为主的固体粉底（粉饼）制品、乳化型粉底（膏状和乳液状粉底）制品和水油分散型粉底（水状粉底）制品。人们可根据自身肤质选用适宜的粉底。

市面上常见的粉底：粉饼、膏状粉底、液体粉底（水粉也属于这一类）、粉底霜、气垫（BB 霜）；常用的工具：粉底刷（扁平状、圆头状）、化妆海绵（美妆蛋、三角形海绵、棉花糖粉扑）（见图 4-3~图 4-10）。

图 4-3　粉饼

图 4-4　粉膏

图 4-5　粉底液

图 4-6　粉霜

图 4-7　气垫

图 4-8　粉底刷

图 4-9　美妆蛋

图 4-10　棉花糖粉扑

3. **遮瑕**

遮瑕产品可根据其质地的不同，分为遮瑕笔、遮瑕液、遮瑕膏。可遮盖一些皱纹、斑点及黑痣。

市面上常见的遮瑕产品：遮瑕笔、遮瑕膏、遮瑕液；上装工具：遮瑕刷（扁平状、指腹遮瑕刷）（见图 4-11～图 4-14）。

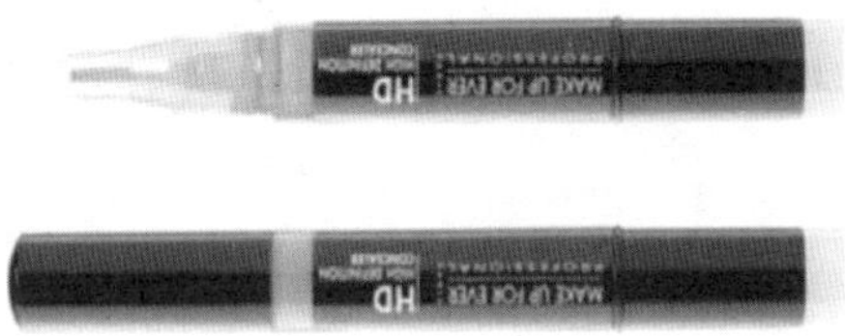

图 4-11　遮瑕笔

图 4-12　遮瑕膏

图 4-13　遮瑕液

图 4-14　遮瑕刷

4. **定妆**

定妆是面部化妆的程序之一，通常是在打过粉底或者全妆完成之后，再用粉扑或散粉刷，在脸上扑上一层薄厚适度、均匀的散粉。可以起到吸收面部多余油脂、减少面部油光、令妆容更持久、皮肤柔滑细致的效果。在化妆时如果仅仅使用粉底液，时间一长会随着油脂分泌滑落，面部妆容就会出现斑痕，定妆粉中精细的滑石粉可以吸收油脂，让妆容维持较长时间。

市面上常见的定妆产品及上妆工具：蜜粉、散粉、定妆粉刷、定妆粉扑（见图 4-15～图 4-17）。

图 4-15　蜜粉

图 4-16　散粉

图 4-17　定妆刷

二、眉形

1. 修剪眉毛

修眉是人们为了使面部更好看、更清爽，所采取的一种修饰行为。修眉即是对眉毛的造型、形状、轮廓、线条进行人工的修整。修剪眉毛是画眉前的重要一步，整理好自己的眉毛有利于不同眉形的塑造。

市面上常见的修剪眉毛工具：修眉剪、修眉刀、螺旋眉刷（见图 4-18~图 4-20）。

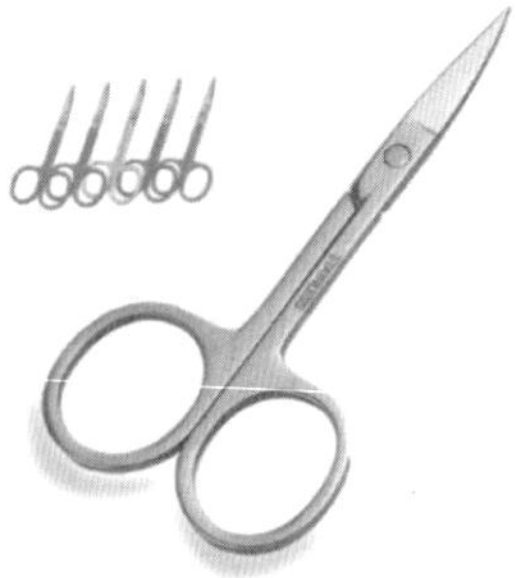

图 4-18　修眉剪

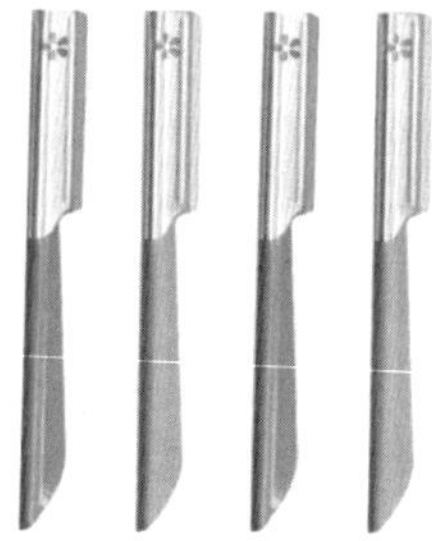

图 4-19　修眉刀

图 4-20　螺旋眉刷

2. 画眉

眉毛是眼睛的框架，它为面部表情增加力度，对面部轮廓起到重要作用。精致的眉形，会使整体面容更具立体感。

市面上常见的画眉工具：眉笔、眉粉、染眉膏、水眉笔、眉刷（见图 4-21~图 4-25）。

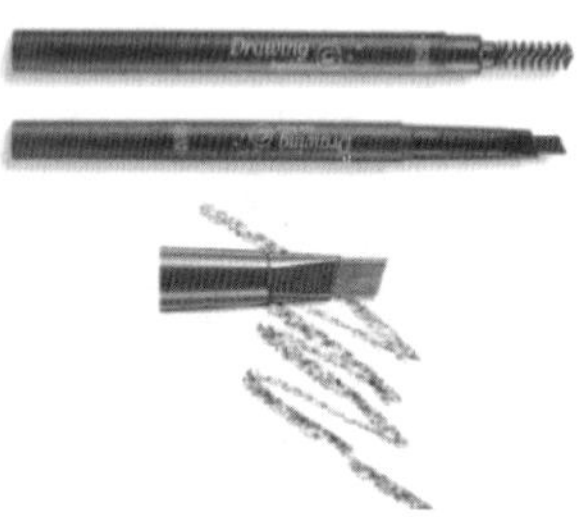

图 4-21　眉笔

图 4-22　眉粉

图 4-23　染眉膏

图 4-24　水眉笔

图 4-25　眉刷

三、眼妆

1. 双眼皮贴

贴于上眼睑处，使原本的双眼皮更明显，或使原本的单眼皮呈现出双眼皮，起到临时调整眼型的作用。

市面上常见的双眼皮贴：雾面双眼皮贴、纤维双眼皮贴、蕾丝双眼皮贴、双面双眼皮贴（见图 4-26~图 4-29）。

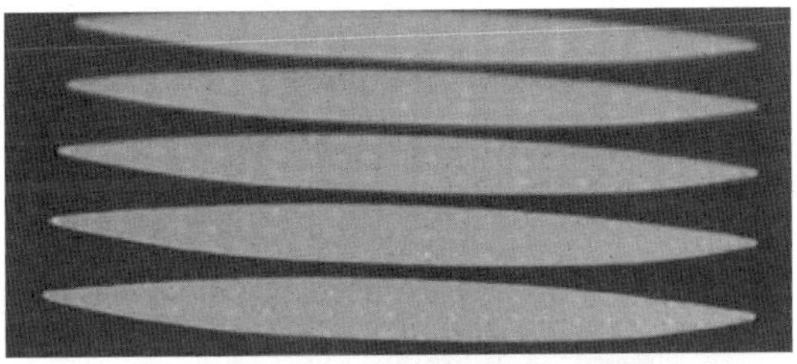

图 4-26　雾面双眼皮贴

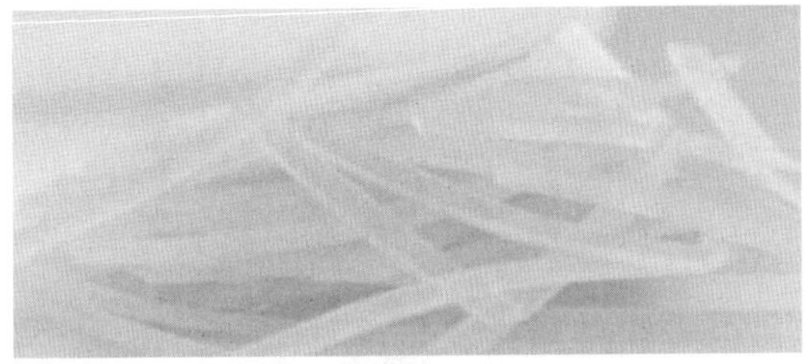

图 4-27　纤维双眼皮贴

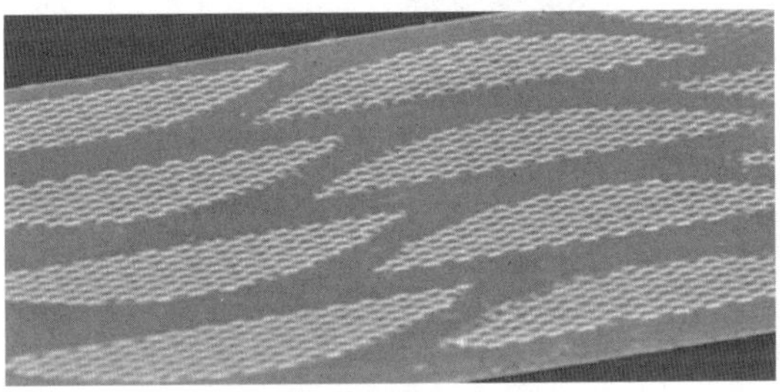

图 4-28　蕾丝双眼皮贴

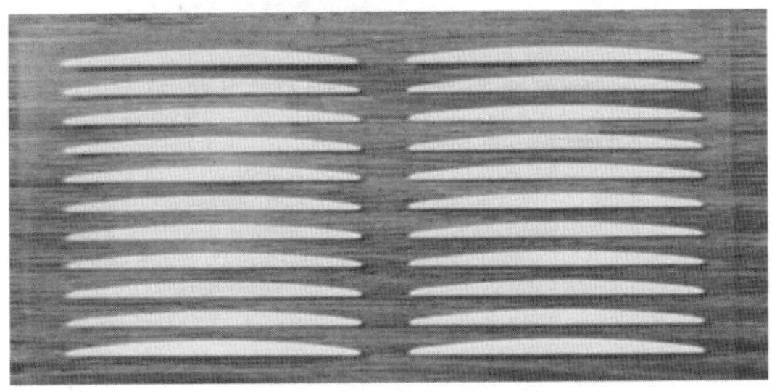

图 4-29　双面双眼皮贴

2. **眼线**

眼线笔主要是用来修饰和突出眼睛，也可以通过眼线笔的技巧来修整和改变眼睛的形状。画眼线能调整眼睛的轮廓和两眼之间的距离，能增强眼睛的神色。

市面上常见画眼线的工具：眼线胶笔、眼线液笔、眼线膏及与眼线膏配合使用的眼线刷（见图 4-30~图 4-33）。

图 4-30　眼线胶笔

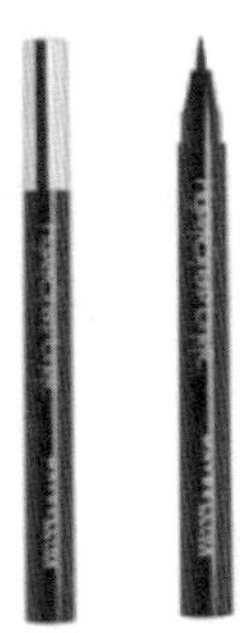

图 4-31　眼线液笔

图 4-32　眼线膏

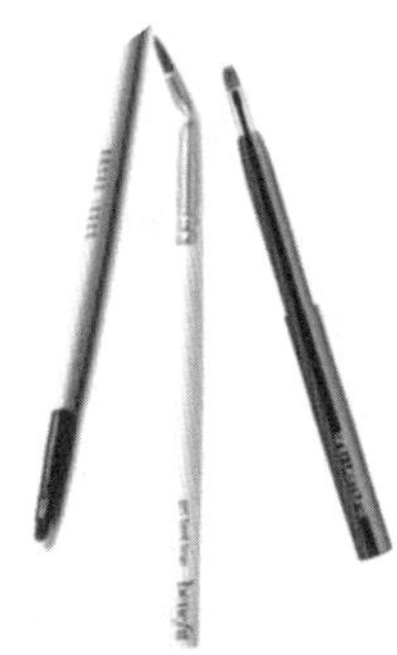

图 4-33　眼线刷

3. **眼影**

眼影是一种用于涂抹在眼睑（即眼皮）和眼角上，产生阴影和色调反差的化妆手法。可以加强眼部轮廓感，打造更加立体的妆容。眼影有粉末状、棒状、膏状、乳液状、铅笔状和亮片状。

市面上常见的眼影及上妆工具：粉状眼影、膏状眼影、液体眼影、眼影笔、眼影刷（见图 4-34~图 4-38）。

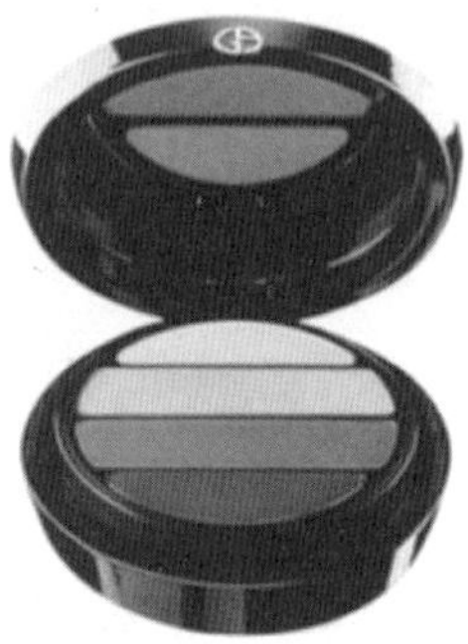

图 4-34　粉状眼影

图 4-35　膏状眼影

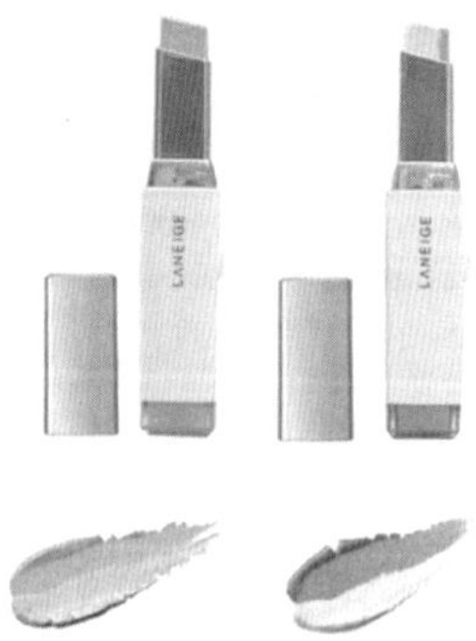

图 4-36　眼影笔

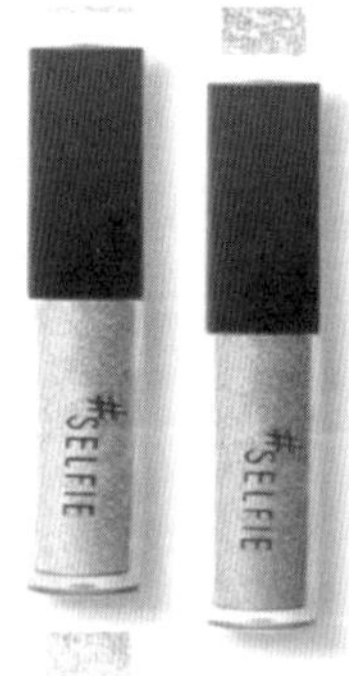

图 4-37　液体眼影

图 4-38　眼影刷

4. **睫毛**

睫毛是一种毛发，长于眼睛的边缘。具有保护眼睛的作用，十分敏感。如果有尘埃等异物碰到睫毛，眼睑会反射性地合上，以保护眼球。假睫毛是一种美容工艺品，很多求美者可能先天睫毛比较短而且稀疏，将睫毛黏上之后会使睫毛显得浓密而翻卷翘，增强眼眉之间的灵动性。

市面上常见的修饰睫毛的工具：睫毛膏、睫毛夹、假睫毛、假睫毛胶、平口/斜口镊子（见图 4-39~图 4-43）。

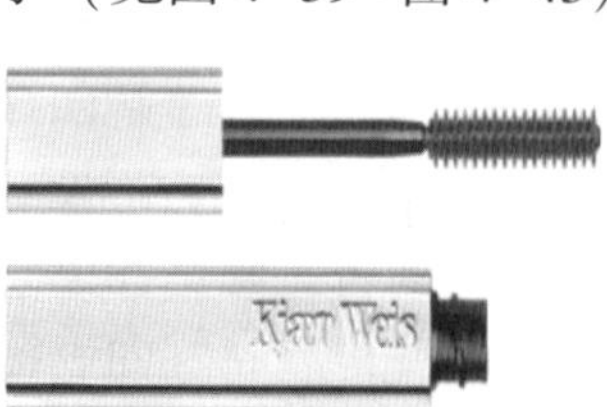

图 4-39　睫毛膏

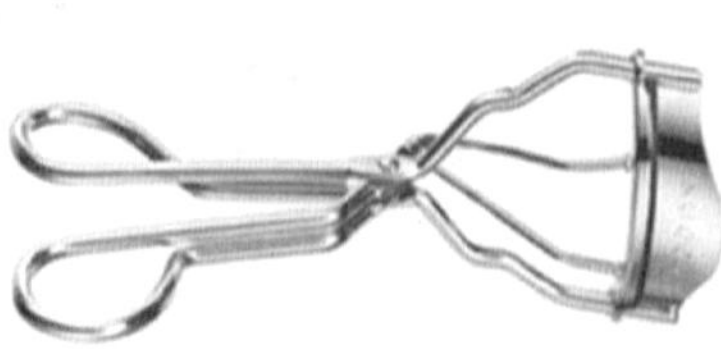

图 4-40　睫毛夹

图 4-41　假睫毛

图 4-42　假睫毛胶

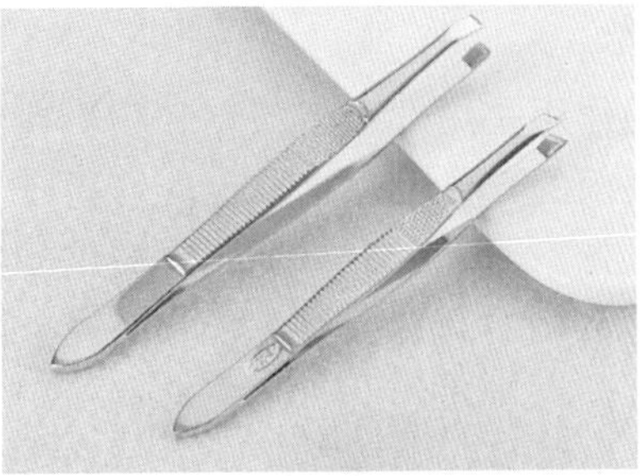

图 4-43　平口/斜口镊子

四、修容

1. 腮红

腮红，又称胭脂，是一种涂擦于面颊，特别是腮部的化妆品，颜色多为含有红色成分的暖色调，使脸部红润，增加美观与健康感。使用腮红，可达到改变及调整脸型的效果。腮红的质地包括液状、膏状及粉状。

市面上常见的腮红及上妆工具：粉质腮红、膏状腮红、液体腮红、腮红刷（见图 4-44~图 4-47）。

图 4-44　粉质腮红

图 4-45　膏状腮红

图 4-46　液体腮红

图 4-47　腮红刷

2. **高光**

高光的作用是局部提亮，它和阴影粉配合使用，可以修饰脸型，使得整个妆容看起来更加具有高级的立体轮廓感，也能使得咬牙肌等面部棱角变得更加柔和。高光一般打在鼻梁、眉骨下方、苹果肌上方等需要突出的位置。

市面上常见的高光类型：粉状高光、液体高光、膏状高光（见图 4-48～图 4-50）。

图 4-48　粉状高光

图 4-49　液体高光

图 4-50　膏状高光

3. **阴影**

阴影与高光、腮红一起使用，凸显五官的立体感。可分为外部轮廓阴影和鼻侧影。

市面上常见的阴影产品及上装工具：阴影粉、修容棒、修容刷（外部轮廓刷、鼻侧影刷）（见图 4-51～图 4-54）。

图 4-51　阴影粉

图 4-52　修容棒

图 4-53　外部轮廓刷

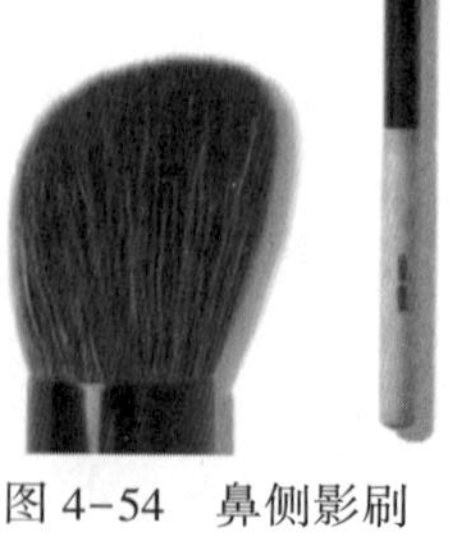

图 4-54　鼻侧影刷

五、唇妆

唇妆的主要功能是赋予嘴唇以色调，强调或改变两唇的轮廓。好的唇型应干净、饱满，色泽纯正而富有光泽。近年来各种珠光粉和处理颜料的使用，使口红的色调更加多样化，质感更加舒适。优质的唇妆产品以美容为主，兼顾保湿、滋养和防晒功能。唇妆产品按质地分类有固态的口红和液态的唇彩唇釉，固态的口红又可分为滋润型和哑光型。

市面上常见的唇妆产品及上妆工具：润唇膏、口红、唇釉、唇刷（见图 4-55 ~ 图 4-58）。

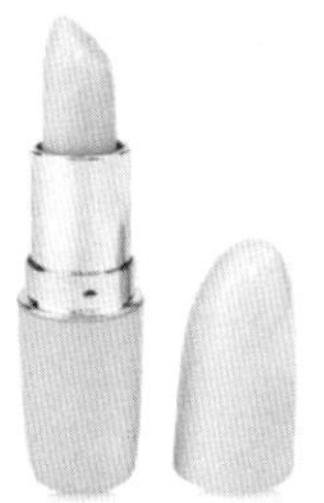

图 4-55　润唇膏

图 4-56　口红

图 4-57　唇釉

图 4-58　唇刷

【知识拓展】

如何让化妆品保持新鲜

化妆品的保质期见表 4-1。

表 4-1　化妆品的保质期

产　品	开封前	开封后
妆前、粉底、遮瑕	2~3 年	1 年
蜜粉、粉饼、眼影粉、腮红	4 年	2~3 年
睫毛膏	2 年	6 个月
唇釉、口红	1~2 年	6 个月 ~1 年
眼线笔	1 年	6 个月

表 4-1 中标注的是市面上大部分化妆品的有效期。一般来说，产品的水分越多，有效期越短。现在流行的天然化妆品或无防腐剂产品，即便是没有开封，也要在生产日期几个月之内就用完。化妆品一旦开封就会氧化，容易滋生细菌，在购买时，我们要关注两个日期：第一个是标注在产品说明中的限期使用日期（也就是开封前的保质期）；第二个是一般标注在产品包装底部的开封后使用日期。

图 4-59 和图 4-60 中产品的保质期为 2023 年 7 月，开封后的保质期为开封后 12 个月。所以购买化妆品的时候，要尽量选择新鲜的产品。

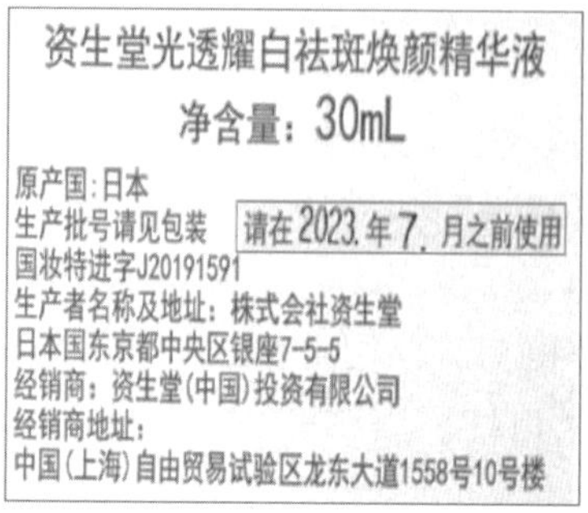

图 4-59　未开封保质期

图 4-60　开封保质期

化妆品延长使用期限小技巧：

（1）散粉/粉饼

散粉和粉饼几乎没有水分，使用期限也相对较长。但一旦粉扑被污染，粉也就跟着遭殃，所以一定要用抗菌功效的洗涤剂经常洗涤，晾干再使用。如果保管粉扑的部分不是单独隔离开的，那么就要在干粉上面铺上一层膜再盖上。

（2）眼影

眼影一般是粉状，保质期大概是 2～3 年，但即便如此也很难用得完。眼影刷要洗涤干净再使用，很多时候污染都是因为刷头上的细菌或油分导致的。当你觉得粉末比以前掉得严重，显色效果不比以前，那就意味着眼影是该“寿终正寝”了。

（3）睫毛膏

刷睫毛膏的时候，为了不让睫毛打结，我们都喜欢将睫毛刷在瓶口边搓一搓，这些被蹭掉的睫毛膏会凝固，等下次使用时粉末就跟着睫毛刷进入到容器内，污染瓶里的睫毛膏。所以要尽可能用纸巾擦除多余的睫毛膏。并且在刷完睫毛膏后旋转着将刷头盖回瓶身，避免过多空气进入瓶内。

（4）唇釉

唇釉相比口红水分更多，而且涂抹时还要将刷头直接贴着嘴唇，所以开封之后的使用期限要比其他彩妆品相对短一点。尤其是自带刷子的唇蜜，刷头要直接接触嘴唇，很容易导致瓶子里生出怪味。在使用时，可以将唇釉取一点涂在手背上，再用唇刷或手指抹到嘴唇，这样能使用得久一点。唇釉保质期短，一旦有酸味或出现油层，就要立刻丢掉。

化妆品对温度和湿气都很敏感，应该保管在常温、没有直射光线的抽屉内为佳。化妆工具也要经常洗涤，不要让它们成为细菌的至亲。在采购时一定要确认生产日期，再把开封日期记住。

第二节　化妆品及化妆工具选择

学习目标

理论目标：了解常用的化妆品、化妆工具的分类及特点

实践目标：掌握化妆品、化妆工具的选择原则，能够根据不同妆容、不同手法、不同效果选择不同的上妆工具

学习内容

化妆材料及工具的种类众多，人们通常会具备多种不同色彩和风格的服装，并且会身处各种不同场合、环境之中，因此，在配置化妆材料和工具时要考虑到多种用途的需要。在化妆过程中，化妆工具起着至关重要的作用，好的化妆工具在保证化妆质量的同时还可以提高化妆工作的效率。

一、妆前产品的选择

妆前乳主要用于弥补肌肤色不均、暗沉的缺点，局部使用能使肌肤得到修饰，呈现出晶莹透亮的自然光泽，是上妆前使用的化妆品，需搭配粉底液一起使用，可以使后续妆容更加服帖自然。

1. 调色型妆前（有色隔离）

（1）蓝色/紫色隔离：隔离霜能够帮助有效提亮肤色，而且如果肌肤稍微有点泛红的话，用蓝色的修饰效果比绿色好得多。紫色的隔离霜能够帮助有效修饰净化发黄暗沉的肤色，紫色中的蓝光可以修饰蜡黄肌，红光则可以润泽修饰脸色，带来红润感，而且还有提亮的效果，瞬间就能改善暗沉肤色。所以蓝色和紫色隔离都能较好地修饰暗沉、蜡黄的肌肤。

（2）绿色隔离：适合泛红肌肤。泛红的肌肤选择绿色的隔离霜能够很好地修饰局部肤色，并且能够使肤色变白皙。只需要使用适量的绿色隔离霜均匀拍打在泛红的部位即可。

（3）粉色隔离：适合肤色苍白，没有活力的肌肤。粉红色的隔离霜具有红润效果，能给面色较惨白的肤色一点白里透红的感觉。如果是苍白没有血色的肤色使用粉红色的隔离霜能够有效提亮肤色，改善气色。

（4）黄色隔离：适合较深而且不均匀的肌肤。黄色的隔离霜能够帮助均匀肤色，而且肤色较深的话使用黄色的隔离霜能够使涂抹的部位具有柔焦感，肤质也能变得更好。

（5）白色隔离：适合皮肤黝黑、晦暗、色素分布不均匀肌肤。白色的隔离霜能够有效帮助增加肌肤的明亮度，帮助遮掩肌肤瑕疵，使肤色变得干净而有光泽度。

（6）蜜桃色隔离：蜜桃色的隔离霜适合健康肤色的人使用。原本肤色就很健康的人，若用太白的隔离霜容易让底妆色泽变得灰蒙蒙的，这时带点橘色的蜜桃色可以让肤色色调更加柔和，更显健康柔嫩的光泽感。

2. 提亮型妆前

这一类妆前产品成分中含有云母等着色剂。这些成分作为珠光颜料能帮助提亮肤色，增加底妆光泽感。但是绝大部分产品容易显毛孔，过油的皮肤使用可能就是灾难，几乎没有控油效果，建议秋冬季节使用。

3. 保湿型妆前

这一类妆前能有效增加底妆前皮肤水分和油分，让后续底妆更服帖。如果妆前护肤用了乳液/面霜/防晒霜等产品，且皮肤并不干就没必要再用保湿型妆前乳。

4. 控油/隐形毛孔型妆前

这类产品能帮助填平毛孔和皮肤纹理，使用后皮肤表面会变得滑滑的。除了用在有毛孔的地方还可以用在眼周小细纹的地方。当然，这类产品只是短暂隐藏，并不是真的让你的毛孔和细纹消失。另外，这类产品只建议局部使用，且使用时不要来回揉搓，避免出现搓泥问题。

值得注意的是，所有类型的妆前产品最合适的方法并不是全脸涂抹。根据皮肤不同的状态和不同妆前乳的功能，选择不同的产品，涂抹不同部位。例如，一个容易泛油、T 区毛孔比较大的暗沉肤质，在使用妆前产品时，可以考虑首先使用带有控油、隐形毛孔功能的妆前，涂抹在爱出油和毛孔粗大的部位，再使用紫色隔离进行调色。一般不建议使用太多妆前产品，避免对皮肤造成过重的负担和后续的底妆搓泥、斑驳等问题（见表 4–2）。

表 4–2　各类型妆前产品适用肌肤及涂抹区域

产品		适用肌肤	涂抹区域
调色型妆前（有色隔离）	紫色/蓝色	蜡黄、暗沉的黄皮肤	根据面部肌肤情况，涂抹在需要的部分，例如，绿色隔离主要使用在泛红的区域
	绿色	痘痘肌、红血丝等容易泛红的肌肤	
	粉色	苍白，没有活力的肌肤	
	黄色	肤色较深而且不均匀的肌肤	
	白色	黝黑、晦暗、色素分布不均匀肌肤	
	蜜桃色	健康肌肤	
提亮型妆前		正常肌肤	面部需要打高光的部位
保湿型妆前		干燥缺水的肌肤	重点涂抹容易缺水的部位，也可全脸使用
控油/隐形毛孔型妆前		频繁出油、毛孔粗大的肌肤	重点涂抹 T 区、毛孔粗大的部位

二、底妆产品与上妆工具的选择

底妆是整个彩妆中间最重要、最基础的一个环节，经常被大家误认为手法简单而忽视。同时，底妆问题也是困扰大部分爱美人士的头等问题。因为一提到化妆，你可以不画眼妆、不画修容，但是你不能不画底妆。而底妆暴露的问题也最多，假面、不服帖、搓泥、太厚重、晕妆……有些是皮肤本身的问题，有些是上妆手法问题，有些是产品选择以及搭配的问题。皮肤本身问题是比较难解决的，如毛孔粗大导致底妆不服帖、皮肤爱出油导致底妆搓泥、皮肤干燥导致的卡粉等；上妆手法问题在第三节中会具体阐述；底妆产品的有效选择能最大程度地缓解皮肤本身问题带来的困扰，但需要指出的是，没有一款产品能解决所有问题。轻薄的水质粉底遮瑕力度不够、奶油肌妆效粉底不能持久控油……粉底的作用，并不是瞬间变白，而是让肤色均匀、遮盖瑕疵、提亮肤色，增加肌肤质感，根据肌肤状态和妆效选择底妆是必备功课。

1. **根据色调选择**

根据冷暖色调，粉底产品分为三种色调："冷色调""自然色调"和"暖色调"。有的品牌则只分成冷暖两类，因为自然色调的粉底冷皮暖皮都可以用。冷色调的粉底呈粉色，对应冷调肤色用；暖色调的粉底呈黄色，对应暖调肤色用。以 YSL 品牌粉底为例（见图 4-61）。

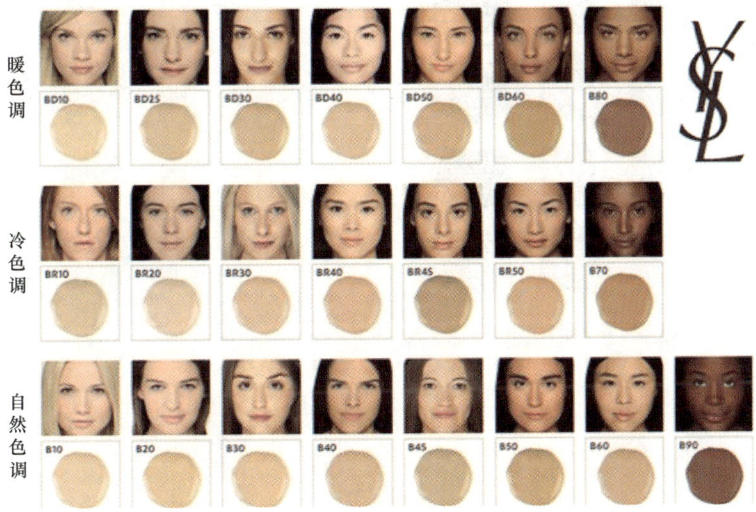

图 4-61　YSL 品牌粉底色调卡

那怎样判断自己的肤调呢？

（1）血管法

手腕处的血管呈蓝色或紫色为冷调肤色；手腕上的血管呈蓝绿色为自然调肤色；手腕上的血管呈浅绿色或橄榄色为暖调肤色。

（2）金银测试法

看金饰和银饰哪个更衬你的皮肤。如果是金饰，那就是暖调；如果是银饰，那就是冷调；无论是银色首饰还是金色首饰都很衬你的皮肤，就是自然色调。

（3）穿衣测试法

暖调穿温暖颜色的衣服会更好看，如番茄红、橙色、黄色这些明亮的颜色，会显得肤色更明亮，这多数也是亚洲人喜欢穿、觉得显气色的色调（见图 4-62）；冷调的人穿冷调颜色的衣服反而没有那么苍白，这些冷色调也是很多亚洲人觉得穿不好、穿起来很土的颜色（见图 4-63）。

选择粉底色号的注意事项：试色的时候不要用手背试，也不要只涂在脸上试，要涂抹在下颌与脖子衔接的位置试，选择同色系粉底中明度接近的三款，看哪个颜色有消失在皮肤里的感觉，那么这就是你的色号。再用这款粉底打全脸，在强光下观察看是否和本身肌肤贴合，自然度够不够，然后再到户外自然光环境中看一下，能经得起两种光源的考验，才是真正合适的粉底（见图 4-64）。

图 4-62　暖色调穿衣测试

图 4-63　冷色调穿衣测试

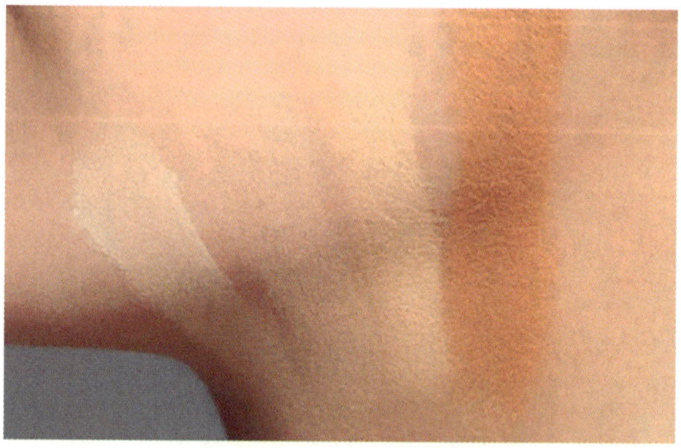

图 4-64　粉底与肤色融合度

2. **根据妆效选择**

根据粉底的物理状态，市面上的粉底产品按含水量从高到低一般可依次分为：粉底液、粉底霜、粉底膏和有色粉饼，同一款肌肤使用不同的底妆产品能打造出不同的妆效。

（1）粉底液，泛指液态的粉底，一般是用按压泵瓶或玻璃瓶包装储存，质地稀、质感润，上脸轻薄透亮不假面，但是遮瑕力、持久度偏低。粉底液因为妆效自然，是爱美人士使用得最多的一类底妆产品，根据不同肤质和使用季节的不同，有含水分多的粉底液（水粉）、含精华的粉底液等。

（2）粉底霜，顾名思义就是霜状的粉底，一般用面霜形状的罐子或牙膏管包装储存，质地比粉底液浓稠，基本没有流动性，但相应遮瑕力、持久力比粉底液高，妆感比粉底液强。与粉底液相比，持久度、遮盖力、滋润度、各个维度的表现都不错。

（3）粉底膏，一般呈固体状。膏状粉底水分含量少，使用感上会比粉底液和粉底霜干，但是胜在遮瑕力强，浓妆、舞台妆、上镜妆都是首选。在使用时，一般先用手指的温度打圈融合，能增加皮肤贴合度。

（4）有色粉饼，指有颜色、分色号的饼状干粉。可以做定妆使用，方便携带。有色粉饼基本不含水分，所以对干性肌肤不太友好。有色粉饼可以和妆前+有色粉饼一起使用，也可以妆前+粉底液/粉底霜/粉底膏+有色粉饼一起使用。但需要注意的是，有色粉饼叠加在其他粉底产品后使用，粉感、妆效会比使用粉底叠加蜜粉更重一些。

3. 根据肤感选择

（1）干性肌肤：建议使用有滋润效果的底妆产品，可以先从名字里头有霜的下手，因为乳霜或霜状粉底多半属油性产品，比较适合修饰干燥肌肤；如果选择粉底液，可以选择水含量高或者含有精华型的粉底液；粉状尤其不适合干性肌肤，建议慎用。

（2）中性肌肤：中性肌肤是人人称羡的肤质，基本上各种粉底都可以用，主要根据色号和妆效进行选择。

（3）油性肌肤：油性肌肤除了平常要加强保湿之外，慎用膏状的粉底，建议使用干湿两用的粉饼或是含水较多的粉底液。

（4）混合性肌肤：T 字油、两颊干的混合性肌肤，这类型的皮肤挑选底妆产品时会比较辛苦，因为一张脸上等于有两种肤质。在实际操作过程中该肤质可分成两个区域上妆：T 字部位出油量大（尤其是夏天）可选用持久妆、白一号粉底液加蜜粉定妆；而两颊部分，出油量比 T 区少，可以使用暗一号的粉霜。

4. 根据功能选择

在选择粉底时，应留意粉底的保护作用，蕴含维生素 E 的抗氧化剂能遏止加速老化过程的游离基，还有防晒功能的粉底，可以抵抗紫外线 UVA 及 UVB，避免皮肤长出斑点，是夏日极佳的选择，选用含有保护成分的粉底，不仅令肌肤清爽靓丽，更是肌肤抵御外界侵害的最佳保护。

5. 底妆上妆工具

（1）化妆海绵（美妆蛋）：妆感自然、修饰效果好，可以非常快速地上妆。用之前应该保持一定的湿润度，用点和按压、轻拍的方式上妆。但是美妆蛋长期在湿润的状态，容易滋生细菌，所以要注意清洁，需要用到专门的美妆蛋清洁液，建议用三次洗一次，一个月后换新的。

（2）化妆刷：妆感较透亮，不容易厚重，能完整地保留粉底的原有质地，操作灵活而且刷出的底妆厚薄均匀，使用寿命长。但是清洗保养没有美妆蛋方便，使用起来力度、涂刷方向等技巧性强。在化妆刷的选择上注意以下几点。

①软硬度要偏硬、有弹性；
②刷毛密度要丰厚紧密；
③刷毛宽幅约 4cm；
④刷毛长短约 5cm；
⑤毛型要成斜梯形；
⑥握柄要顺手好拿；
⑦材质最好挑选貂毛或合成纤维，合成纤维粉底刷不吸水、延展度高。

（3）棉花糖粉扑：近年来的新品，手感厚实有弹性、粉底妆效自然、滋润度高、使用方便，但是通病就是不耐洗，洗后容易侧边开裂和绑带脱开。

关注遮瑕力、服帖性的，建议选用化妆海绵上妆；关注水润感的，建议选择气垫海绵上妆；关注持久力的，建议用手上妆。当然多重工具的叠加使用，也能使底妆更出色。

三、遮瑕产品与上妆工具的选择

当粉底为整个脸部肌肤提供了统一适合的基调后，遮瑕产品则专门用来处理紧急状况或是那些不应被人看到的小瑕疵。使用遮瑕膏也要有所节制，过多的遮盖反而会令肌肤看起来不像真人。作为整个轻透底妆的点睛所在，遮瑕可以起到的是犹如 Photoshop 般的修片效果。

1. 皮肤整体遮盖

集中遮盖有损失的皮肤或是有伤痕的皮肤可选择软管型或者液体遮瑕。

使用方法：液体型的遮瑕膏产品大部分都比较稀，颜色也比较多样，所以抹起来比较容易，在粉底上掺少量的遮瑕液来使用也是不错的方法。

2. 修护皮肤色调

有色遮瑕一般内装薄荷色、蓝紫色、米黄和不同程度的肤色，对于修正肤色或是遮盖缺点很有效果。

使用方法：对于有红血丝或者痘印的脸颊用薄荷色，需要提亮的部位用米黄色，需要改善暗沉的部位用蓝紫色，不同程度的肤色可以与有色遮瑕调和使用。

3. 遮盖痣、雀斑、斑

选择笔式遮瑕，可以使用在像痣这样的小部位，也能用于像雀斑这样的大范围的产品，即使再补也不会结块，用于补妆效果比较好。

使用方法：用笔式遮瑕可以遮盖痣、雀斑、斑等缺陷，为了使要遮盖的部位不凸出来，用手指尖或是刷子在分界部位轻轻压一压。

4. 遮盖嘴角、眼周的皱纹

选择含水量高的遮瑕，例如，刷子式的遮瑕产品适用于容易出皱纹或是易上色的部位的遮盖，像眼周或是嘴角这样的敏感部位使用的产品要尽可能选择柔和的。因为嘴角和眼周部位皱纹比较多，所以量要少，薄薄地抹一层在上面就可以了。

5. 遮瑕刷的选择

（1）圆头遮瑕刷：与圆头粉底刷相似，可以将底妆推得很薄，还可以填平毛孔；常适合毛孔粗大的瑕疵肌肤。

（2）方头扁形遮瑕刷：这款是市面上最常见的遮瑕刷，虽然常见也是很多少女必备款，但是它有一个问题就是很容易出现刷痕，尤其是在多次使用没有来得及清洗时。优点是这款遮瑕刷很适合用来遮盖黑眼圈、痘印和泛红的瑕疵。尤其是它的形状可以叠加遮瑕液，达到少量多次遮瑕的效果。这样也会让瑕疵更好地被遮盖，也不会让遮瑕看上去很厚重。

（3）舌形遮瑕刷：也是扁平式的遮瑕刷，但是它比方头扁形刷更加适合“深入角落”。建议新手可以选择小号的遮瑕刷。它们的斜面设计，可以将遮瑕遮得更加精准，更适合遮盖鼻翼泛红、痘疤等小面积的瑕疵。

四、定妆产品与上妆工具的选择

1. 蜜粉与散粉

一般有蜜粉和散粉两种，是对散状的粉的不同称呼，但是使用效果略有区别。

（1）蜜粉：含有精细滑石粉，对脸部多余油脂有很好的吸收力，能打造出柔滑细致且妆效持久的效果。比较轻薄透明，用后妆面显得干净。

（2）散粉：除了定妆外，还有略微的遮瑕效果，是彩妆中的最后一个步骤。它可以全面调整肤色，调整彩妆浓淡，帮助打造自然的妆容，并可防止脱妆。此外，在出油出汗后，先用吸油纸吸去油脂后，再用散粉补妆效果极佳。

（3）压缩散粉：也叫蜜粉饼，是把散粉压成饼状，功效和散粉一样，压缩散粉出门携带比较方便。

2. 散粉刷与粉扑

散粉用刷子和粉扑的区别主要体现在吸附能力、抓粉能力、上妆效果方面。粉扑的吸附能力强，粉更加均匀自然，而刷子吸附能力弱，刷涂不容易涂均匀。粉扑抓粉能力强，可以吸收脸部多余油脂，而刷子抓粉能力弱，对油皮来说不能起到很好的控油效果。粉扑涂层较厚，皮肤有色差，刷子上妆更自然，使散粉与肌肤更贴合。

五、眉形塑造产品与修眉工具的选择

眉毛又被称为“面部屋脊”，是面部内部轮廓的最高点，对于整个妆容有着至关重要的作用。但不是所有人的眉毛都长得很浓很完整而且有立体感，很多人的眉毛很淡，或者生长不均匀，所以修眉和画眉是爱美人士的必备技能。

1. 修眉工具的选择

修眉工具的选择比较简单，基本的修眉剪、修眉刀、螺旋眉刷即可，但是修眉刀在使用前最好用酒精消毒。

2. 画眉工具的选择

常见的画眉工具有眉笔、眉粉、染眉膏、水眉笔。眉笔方便快捷，适宜于勾勒眉形、描画不完整的眉毛、勾勒眉尾；但是眉笔的力度不太好掌握，新手画出来的眉毛会显得僵硬。眉粉有非常自然的效果，上色持久，可以明显填补眉毛间的空隙帮助修饰眉形，但是塑形效果没有眉笔好。染眉膏顾名思义是给眉毛染色的，日常适用于过度浓密、颜色过深的眉毛。水眉笔的外形和眼线很像，但是着色力度远没有眼线这么深，水眉笔适用于原本眉形就比较正的眉毛，用于勾勒眉毛的毛流感（见表 4-3）。

表 4-3　常见画眉工具比较

产品	优点	缺点	适用眉形
眉笔	方便快捷、适宜于勾勒眉形	线条感容易生硬	眉毛细小稀疏、轮廓不清晰、有一些缺陷
眉粉	上妆效果自然	不易勾勒眉形	眉毛整体度不错；可打造雾状眉
染眉膏	为眉毛改色	一般不单独使用	颜色过深的眉毛
水眉笔	勾勒眉毛的毛流感	颜色很浅，只适用于原本就规整的眉毛	不需要过度改变眉形的人

六、眼妆产品与上妆工具的选择

眼睛是心灵的窗户，从“画龙点睛”这个成语，也可见眼部在化妆中的重要程度。人们之间的沟通都需要通过眼睛来传达真实信息，眼睛是我们给对方的第一印象，针对眼睛及眼睛周围部分进行上妆，可以让眼睛更明亮立体，使得整体妆容达到更漂亮的效果。眼妆产品丰富多样，大体可包括双眼皮贴、眼线、眼影、睫毛。

1. 双眼皮贴

双眼皮贴最大的功能是调整眼型，增大眼睛。但需要指出的是，并不是所有的人都适合双眼皮贴，也不是所有的眼型都要有双眼皮才好看。例如，肿泡眼由于眶隔脂肪增多导致眼部脂肪下垂、睑裂变小，只使用双眼皮贴是无法改变美观的，可能需要医美项目进行治疗。

根据材质可分为：纤维双眼皮贴、蕾丝双眼皮贴、雾面双眼皮贴、双面双眼皮贴。其支撑力度双面双眼皮贴最大，蕾丝双眼皮贴最小；其自然程度蕾丝双眼皮贴最大，纤维双眼皮贴次之，而蕾丝双眼皮贴是为数不多的可以在眼妆后使用的双眼皮贴。根据形状可分为：月牙形，很贴合双眼皮褶皱的弯度，操作起来比较方便；半圆形，一侧完全平直，一侧有弧度，支撑力度略强于月牙形；橄榄形，头尾窄中间宽，能够更有力地支撑偏厚的眼皮。

2. 眼线

眼线产品大家应该比较熟悉，眼线的描画可以改变眼睛形状，放大双眼，市面上的眼线产品非常多，根据不同的质地可分为：眼线胶笔、眼线液笔和眼线膏。

（1）眼线胶笔：笔芯柔软，易于描绘，方便携带和使用，更适合淡妆，也适合初学者练习。但是眼线胶笔容易晕妆，持妆能力有待提升；颜色饱和度不如眼线膏和眼线液笔。

（2）眼线液笔：附着力强，线条流畅清晰，色彩浓郁不易脱妆，浓妆必选；色彩饱和度和持久力都极佳。但是使用起来技巧性强，初学者不易描画，不适合裸妆；也不宜使用眼线液笔画内眼线，很容易掉到眼睛里造成眼疾。

（3）眼线膏：颜色鲜明，线条粗细、颜色浓淡比较好掌握，必须配合眼线刷（见图4-33）蘸水使用，颜色饱和度高，蘸水少；颜色饱和度低，蘸水多。整体来说持久性尚可，不容易花妆。但是质地比较浓稠，容易凝固起块，且因要配刷子，不方便携带。

除了质地以外，眼线产品的颜色也越来越多了，除了日常妆常用的黑色、棕色系，还有各种绚丽的色彩，更多时候化舞台妆时需要用到彩色眼线。而日常淡妆眼线颜色的选择可以依据人体眼球颜色的浓淡进行，亚洲人一般适合棕色系；浓一些的妆容，眼线色彩就要考虑到整体的搭配，尤其是眼影的颜色。

3. 眼影

一个适合自己的眼妆能为妆容加分不少，但若是选择错了眼影的质地和颜色，不仅不能达到加分的效果，很可能还会使我们的眼部感到黯淡无神。因此对于眼影质地和颜色的选择是非常重要的，整体来说要结合自己的肤色、整体风格及应用的场合来选择眼影。

（1）根据质地选择眼影

市面上的眼影根据质地分为粉状眼影、眼影膏、眼影棒和液体眼影等几种，最常使用的是粉状眼影，因为眼影膏、眼影棒和液体眼影大多数都是单色的，有一定的局限性。

①粉状眼影：一般市面上的眼影盘都是粉状眼影，它几乎不含水分和油分，粉质干燥，触感柔滑细腻，柔顺度与延展性不错，能轻易打造出眼妆的层次感，但会比较容易飞粉，且持久度没有其他质地的眼影好。粉状眼影由于易上色、易涂抹的特点，比较适合新手使用。这种质地的眼影适合于眼部肌肤偏油性或者中性的人使用。这两类肤质分泌的油脂会比较多，使用其他质地的眼影容易脱妆，而粉妆眼影中的矿物质粉末能吸收眼部的油脂，减少眼部油光，控制出油的现象。

②膏状眼影：眼影笔和眼影膏都属于这一类型。膏状眼影质地相对于粉状眼影来说更为软糯，颜色的饱和度也非常高，着色力也更强，所以每次使用时只需要一点点就能涂抹于整个眼部。膏状眼影的质地也相对比较滋润，所以触感会比较油腻，不易晕染的同时，补妆也是不方便的。膏状眼影的质地顺滑，也相对黏稠，所以适合干性肤质或是混合性肤质的人使用。因为这类人的眼部相对来说比较干燥，膏状眼影油脂高，能对眼周起到保湿滋润的效果，缓解眼部的上妆压力，能打造立体的眼妆。

③液体眼影：质地轻盈，富有光泽感，并且非常通透自然，也非常易于涂抹，其不易破损、便于携带的特点非常吸引人。但由于液体眼影不适合叠加使用，并且颜色种类较少，所以对于新手来说是需要一定技巧的。液体眼影的含水量较高，且舒适滋润，而干性肌肤的皮肤角质层水分含量少，所以这一质地的眼影非常适合干性肌肤使用，半透明状的眼影能让眼部看起来通透滋润，不会卡粉。

（2）根据颜色选择眼影

眼影的颜色根据不同的作用可以简单地分为打底色、过渡色、阴影色和高光色 4 种（在后续的化妆基础手法中会详细介绍），如果不会自己搭配，新手建议使用眼影盘。当下比较流行的有大地色系眼影盘、南瓜色系眼影盘、西柚色系眼影盘、玫瑰色系眼影盘等。

①大地色系眼影盘：大地色系也就是眼影的颜色偏向大地的颜色，一般包含棕色、褐色、灰色等。因为其颜色比较大众化，非常百搭，适合亚洲人的肤色，可以在视觉上将眼睛放大，并且妆感自然。在日常出行或是上班的妆容中都非常适合，不会让眼部特别突出却又能起到美化作用。对于化妆初学者来说，选择大地色系比其他明亮的色系要相对简单、安全一些。

②南瓜色系眼影盘：这种色系的眼影是最具有少女活力感的，南瓜色系的眼影会让整个人看起来很有气色，非常健康，并且颜色清新，也比较好搭配。南瓜色系的颜色色调都偏橘，适合白色皮肤的人使用，更能衬托出清新活力的感觉，但是这种色系对黄色皮肤的人就不是很友好了，偏橘的色调与黄色的肌肤融为一体，会让脸部看起来更加蜡黄。

③西柚色系眼影盘：是属于橘色和粉色的区间色，不像橘色的色度那么饱和，也不同于红色的暖调，更像是一种过渡色，能有效地提亮眼神，有着满满的少女气息，画出的眼妆也非常自然，有一定的减龄效果。

④ 玫瑰色系眼影盘：就如玫瑰花一样，非常具有浪漫的色彩。将玫瑰色系的眼影使用在眼部，能让整体的妆容看起来更加妩媚，在眼位或是眼下加深，能充分展现女人的魅力。玫瑰色系的眼影非常适合黄色皮肤的人使用，这种红色中带着一点棕色调的颜色，能够修正黄色皮肤女生的肤色。

（3）根据妆效选择眼影

① 哑光眼影：这种眼影的色彩饱和度高，上眼后没有光泽感，是比较低调的眼影。并且哑光眼影更扎实，粉质细腻，易于上色，抹开之后是雾面的感觉，能让整体妆容显得非常干净。哑光眼影包容性非常强，不挑人，不论是什么眼型，只要颜色选对了，都能画出非常好看的眼妆。这种眼影对肿眼泡非常友好，雾面的妆感可以减轻眼部的浮肿的感觉，加深眼部轮廓，让眼妆更精致。

②珠光眼影：珠光眼影相比哑光眼影来说，在里面多了一些云母粉，也就是眼影粉中那些细小的亮片。这类眼影的颜色都比较浅，并且闪闪发光，饱和度也不是很高，容易出现飞粉的情况。但珠光眼影能增加眼部的饱和感，加重眼部神采。

（4）眼影刷的选择

画眼妆（粉状眼影）的时候都会配合眼影刷来完成，眼影刷可以粗分为用于晕染的大眼影刷，在眼窝、眼皮褶皱等部位使用的中眼影刷和用于上下眼线、眼尾等精细部位的小眼影刷。各个品牌虽然对刷具都有更细致的分类，但一般来说，日常眼妆准备 3 把刷子就够用了。

①大号眼影刷：又称为眼部打底刷，用于给上眼皮进行眼影底色，方便大面积地扫眼影。一般选择毛比较松散的眼影刷，上眼涂起来会比较柔和。

②中号的眼影刷：比较适合对眼部进行细致性修饰，主要在眼窝、眼皮及鼻部化妆进行使用，也可用于提亮眉骨。

③小号的眼影刷：主要用途在于修饰眼部的轮廓，用它能够勾勒眼部的线条，加深眼尾。

4. 睫毛

睫毛产品的选择比较简单。

（1）睫毛膏

睫毛膏主要从效果角度分成三种：纤长型、卷曲型和增量型。纤长型一般含有纤维，可以起到加长睫毛的效果，相对比较自然，增量型是通过油脂成分，给每根睫毛加粗加深颜色，起到增量的效果。卷曲型是通过让睫毛上翘，使眼睛看上去更大。不过卷曲型有的需要专用的卸妆。睫毛膏在购买时应该注意以下几点。

①看刷头，螺旋形刷头是很常见的，螺旋的可以让每根睫毛都很好地涂抹到。

②是否容易涂抹，好的睫毛膏比较容易上色，轻轻一涂，就会有很自然的效果。

③不易黏在一起，好的睫毛膏是不会黏一起的，所以当选择睫毛膏时需要看其黏度。

④看生产日期，临近日期的很容易变干，而且质量会有影响。

（2）假睫毛

假睫毛是一种用来美化眼部的人工睫毛，一般通过把眼睫毛加长、加厚，让眼睛看起来更大、更亮、更丰满、更有神。假睫毛按照材质不同可以分为硬梗、中软梗和软棉梗。硬梗假睫毛在配戴时常常会有异物感，但是其弧度很好，不需要再特别调整，也较不易变形；软棉梗为纯手工制作，用起来很舒服，但在弯曲假睫毛时，弧度可能不太好掌控；而中软梗顾名思义它的软硬程度就是介于硬梗和软梗之间，大家可以根据自己的需要进行选择。例如，圆眼型的人可以选择棉线材质的假睫毛用以修饰双眼，而眼皮厚重的人可以使用稍硬的尼龙材质假睫毛，如果追求自然妆效，可以选择一簇簇的假睫毛，如果需要用假睫毛调整眼影，那联排型的比较合适。

七、修容产品与上妆工具的选择

修容是一种用于塑造或增强脸部或其他身体部位的轮廓的化妆手法。修容产品分为腮红、高光和阴影。腮红可增强面部色泽，高光和阴影可进一步加深面部轮廓。

1. 腮红

选择腮红时，可以在手背上试用腮红的质感，除了要观察融合程度，还要注意腮红在肌肤上的实际效果。如果是膏状腮红和液体腮红，要注意延展性；如果是粉状腮红，要注意附着力。

（1）根据自己的肤质选择

中性肤质和敏感性肤质，膏状腮红、液体腮红、粉状晒红这三种质地的腮红都有不错的效果；油性肤质和混合性肤质容易出油，粉能控油，所以选择粉状腮红更为合适；干性肤质整体处于缺水的状态，所以膏状腮红和液体腮红比较适合。

（2）根据自己的肤色选择

腮红颜色一般可以分成4种：粉色系、红色系、橘色系、紫色系。肤色偏黄：适合偏紫色系的腮红，可以很好地摆脱蜡黄感，例如，紫色系中的紫粉色；肤色偏白：适合浅色系的腮红，例如，粉色系中的浅桃色；肤色偏黑：适合橘红色、橄榄色、深桃红色的腮红，让整体看着既健康，又有气色。

2. 高光

高光产品分为珠光高光和哑光高光，一般珠光高光产品更受欢迎，因为它提亮效果要更好一些，哑光质地的高光颜色没有那么亮，相对来说低调一些，其提亮肤色的效果不如珠光。但是珠光高光和哑光高光的选择首先是根据自己的肤质来选择。例如，毛孔粗大的人就不适合珠光感太强的高光，会更显毛孔；其次再根据妆感效果选择。

3. 阴影

阴影没有珠光、哑光之分，所以阴影的选择主要看颜色，原则就是正常光线下你皮肤的阴影呈现的颜色就是你阴影选择的颜色。

（1）黄棕色

黄棕色在修容中是颜色最浅的一款，一般根据粉底的颜色选择深一个色号的产品，这样的颜色最自然，最不容易显现出妆感。即使没有掌握好用量也可以用散粉之类的产品遮盖弥补，不显色。黄色的修容比底妆颜色暗，但又没有其他修容颜色深，这个中间地带非常不好把控，单独使用的话修容效果不佳，反而会显得肤色暗沉，所以适合配合其他修容颜色使用。可以用棕黄色的修容大面积上在需要阴影的地方打底，再用深色的修容勾勒轮廓。

（2）灰棕色

灰棕色被称为颜色最正的修容，因为不偏红也不偏黄，与真正光影下产生的阴影颜色最为接近，因此打造阴影的效果最好，尤其是作为鼻影，阴影感最自然。灰棕色尤其适合亚洲人使用，灰调不会强调亚洲肤色中的黄调。但是由于灰棕色颜色较深，和肤色的色调也相差甚远，因此上妆时如果不控制用量妆面会显脏。另外，虽然灰色修容的热度很高，但也不是适合所有人，如果肤色中的暖调很明显的话，冷调的灰会显得突兀，妆感很强。

4. 修容刷

一般粉质腮红才会用到腮红刷，市面上大多是锥形刷（大火苗刷）和斜角腮红刷；膏状腮红和液体腮红可以用手来晕染。锥形腮红刷是比较流行的腮红刷，刷毛略长，呈现纺锤形或椭圆形，刷毛聚拢有一个小尖，这类刷子因为刷毛长，所以晕染腮红的时候接触面会小一些，可以让腮红颜色真实自然柔和，对于新手比较友好。此外锥形刷子还有很多其他功能，打高光、刷修容、局部定妆也都是不错的选择。

高光刷的选择原则是刷头不要太大，刷毛柔软顺滑，抓粉能力不能太强，上色轻柔薄透，小号的锥形刷和扁形的圆头刷子比较适合。

修容刷的主要功能是均匀地拉出粗线条，并且方便自然晕染开。外部轮廓的侧影修饰可选择大斜角刷；鼻侧影选择刷毛稍微蓬松一些的小斜角刷。

八、唇部产品的选择

唇部是没有皮脂膜的，不能自己分泌水分和皮脂，又不像身上的皮肤有衣物的保护，所以唇部皮肤是比较脆弱的。尤其当气候转变或者身体发生变化时，嘴唇就会出现很多问题，如干纹脱皮，更严重的还会有唇炎。所以唇部产品的选择不仅限于有色口红等，润唇膏是给唇妆加分的重要选项。

1. 润唇膏

润唇膏涂于嘴唇上后，能有效防止嘴唇因天气干燥而出现爆皮现象。润唇膏的主要成分包括蜂蜡、凡士林、薄荷醇及樟脑，另外，现在的润唇膏为了加强滋润功能，更会加入维生素、水杨酸等成分。从功能上来看，润唇膏的功能越来越多，过去润唇膏只是滋润嘴唇之用，但现在有的润唇膏加入防晒功能，能有效防紫外线，部分润唇膏的带有色泽，能使嘴唇变得光泽亮丽，达到化妆功效。

2. 口红

市面上的口红质地分为润泽、奶油、丝缎、哑光等。

（1）润泽质地适合裸妆，或者是新手。润泽质地的口红显色和唇色遮盖度会比较弱，涂一层就是淡淡的颜色，一般涂两层就会比较显色，同时看上去还会有一点透明的光泽度，看起来非常自然，如果不画眼妆，只是简单的底妆，可以选择用润泽质地的口红，气色提升，妆容不突兀。

（2）奶油质地是比较典型的系列，这种质地的口红遮盖力比较强，即使一层也可以很好地显色，虽然没有润泽质地的滋润，但是也不拔干。

（3）丝缎质地的口红有一种丝绸般的光泽，既有低调的色泽亮度，又兼具哑光口红的着色力度，遮盖力度也比较强，适合大部分人、大部分场合使用。丝缎质地的口红光泽自然，色彩饱和度高，比哑光口红更加保湿，并且没有润泽唇膏的油腻感。

（4）哑光质地的口红是最干的，同时也是最持久的，涂抹哑光口红的时候，前提是一定要画好底妆，不适合作为素颜妆的唇部彩妆使用，如果喜欢颜色高饱和度，持久不脱色的话，这个质地的唇部彩妆非常适合。由于哑光口红干燥易显露唇纹，所以在使用时要保证嘴唇足够滋润。

3. 唇釉

从质地上来说，唇釉是浓稠液体状的，就算和滋润的口红相比，唇釉的滋润度也会更好；从色彩来说，口红遮盖力较强，但颜色会有差异，唇釉色彩和饱和度较高，颜色更鲜亮，色彩还原度更好；就持久度而言，口红容易沾杯掉色，唇釉含有染唇成分，吃东西少有留色现象。但是从使用感受上来说，口红更好控制上色，使用更方便。

第三节　化妆品品牌

学习目标

理论目标：了解市面上常见的化妆品品牌

实践目标：分析不同品牌的特点

学习内容

每种品牌产品都有自己特有的格调及生产厂家自己的企业文化。这种格调与企业文化，就导致了产品自己的气质。选择一种产品，其实是选择了一种适合自己的气质而已。职业形象设计与时尚息息相关，适当了解化妆品品牌有助于我们在职业形象设计中融入更多的时尚元素。

一、香奈儿 CHANEL

香奈儿是法国奢侈品品牌，由加布里埃·香奈儿于 1910 年创立，总部位于法国巴黎。1910 年，香奈儿女士在康朋街 21 号开设了配饰店，她相继推出帽子、礼服与便装。1914 年，香奈儿开设了两家时装店，品牌“CHANEL”宣告正式诞生。1921 年，香奈儿 N°5 正式上市，这是香奈儿第一款创新的、革命性的香水，其名称与瓶身设计震撼了当时的潮流（香奈儿 N°5 的香水瓶作为 20 世纪的象征之一，被纽约现代艺术博物馆纳入永久藏品之列）。1924 年，香奈儿推出了第一个化妆品系列，致力于创造独特的高香味和美容产品。1978 年，香奈儿推出首个成衣系列，以及其配件系列的全球分销。现如今香奈儿产品种类繁多，有服装、珠宝饰品及其配件、化妆品、护肤品、香水等。该品牌的时装设计具有高雅、简洁、精美的风格，传承的经典有小黑裙、山茶花、双色鞋等。

二、雅诗兰黛 ESTĒE LAUDER

雅诗兰黛夫人于 1946 年创立了雅诗兰黛公司，主要出售 4 种护肤品。如今已经发展成为全球最大的护肤、化妆品和香水公司，并且仍在不断拓展业务。作为一个女人，她为她一生的爱人创造了一款香水，成就了香水界的一段佳话。雅诗兰黛的前半生大都是一个谜，她出生于一个犹太人家庭，但是她生来就厌恶自己的犹太移民身份。2011 年，雅诗兰黛集团宣布其位于中国上海的雅诗兰黛集团亚洲研发中心落成。该研发中心大大扩大了雅诗兰黛公司的研究能力，进一步实践了集团对本地消费者关于按照中国及亚洲人肤质的特殊需要而量身定制相关产品的坚定承诺。通过多年的努力，雅诗兰黛集团建立了一个具有独特平衡性的品牌家族。这一平衡体所拥有的所有品牌的定位中，品牌诉求的不同消费群体上，也体现品类及地域优势的平衡上：顶级品牌——LA MER 海蓝之谜；一线品牌——ESTĒE LAUDER 雅诗兰黛；二线品牌——CLINIQUE 倩碧、ORIGINS 悦木之源……其中，M. A. C 魅可，作为一个重要的专业化妆师品牌，由集团以多数控股的形式于 1994 年并购，现全方位生产以彩妆为主体的专业性化妆品、化妆工具和护肤品，目标群体为专业化妆师和时尚消费者。BOBBI BROWN 于 1995 年被雅诗兰黛集团收购，BOBBI BROWN 品牌为领先的专业性美容产品系列，包括彩妆产品、香水、护肤品及专业化妆刷和工具。JO MALONE 是一家位于伦敦的营销高档护肤和香水产品的公司，1999 年被雅诗兰黛集团收购。它的特色是个性化、高品质和与众不同的香水。

三、兰蔻 LANCÔME

兰蔻诞生于 1935 年的法国，是由阿曼达・珀蒂让创办的品牌，其名称来自法国中部一座城堡卢瓦卡河畔的兰可思慕城堡，城堡周围种满了玫瑰花，阿曼达・珀蒂让钟爱玫瑰，认为女人如同花朵般美丽，且各有其姿态与特色，因此以城堡为品牌名称，城堡里的玫瑰花就成了品牌标志。作为全球知名的高端化妆品品牌，兰蔻涉足护肤、彩妆、香水等多个产品领域。1936 年，兰蔻发布了著名的护肤系列 NUTRIX，这一产品的滋养和活力配方被沿用至今，经久不衰。1955 年，兰蔻推出了一款新的护肤产品系列 OCEANE LINE，该系列产品蕴含极致纯净的海藻精华，这种独一无二的创新科技使得兰蔻品牌的科研声誉传遍全球。“莱莎丽”品牌化妆品是兰蔻国际化妆品有限公司发挥自己独具特色的专业和实力，针对亚洲女性肤质研制，最新推出的兰蔻专业线化妆品牌。兰蔻与化妆品名牌 HR 赫莲娜 HELENA RUBINSTEIN、碧欧泉 BIOTHERM、科颜氏 KIEHL′S、圣罗兰 YSL、植村秀 Shu uemura、阿玛尼 ARMANI 等同属欧莱雅（L′OREAL）化妆品集团，同集团还有药房渠道销售的薇姿 VICHY 等。

四、迪奥 DIOR

迪奥是源自法国的跨国奢侈品品牌，炫丽高级女装的代名词。由法国时装设计师克里斯汀・迪奥于 1946 年创立，总部位于巴黎。主要经营时装、首饰、香水、化妆品、童装等高档消费品，其男装品牌现已独立为迪奥男装。DIOR 的美妆产品风格是色彩缤纷、体验艺术和具有高效的护肤工艺，在全球香水和化妆品市场占有重要的地位。迪奥的主题产品主要有女性香水、男性香水、彩妆和护肤保养，为所有希望进行面部化妆、嘴唇描绘、炫耀美态和美化指甲的人士，提供了一个持续更新的色彩天地。1955 年，DIOR 第一支唇膏诞生，它是蓝金唇膏的前身，容纳于方尖玻璃樽内，仿若一款珠宝，一经推出便是经典。蓝金唇膏以其深浅蓝色相间的六角形造型，延续了近半个世纪的经典。

五、娇兰 GUERLAIN

娇兰是路易・威登集团（LVMH）旗下的国际品牌，娇兰是名副其实的香水家族，成立于 1828 年，总部设在法国巴黎。娇兰主营香水、化妆品及保养品，其香水品种超过 300 种，在皮埃尔・佛朗索瓦兹・帕斯科尔・娇兰创立他的生意之初，就以能为客户配制各色不同个性的香水而出名。1939 年，GUERLAIN 在巴黎的香榭丽舍大道 68 号，开设了第一家美容护肤中心，且自创独特的法式按摩方法，在当时成为法国时尚圈的交流地，这位以香水发迹的年轻香水家后来还被聘为王室贵族的专属调香师。1955 年起，GUERLAIN 在护肤及化妆品上下了更多的工夫，陆续开设制造及研究中心。1980 年，代表 GUERLAIN 优雅奢华风格的“Issima 系列”诞生后，便将 GUERLAIN 推上专业护肤品牌之路。该品牌以特有的贵族气质与优雅浪漫的品质保障，奠定了它在法国及世界上的品牌地位。路易·威登集团旗下化妆品牌还有：纪梵希 GIVENCHY、浮生若梦 MAKE UP FOREVER、fresh、唐-裴利农 Dom Perignon 等。而众所周知的 LV 和 DIOR 都是隶属于路易·威登集团。

六、娇韵诗 CLARINS

娇韵诗成立于 1954 年，是法国美容界的著名品牌。它的崛起不同于那些由流行服饰起家的化妆品牌，也有别于一般由脸部护肤开始发展的保养品。当大多数品牌将身体保养品列为较晚发展的项目时，娇韵诗却已经以非常完整的身体保养系列为自己在市场上找到明确的定位，并奠定了品牌基础。在娇韵诗的经营理念中，产品的开发设计一直以顾客的需求为主。娇韵诗已开发出细致肌肤护理、特造曲线护理、调和曲线护理、舒爽护理、特殊身体护理、香醒露系列，以及美胸护理等，总共 30 余种不同的保养品系列，带动美体保健新潮。娇韵诗很早便从与消费者的沟通中，了解到女性会因工作时间及家庭压力的增加而缩短护肤时间，因此不用按摩的瘦身产品将大为风行，于是娇韵诗率先推出纤体精华露方便忙碌的女性。2008 年，娇韵诗在研究抵抗衰老成因方面又有重大突破，全新上市的 Younger Longer Balm 青春驻颜霜能促进皮肤微循环和末梢神经，配合独特的拍打手法，犹如在夜间给皮肤做有氧运动，获得 VOTRE BEAUTE、Lofficiel 和 SELF 等美容权威杂志的美容大赏。

七、资生堂 SHISEIDO

资生堂是株式会社资生堂（Shiseido Company，Limited）旗下著名化妆品品牌。1872 年资生堂在日本东京银座创立了第一家西式调剂药房。1897 年资生堂科学性地开发出了以西洋药学处方为基础，名为红色蜜露（EUDERMINE）的化妆水。从此，资生堂公司便一直致力于美肌和秀发的研究，研发出了许多革新商品和美容方法。今天的资生堂不仅在日本，而且在世界范围内也受到众多消费者的喜爱，其产品已在全世界 85 个国家销售，成为亚洲第一、享誉全球的化妆品集团，销售包括护肤、彩妆、美体、香氛、男士等不同种类的综合产品。其化妆品专卖店、大众化妆品、药妆、专业美发都有不朽的成就。THE GINZA、Clé de peau BEAUTÉ、Dicila 是资生堂公司的三大巨头，THE GINZA 仅仅在日本出售，其他的任何一个国家都是买不到的。还有比较大众的 IPSA 茵芙莎、DQ 蒂珂也都是资生堂公司旗下的产品。

八、希思黎 sisley

希思黎是于 1976 年由多纳诺伯爵夫妇创立的植物美容品牌。它以“植物美容学”为理念，凭借强大的研发背景和“追求极致卓越”的理念，赋予产品“自然、安全、有效”的承诺，sisley 希思黎率先将植物精华和植物精油运用到产品中，通过高科技的多元萃取，实现植物精粹的最佳配比组合。sisley 希思黎提供卓有成效的美肤方案：从脸部保养、身体护理、彩妆到香氛。旗下有护肤、彩妆、香水等产品。也正是由于希思黎化妆品（Sisley Cosmetics）对于完美品质的至臻追求，才令其在奢侈品和化妆品领域独树一帜，并以其出类拔萃的品质、绝对的安全性和适用性，以及完美的功效而受到世界各地消费者的喜爱。

第四节　基础化妆手法

学习目标

理论目标：了解化妆的基础手法

实践目标：能够根据不同人的不同面部特点进行化妆修饰

学习内容

基础化妆手法是面部形象设计的重中之重，基础技法跟不上，再好的设计终究只是纸上谈兵。本节课程从化妆技法的每一个步骤开始阐述，力图多层次、多维度、全方位地让同学们掌握基础化妆手法。

一、底妆

1. 妆前

无论是什么肤质，妆前护理都十分重要。没有使用正确的妆前护理，再好的化妆品、再神的化妆术，也改变不了糟糕的上妆效果。所以，想要底妆服帖不卡粉、妆容精致清透，找准对皮肤最好的急救品至关重要。

第二节介绍了不同功效的妆前产品，所以我们在上妆前乳时，需要了解的问题是：这款妆容的底妆重点需要改善的是什么？是调色、保湿，还是掩盖毛孔、控制出油量？根据妆前产品的功效不同，涂抹的区域也不同。基本上妆手法可简述为以下几点。

（1）底妆前做好基础护理，用五点涂抹法分别在两颊、额头、鼻梁、下巴处涂抹适量妆前乳。

（2）从脸部中央向外侧用指腹在全脸均匀涂开，需修饰的局部可取少量重复涂抹。

（3）轻轻拍打至吸收，使其更贴合肌肤。如果是保湿型妆前，可顺着肌肤纹理全脸涂抹；如果是遮盖毛孔的妆前可以涂抹在 T 区，逆着毛孔轻轻推开；如果是提亮型妆前，只适合涂抹在需要提亮的地方。

2. 底妆

上底妆顺序应该从功能和质地两方面考虑，调节肤色和填补毛孔优先，至于困扰多时的先粉底还是先遮瑕，主要以质地为准，原则是“由湿到干”。打粉底的时候不要像涂一般护肤品那样直接把粉底涂在脸上，使用的时候以点的方式将产品按压在肌肤上，这样可以让肌肤最大程度地与肌肤贴合。

（1）不同工具的上妆手法（见表 4-4）

①用手上妆：用手上底妆，虽底妆服帖，但易留下纹路的痕迹。先从脸部中央开始下手，然后由内往外推开涂抹均匀。时间不够就用推，时间够就可以慢慢拍，不仅能拍匀粉底，还能使粉底更加服帖。用手上妆的优点是：上妆快，较服帖，初学者更易上手；缺点是：容易拔干、不均匀。

②上妆海绵（美妆蛋）：海绵蘸湿后挤干水分，再取粉底液上妆，用手腕的力按压面部。优点是：遮瑕力好，海绵能吸走多余的面部油分，呈现雾面柔和妆感，妆容清爽；缺点是：海绵比较吸粉，且需要经常更换或清洗海绵，无论是海绵还是粉底液消耗都比较大。

③粉底刷上妆：用刷子均匀蘸取粉底液，然后直接刷脸上，方向是由内向外，力度是内重外轻，仔细刷好全脸，注意力度的掌控，尽量不要留下粉痕。如果是平头粉底刷（或稍微带点斜面的刷子），在使用时刷子与面部垂直，以在脸上轻轻地打圈、涂抹按压的方式晕开，至于顺序依旧是从脸中央开始，逐渐向外面推开。扁头粉底刷，刷头要与脸部呈 45°，顺着肌肤纹理刷，注意嘴角、眼下、鼻翼这些细节处，如果处理不好，用完刷子后再用化妆海绵按压，消除刷痕。使用化妆刷的优点是：妆容轻薄、自然、有光泽感；缺点是：刷子对皮肤有刺激感，不适合敏感肌肤，新手也容易在使用过程中留下刷痕。

④气垫粉扑：先用保湿喷雾或蒸馏水打湿气垫粉扑后再上妆，能呈现轻薄的裸妆效果。优点：上妆快，非常方便，妆感看起来水润；缺点是：持久力不强，气垫粉扑要经常更换。

表 4-4　不同工具上妆手法

考评维度＼工具	用手上妆	化妆海绵（美妆蛋）	粉底刷	气垫粉扑
遮瑕力	★★★	★★★★	★★★	★★★☆
服帖性	★★★★	★★★☆	★★★★	★★★☆
水润感	★☆	★★	★★★★	★★★★☆
持久力	★★★★	★★★☆	★★★☆	★★☆
均匀度	★☆	★★★★	★★☆	★★★★

（2）不同肤质的上妆手法

除了不同的工具有不同的上妆手法外，不同的肤质上妆手法也不一样。例如，干性肌肤适用油分足的粉底产品，为了最大限度地保持水润感，建议适用刷子或气垫粉扑，如果使用美妆蛋上妆，这种海绵类的产品容易吸收掉粉底液里的水分。反之如果是油性肌肤，可以用化妆海绵，因为海绵的质地特点——有很多密集的小孔，所以它很容易吸取粉底的水分，也可以吸收皮肤上的油，油性肌肤用它来上妆能够保证肌肤的干爽哑光感。以上的推荐只是给各类皮肤提供一个思路。每个人的肤质还有很大的差别，地域气候也有很大差别，每个季节自己的肤况也会不同。大家可以根据自己的情况自由组合步骤和工具，在各个步骤中根据需求不断调整。

（3）不同粉底产品的上妆手法

液体类底妆+粉底刷：粉底液流动性比较好、水润性好、延展性强，所以用粉底刷来上妆比较合适，因为粉底刷的刷毛力度软，覆盖面积大，可以在粉底液干之前快速晕染全脸，轻松打造出清透的裸妆感。

固体类底妆+海绵/粉扑：由于固体类底妆品相对来讲质地较厚重，涂到脸上比较难推，所以这时候柔软的刷毛力度显然不够，海绵就要派上用场。海绵和粉扑的质地相对紧实，力度大，可以把点在脸上的底妆轻松地涂抹延展开。同时可以遮盖住一般的肌肤瑕疵，发挥固体类底妆的强遮瑕力的优势。

气垫/霜类底妆+气垫粉扑：气垫粉霜类产品是介于流动的液体和成块的固体之间的一种形式，它既有液体的水润延展力度，又有固体类的强遮盖力，所以用刷子或者海绵来涂抹也是完全可以的，具体还要结合肤质和个人诉求。但是气垫粉扑（棉花糖粉扑）这种新型材质的粉扑既不吸水也不吸粉，几乎做到了原原本本地还原粉底的真实质感，而且它的搭配度很高，几乎所有的底妆品都可以用气垫粉扑来上妆。

3. 遮瑕

皮肤瑕疵是困扰众多爱美人士的头等大问题，伪装好皮肤最重要的其实是遮瑕。痘痘、色斑、黑眼圈这些皮肤问题不是一层薄薄的底妆能够遮掩掉的，毕竟粉底液的作用广，但是不深。有效的遮瑕还得依靠专业的遮瑕产品以及专业的手法。

遮瑕的上妆手法要从不同的部位和皮肤问题来选择。

（1）遮瑕的顺序：先上遮瑕再上底妆可以使底妆更轻薄，遮瑕更无痕；先上底妆再上遮瑕可以精准定位需要遮瑕的部位；一般较浅的瑕疵，遮瑕能力好的底妆产品就能遮盖掉大部分，这样遮瑕的用量就可以得到有效控制。

（2）黑眼圈遮瑕：选用橘色调或粉色调的遮瑕膏能盖住眼下的青蓝色黑眼圈，可以用无名指蘸取有保湿效果的橘色遮瑕膏，在眼下画出“小倒三角形”遮住黑眼圈，将接近肤色或比肤色浅一号的遮瑕膏均匀地按压拍打在黑眼圈处，最后用浅色遮瑕在眼下画“大三角形”提亮。

（3）粉刺遮瑕：绿色遮瑕膏能平衡粉刺的红肿色调，使用干净的小遮瑕轻点在粉刺部位，然后再用遮瑕刷将痘痘上的遮瑕膏或遮瑕液的边缘小心地晕染开来。

（4）泪沟遮瑕：泪沟是指由内眼角开始，出现在下眼睑靠鼻侧的一条凹沟，是由于眼眶隔膜下缘的软组织萎缩、下垂而生成的。除了自然衰老的原因，眶隔脂肪天生比较少，面部脂肪又比较薄，皮肤的支撑点比较弱，面中部骨骼又略微内凹，泪沟便更容易出现。泪沟容易显老显疲惫，泪沟与眼袋最大的区别就是，眼袋是凸出来的，而泪沟是凹下去的（见图4-65）。既然泪沟是凹下去的，那在遮瑕时，就要让它膨起来，所以这里就需要用到色浅的遮瑕了。首先用美妆蛋尖头的部分提亮泪沟周围，然后准备一把小的细节刷，慢慢地涂在泪沟上，一定要采用少量多次的手法，等遮瑕差不多快干的时候再把边缘晕染开。使用扇形刷搭配细密的缎光高光，从泪沟下笔，靠近鼻子一侧向下旋转，刚好覆盖泪沟及眼下区域，少量多次，边画边观察。注意千万不要用含大亮片的高光，只会雪上加霜。

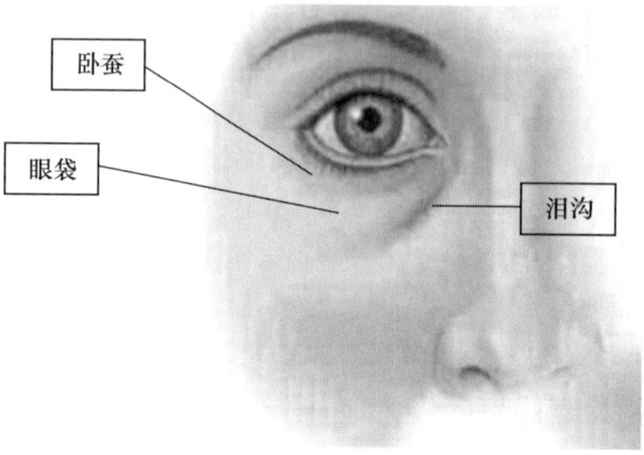

图 4-65　卧蚕、眼袋与泪沟位置图

（5）法令纹遮瑕：法令纹又叫“鼻唇沟凹陷”。法令纹的产生主要与皮肤松弛、老化以及面部表情过于丰富有关，另外也有人天生法令纹就比较明显，可能是由于先天上颌骨发育不良所致。法令纹得名来源于星相学，星相学认为鼻子两侧的皱纹可以反映一个人说话的分量，通常年长者这两道皱纹较深，发号施令大家都得遵从，所以叫法令纹或法令线。法令纹遮瑕首先选用遮瑕盘中的提亮色把法令纹周围全部提亮一遍，再用散粉轻轻上一层，起到一个哑光雾面的效果；然后重点遮法令纹最凹陷的鼻基底三角区，之后也可以用紫色腮红扫一下鼻基底的位置（见图 4-66）。

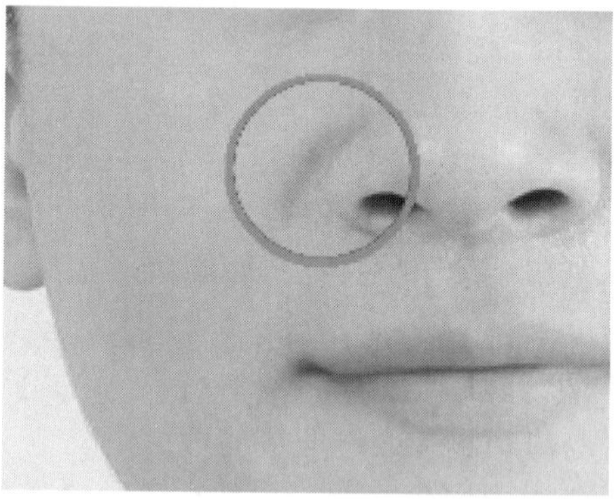

图 4-66　鼻基底

二、眉毛

1. 眉毛的分类

眉毛的类别很多，而且名字各不相同。以下列出的眉毛的分类是根据当代人们审美整理出来的适用性最多的眉形。

（1）一字眉：眉峰平稳，眉头眉峰差在 0~0.5cm 之间，眉宽 1cm 左右（见图 4-67）。

（2）标准眉：眉峰相对平稳，眉头眉峰差小于 0.8cm，眉宽 1cm 左右（见图 4-68）。

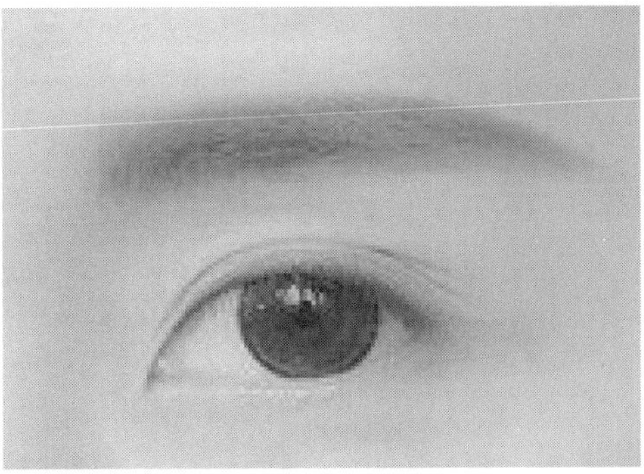

图 4-67　一字眉

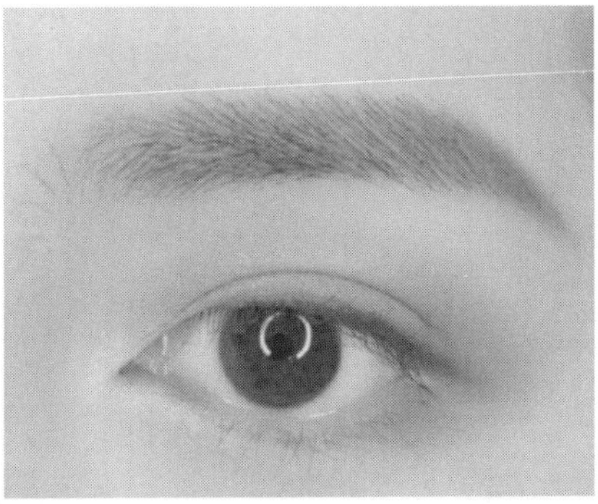

图 4-68　标准眉

（3）高挑眉：眉峰在五分之三处。适合偏短的脸型，眉头眉峰差大于 1.2cm（见图 4-69）。

（4）欧式眉：眉峰在四分之三处，眉腰长，眉峰掉得快，比挑眉粗，比标准眉细（见图 4-70）。

（5）剑眉（男士眉）：眉峰在三分之二处，眉峰平（见图 4-71）。

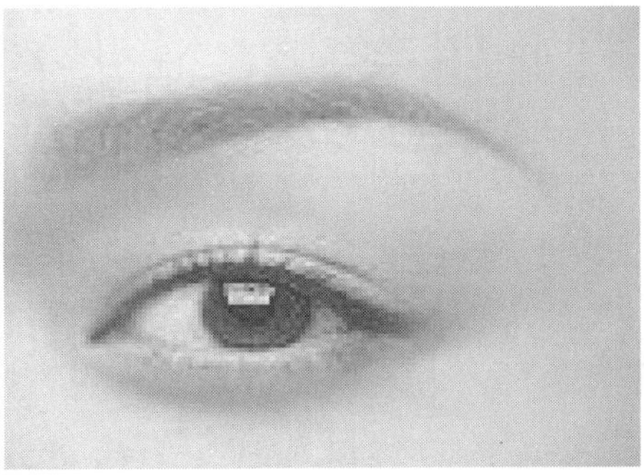

图 4-69　高挑眉

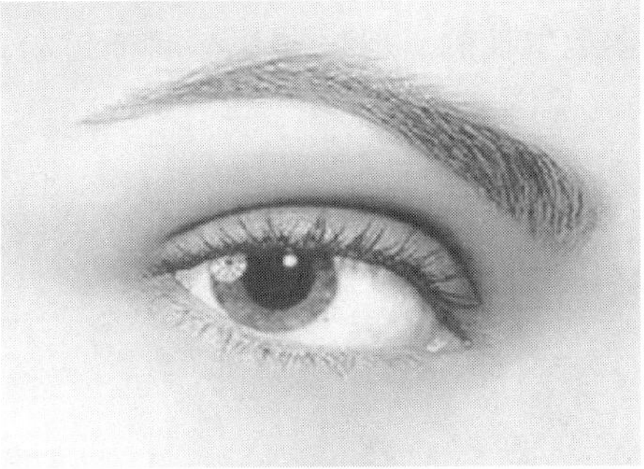

图 4-70　欧式眉

2. 修剪眉毛

修眉毛前准备好：修眉刀、眉毛小剪刀、螺旋眉刷。

（1）干性肌肤可用少许凡士林打底，避免皮肤敏感泛红。

（2）对眉毛的轮廓进行定形，找到眉头、眉峰和眉尾。眉头在内眼角的延长线上面，眉峰在鼻翼到黑眼球外侧边缘线的延长线上面（根据不同眉形，眉峰位置会稍有变化），眉尾在鼻翼和外眼角的延长线上面。把眉头眉峰和眉尾连起来，打好基本框架（见图 4-72）。

（3）有了基本轮廓之后，首先从眉骨开始修剪杂毛，直到修完框架外的杂毛。逆着毛发生长的方向修能够修得更干净。

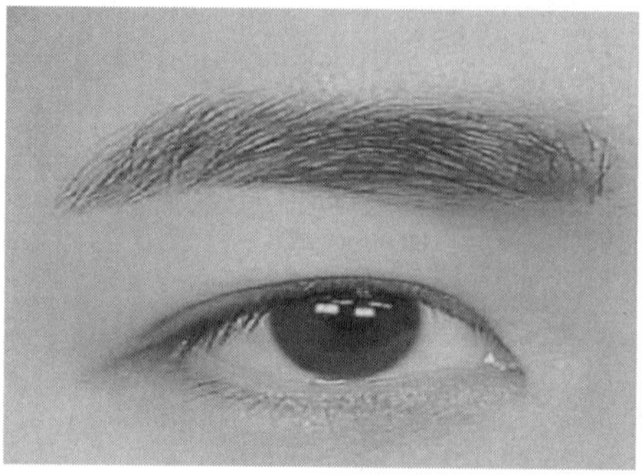

图 4-71　剑眉

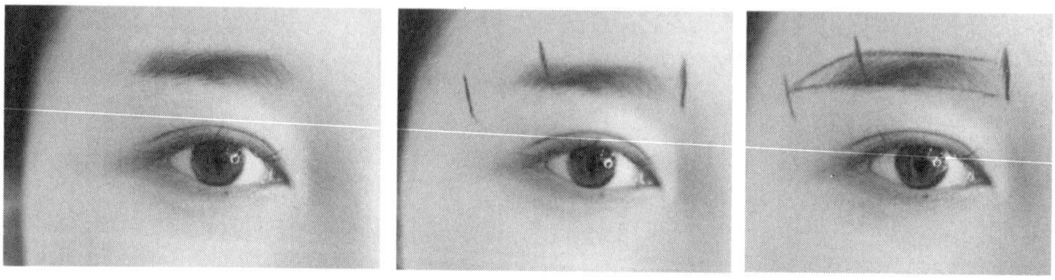

图 4-72　眉毛定点框架图

（4）用螺旋眉刷顺着眉毛的生长方向梳理眉毛，眉尾的眉毛是向下生长的，眉头的眉毛是向上生长的。把超过基本眉框过长的眉毛用眉毛小剪刀剪掉，注意小剪刀与皮肤呈90°角（见图 4-73）。

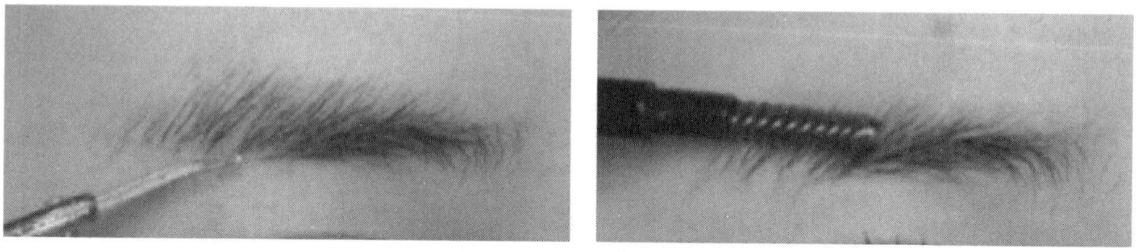

图 4-73　眉毛修剪图

3. **画眉毛**

古人将眉毛称为七情之首，“七情”为喜、怒、忧、思、悲、恐、惊，可以说都能通过眉毛表现出来，所谓“眉目传情”。喜有“眉开眼笑”“眉飞色舞”、怒有“柳眉倒竖，横眉冷对”、忧有“双眉紧蹙”、思有“才下眉头，却上心头”、悲有“愁眉苦脸”、恐有“迫在眉睫”、惊有“火烧眉毛”。能演“七情”，唯“眉”是已。

（1）对于眉毛毛发比较少的眉形可以使用眉框填色法

① 根据不同眉形找到眉头、眉峰和眉尾的位置，然后用线条连接起来，注意眉头到眉峰是一条比较柔和的直线。

②眉底线做延长，眉峰向下与眉底线相交。

③上色做到眉头浅、眉尾次之，眉峰最深。

④用螺旋眉刷整理眉形及眉色。

⑤把多余的部分用遮瑕刷轻轻遮盖掉。

（2）对于眉毛毛发比较适中的眉形可以直接做眉底线延长

①用眉笔从眉峰下面的眉底线开始往后做延长，这一步的弧度直接决定了眉毛的基本形状。

②从眉底线慢慢往上晕染，颜色做到上虚下实、前虚后实。

③从后半段往前填充，观察眉头到眉峰的位置是否有空缺，用眉笔轻轻填色。

④观察眉头的宽度是否略宽于眉峰，防止眉头过扁形成剑眉。

⑤用螺旋眉刷整理眉形。

（3）对于眉毛毛发比多的眉形必须要用染眉膏

①先用染眉膏均匀涂色。

②观察是否有空缺，如果局部有空缺只需要眉笔轻轻填色即可。

（4）男士眉毛

① 观察五官结构，可以遵循长脸——眉毛平，圆脸——眉毛挑，宽脸——眉毛长的基本原则。

②大多数男生由于天生毛发比女生浓密，可以选用深灰色无硅眉笔，含有硅粉的眉笔颜色过浓，不好掌握。

③定好眉峰和眉尾的位置，用45°角填补眉毛缝隙。注意男生眉与女生眉形状最不同的地方就是男生眉的眉峰最宽。（见图4–74、图4–75）

④用螺旋眉刷整理眉形。

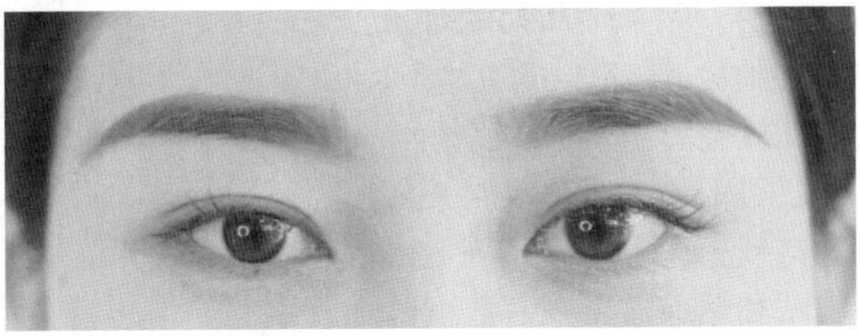

图4–74　女士眉毛成型图

三、眼妆

1. 双眼皮贴

人的双眼皮的状态变化，可以是：没有→有→很宽。双眼皮贴只能帮助我们实现一个跨度的改变，但很难从没有到贴出欧式大双，即使可以做到，也会让眼睛看起来不自然。双眼皮贴这个化妆工具是没有完美产品的，所以大家不用去追求又隐形、支撑力好、还特别舒服的产品。

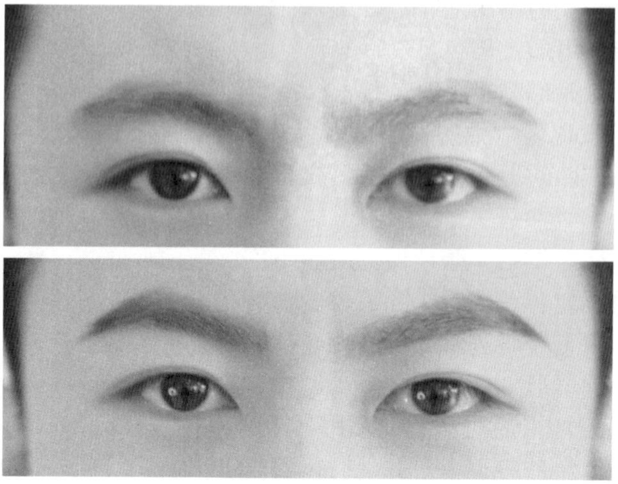

图 4-75　男士眉毛成型图

（1）根据需求选择不同的双眼皮产品，比较常用的是单面双眼皮贴、双面双眼皮贴和蕾丝双眼皮贴。

（2）取用双眼皮贴，从中间一点的位置，用辅助棒或者干净的镊子取下双眼皮贴。如果是从旁边的位置撕下，很容易导致边角的位置变形，贴到眼皮上就很容易翘边。

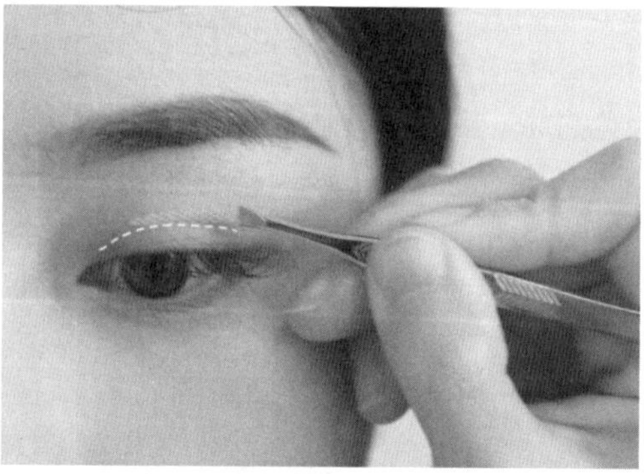

图 4-76　双眼皮位置

（3）找到双眼皮褶皱线的位置，双眼皮贴的边缘线与双眼皮褶皱线重合（见图 4-76），然后按压固定，全程不要让指尖碰到有胶的那一面，因为人的手上会有油脂、汗液、小灰尘等，一碰到胶面黏性即支撑性就会打折。

（4）找准位置，按压固定。双面双眼皮贴在贴上后隔着白色的塑料纸，用手指按压固定之后，撕下塑料纸，之后用辅助棒把胶条推进眼皮里。蕾丝双眼皮贴黏贴前需要在有胶的一面喷水，如果想持久度强一些可以使用假睫毛胶水。

2. 眼线

眼线，又称为睫毛线，由上、下睑缘前唇的睫毛根部排列而形成的特定美学结构（见图 4-77）。眼线不是眼部固有的解剖生理结构，但是其外观与形态变化能调整眼裂和眼型，因而在眼部审美中具有一定意义。

（1）开眼角眼线：开眼角眼线适合眼睛间距比较宽的人。用细头的眼线笔先画眼头位置，在眼头交界点位置稍前画出一条斜线。然后在眼尾后三分之一处下笔往后延长，画出一个延长的三角形区域。

（2）标准眼线：填充睫毛根部，并画出一条流畅的眼线，从眼尾四分之一处往外延

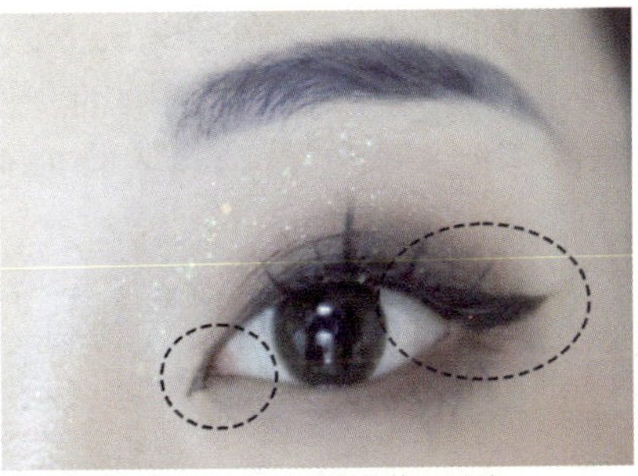

图 4-77　眼线位置图

伸，然后从延伸出去的线往睫毛方向画出一个小三角。整条眼线做到线条流畅、前细后粗。

（3）半尾眼线：前面只做睫毛根部的填充，着重加深眼尾部分。先用眼线笔在眼尾固定一点，然后往斜上方位置延伸。

（4）粗鱼尾眼线：适合单眼皮人。用眼线笔在眼线上方 0.5cm 处，画一条自然的弧线，然后用眼线笔填充弧线以下，眼线以上的位置，眼尾可以稍稍上扬延长一点。

3. 眼影

（1）平涂式眼影：将单色眼影均匀地涂抹在眼睑上的化妆手法。眼睫毛根部的眼影可描画得更浓一些，色彩略深一些，然后逐渐向上减淡色彩，直至眼影色消失在眼窝里。小面积晕染睫毛根部的眼影可让整体眼妆的色彩过渡自然。眉骨处的亮色处理可以提升双眼皮的立体感，下眼影轻描眼尾与上眼影形成衔接（见图 4-78）。

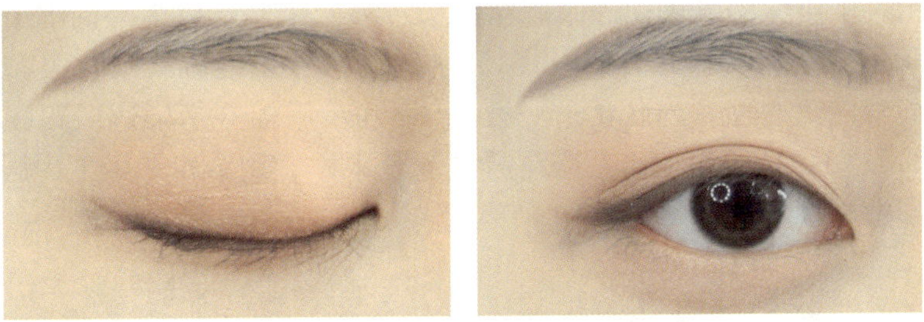

图 4-78　平涂式眼影睁眼闭眼图

（2）提亮式眼影：用眼影刷蘸取眼影盘中最浅色系进行整个眼窝的打底；在眼影盘里取一个中间色在双眼皮内加深晕染，取少量提亮色点缀一下眼头、眼中、眼下（中间位置），下眼影用少许中间色做前浅后深晕染（见图 4-79）。

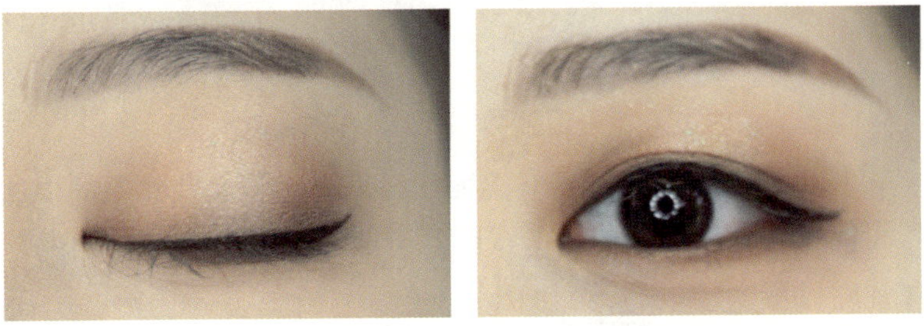

图 4-79　提亮式眼影睁眼闭眼图

（3）渐变式眼影：从睫毛根部开始以三等分的方式描画眼影。用眼影刷蘸取眼影盘中最浅色系进行整个眼窝的打底（颜色范围最宽的第一层）；在眼影盘里取一个中间色晕染至双眼皮附近（颜色范围第二宽），在眼影盘里取一个深色系晕染至睫毛根部往上一点的位置（颜色范围最小），整个眼影呈下深上浅式。下眼影同样用浅色打底深色叠涂的方式，着重描绘下眼角。注意各层级色彩之间不能有明显的分界线，各等分处眼影描画的面积由浅到深逐渐缩小，色彩过渡要自然。一般渐变式晕染眼影时，眼影色不宜超过三种颜色（见图 4-80）。

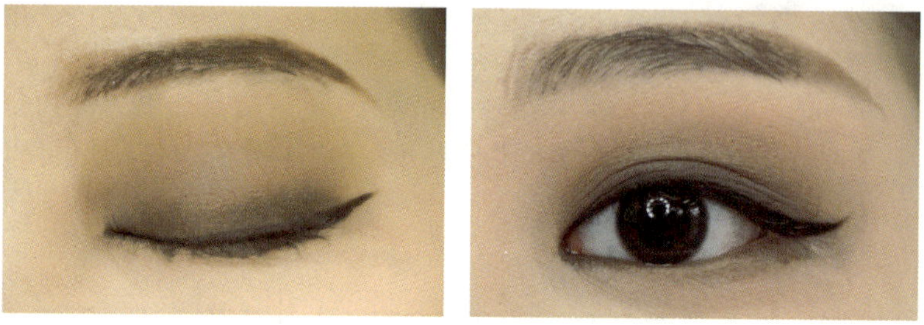

图 4-80　渐变式眼影睁眼闭眼图

（4）截断式眼影：此种眼影画法因描画眼影时分段着色而得名，欧美妆使用较多。第一步使用保湿性强的遮瑕进行眼部打底；第二步使用一个跟肤色相近的眼影色由眼尾往前晕染；第三步用一个更深的颜色加深眼尾至眼头；第四步换一只扁平的细节刷加深眼窝的界限（找到界限是截断式眼影的关键）；第五步用遮瑕点拍的方式涂抹眼窝界限与睫毛根部之间的距离（只涂黑眼球到内眼角这一段）；第六步用棉签晕染遮瑕跟眼影的过渡区域（黑眼球到外眼角这一段），第七步在眼尾叠加深色眼影，用余粉晕染下内眼角；第八步用珠光叠加在眼部中央（见图 4-81）。

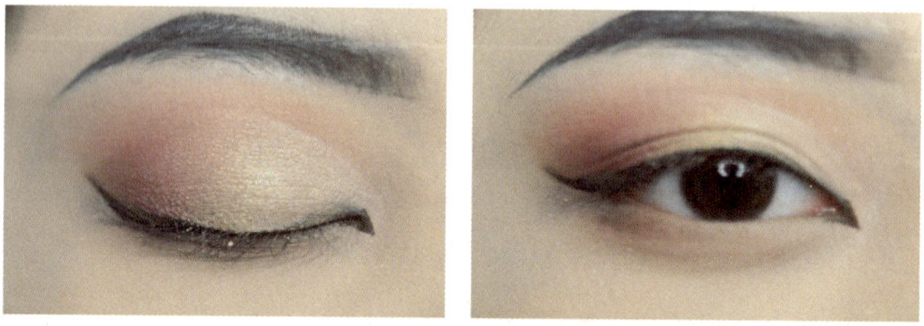

图 4-81　截断式眼影睁眼闭眼图

4. **睫毛**

（1）夹睫毛：要把睫毛夹翘而且拥有美丽的弧度，必须要在睫毛的根部用力。将睫毛夹固定在睫毛根部位置以后，轻轻地向上弯曲，手肘适当地向上抬起用力会更好，越靠近睫毛前端用力越轻。

（2）刷睫毛：眼睛往下看，把睫毛的根部尽量露出来，睫毛刷头从睫毛根部往睫毛尾部拉，以呈放射状的方式涂刷，趁睫毛液未干的时候可以做出微调，避免出现“苍蝇腿”；可以用化妆棉轻轻架在眼皮上，以免睫毛膏刷出界。

（3）假睫毛黏贴：首先要调整假睫毛的长度。将假睫毛放在眼皮上，将超出的部分修剪掉。然后将假睫毛的外缘均匀涂上胶水，让胶水稍微晾干一点之后再从上往下倾斜一些贴在睫毛根部上，注意外眼角睫毛的位置高度要根据眼型调整。再然后用镊子把假睫毛和自己的睫毛夹住一起往里轻轻推。最后涂一层睫毛膏，避免真假睫毛分层。

四、修容

修容通常是在脸颊凹陷处、鼻梁侧边和太阳穴等位置涂抹颜色比肤色稍深的化妆品，制造该处凹陷的效果以达到立体脸部轮廓及瘦脸等目的。也可在苹果肌和鼻尖与额头构成的T字区域使用颜色较肤色稍浅的高光，进一步加深轮廓。

1. 腮红

腮红的画法大致可以分为斜式和横式两种。斜式有收拢脸型的效果，适合职业妆等正式场合；横式有拉宽脸型的效果，适合日常妆或甜美一些的妆容。

（1）修容式腮红：又称扇形腮红，不仅有提气色的作用，还有修饰脸型的作用。主要在颧骨和面侧位置大范围以腮红作修容用使用，可收缩脸型，是斜式腮红的一种。

（2）日常通勤腮红：常见日常打腮红的方法，在苹果肌和颧骨之间打斜由下往上扫腮红，可以修饰面型。

（3）颧骨腮红：打在颧骨凸出来的位置，适合高颧骨等欧美妆。

（4）晒伤式腮红：两颊苹果肌连鼻梁一起扫，有无故害羞感。

（5）面红式腮红：在苹果肌的位置打腮红，日系可爱感，增加亲和力，是横式腮红的一种。

（6）眼下腮红：在眼下和颧骨上的位置打圈式打腮红，可以增加可爱感。

2. 高光

打高光时，要先用化妆刷蘸取高光粉，可以先在手背上轻轻擦拭，扫去多余的粉量，避免高光用量过多，然后再开始在脸上轻轻扫过，下手要轻，使高光均匀地分布在各个部位，否则会产生油腻感，毁了整个妆面效果。

高光的化妆思路是提升面部饱和度，加在你需要“强调突出”的部位。高光可分四个区域：T区、C区、人中、下巴。一般来说T区高光是必需的，其他区域看自己的面部构造，例如，颧骨高的人，不要画C区；人中过长的人，也不要画人中；同理，下巴过长，就不要再画下巴了。

（1）T区高光：额头高光用刷子的平面，从眉心开始，往两边刷开，直到眉尾。上下范围看自己的额头大小：额头偏大的，就少画一点；额头小的，高光范围可以大一些。鼻子高光用刷子窄面，从眉心往下扫；鼻头高光的大小要注意，面积过大容易造成大鼻头。

（2）C区高光：简单来说，就是在眼周画一个C字形。从太阳穴开始，往下画到颧骨顶点，然后再往眼下刷，以颧骨为转折点，不要低于颧骨凹陷处（此方法不适用于颧骨过高的人）。想要眼妆看起来更干净，修饰眼袋黑眼圈，可以把高光用Z字形手法画到眼下三角区域，刷到笑肌为止。

（3）人中高光：虽说是人中，但实际更像是刷在唇珠的上端，打亮这里主要是为了让嘴唇看起来更饱满。

(4) 下巴高光：刷在下巴的尾端，保留下唇凹陷处，这样才有明暗对比。如果下巴已经很长了，那就省略这一步。

3. 阴影

修容的本质是通过光影效果加强面部立体度。发际线、卧蚕下方、鼻梁两侧、颧骨下方、下颌区域是阴影区域。当然每个人面部骨骼不同，所以阴影自然也会产生不同。对于东方人来说，五官较为平板，相较于西方人颧骨、眉骨、鼻梁都很突出的长相，加强立体感就显得尤为重要。但是过犹不及，太重会显得妆面脏，好像有络腮胡，还会显得妆感重以及年龄大。

西方人以颧骨高为美。在欧美人的审美字典里，高颧骨=性感+气质+美丽。然而在东方人眼中，可能更偏爱的是柔和甜美的长相。颧骨的高低以从侧面看去颧颊部构成优美的纵行弧线为宜，过低显得不够立体，过高则给人以冷酷的感觉，并且显得憔悴、衰老。

(1) 颧骨阴影：阴影刷蘸取适量的阴影粉，阴影的主要走向沿着耳中到腭骨下方的位置进行描画，在越接近鼻翼的地方就要画得越淡。

(2) 腮骨阴影：沿着耳后到下巴的方向，画出一道阴影，在靠近耳朵的区域可以重复加深阴影。

(3) 发际线阴影：在太阳穴到额头的方向，画出一道阴影，落刷处要尽量贴住发际线的位置进行描画，从视觉上缩小额头，补充发际线空缺。

(4) 鼻翼阴影：在眉头与鼻根的三角区域落刷，从鼻根延伸晕染至鼻翼，如果鼻头过大，鼻翼两侧的阴影要注意收缩。

(5) 锁骨阴影：先做出含背的姿势，把自己锁骨的位置准确地找出来，然后用扁头化妆刷，蘸取阴影粉，在锁骨的上方和下方各画出一道阴影，锁骨突出的骨头上，用提亮粉进行修饰。

五、唇妆

唇妆产品可以说是种类最多的化妆产品了，不同的质地、不同的颜色市场上满目琳琅。即使是同一支口红用不同的上妆手法也能呈现出不一样的效果。

(1) 咬唇妆：咬唇妆通常为暗红色，有着“似有若无的唇妆效果”。这种妆容的设计灵感就来自于“寒风中咬着嘴唇的效果”，中间暗红色的唇部就像是被牙齿咬过而出现的血色似的，周边用淡淡的粉红色突出暗红色的色调。建议先使用润唇膏打底，然后用较为滋润的遮瑕或者粉底来盖住原有的唇色，然后在下唇部中心下笔加颜色，最后抿嘴让下嘴唇的颜色自然地印在上嘴唇，并晕染开，形成中间深边缘浅的咬唇效果（见图 4-82）。

(2) 嘟嘟唇：近年来比较流行的唇妆画法，第一步选一支滋润度高的唇妆产品在传统画法的基础上再向嘴唇边缘外扩涂出界，注意嘴角也要涂上；第二步弱化唇峰的位置，将唇峰的“M”填满，第三步用指腹或者棉签晕染唇线周围，让唇部线条变圆钝模糊（见图 4-83）。

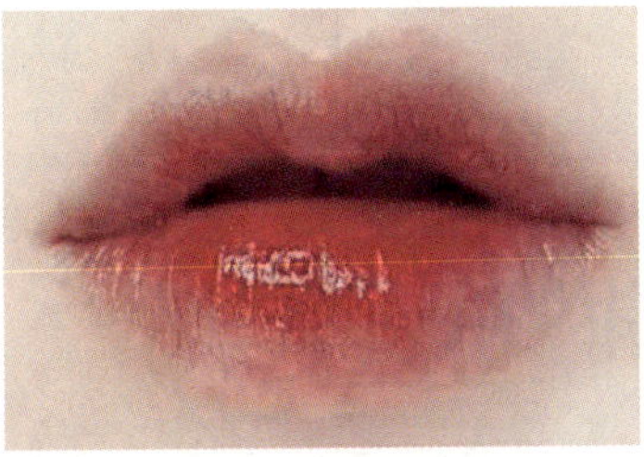
图 4-82　咬唇妆

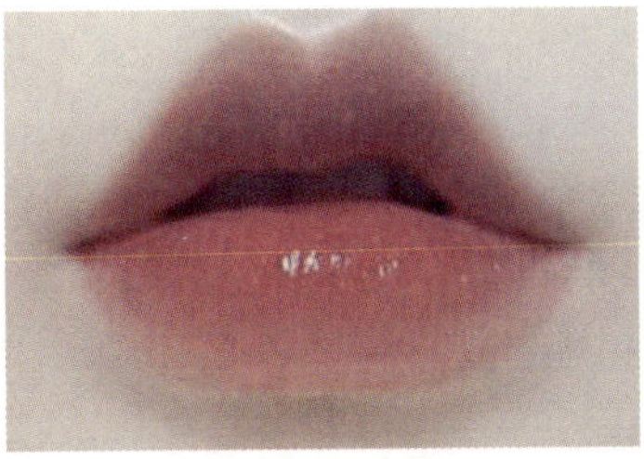
图 4-83　嘟嘟唇

（3）M 唇：突出唇线的唇妆画法。找准唇峰和唇底线的位置，并沿着左右唇峰和唇底线用唇刷勾勒出唇形的外部线条，选一支颜色饱满偏哑光的口红涂满嘴唇，最后用遮瑕修饰唇周线条（见图 4-84）。

（4）微笑唇：微笑唇，就是不笑也能看起来笑容可掬亲切有加，嘴唇厚度适中，唇形轮廓较明显，而且唇峰有一定的棱角。第一步用遮瑕产品清晰勾勒嘴唇下方的线条，适当延长嘴唇两侧；第二步用遮瑕产品修饰上唇唇尾，与下唇一起呈微微上扬的状态；第三步选一支滋润度较高的唇妆产品涂抹嘴唇并提亮唇珠（见图 4-85）。

图 4-84　M 唇

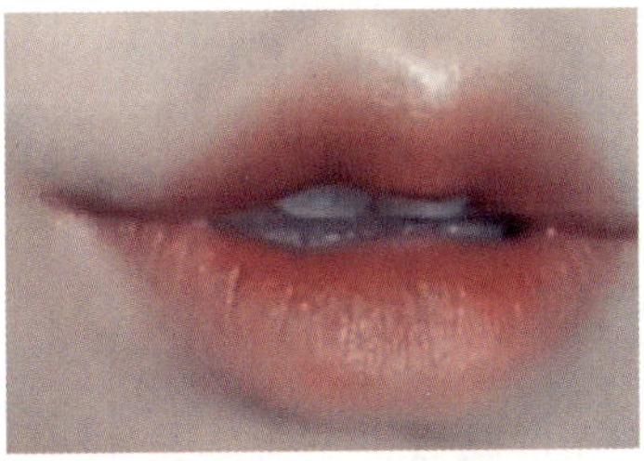
图 4-85　微笑唇

【思考与练习】

1. 怎样快速判断自己的肤调？
2. 粉底液、粉底霜、粉底膏分别有什么样的优缺点？
3. 鼻子短的人怎么修容？
4. 根据自身条件和需求置备化妆产品并着手上妆实践。

第五章　整体妆容设计

整体妆容设计：整体妆容设计是一门综合的艺术，它涉及美术学、生理学、心理学、造型艺术等学科；化妆是职业形象设计中的重要组成部分，它运用色彩及各种化妆品来突出和强调每个人面部自然美的部分，减弱或掩饰其容貌上的欠缺，使每个人容貌都变得尽可能完美。妆容能够激活人们在生活中不断创造的内驱力。妆容形象不仅只是为了自娱自乐、满足自我身心愉悦的需要，也不仅是传统意义上的“为悦己者容”，它更是一个人事业发展的重要资源，化妆后的妆容在职业形象的信息传播中有着重要的作用。这一章节主要学习：根据自身风格、场合、喜好等因素，通过组合和完善基础化妆手法，设计符合现代审美的整体妆容，提升整体形象设计技术。

小故事 1：

周恩来总理青少年时期就读的南开中学，各教学楼门口有一面大镜子，上面写着引人注目的《镜箴》：面必净、发必理、衣必整、纽必结，头容正、肩容平、胸容宽、背容直，气象：勿傲、勿暴、勿怠，颜色：宜和、宜静、宜庄。

小故事 2：她们为谁化妆？

在日本，有一种“独特的存在”——公共化妆室，在那里，每位女士可以租借各种化妆品及器材，在小隔间里享受只属于自己的化妆时间。从十几岁的中学生到年过半百的妇女，她们都是出于什么原因来到这里的呢？

在西日本最大的枢纽车站——大阪站，从清晨到深夜，长途巴士接连不断地进入车站，跟随着下车乘客们的脚步，车站的一角排起了队伍。进门一看，一块块隔板将人们分隔开，大家专心地照着镜子。这里，就是女性专用的化妆室。化妆室的营业时间是早上六点半到晚上十点半，一小时需花费 300 日元，也就是约 15 元人民币，这样，你就能独自使用一个化妆间，对于长途跋涉、素面朝天的女士们来说，这是一项十分便利的服务。

● 人生第一次的化妆初体验 15 岁

一对正在挑选化妆品的母女引起了我们的注意，原来，15 岁的女儿第一次对化妆产生了兴趣，妈妈想以此为契机，带她到化妆室学习入门知识。人生中的第一个淡妆，一定很难忘吧！

● 踏上人生新阶段 21 岁

一位打扮朴素的女子走进店内，迅速地挑选化妆品找到座位，看来是位常客哦。今天她将要参加入职仪式，她说：“找工作的时候我经常来这里，感觉又踏上了新的人生阶段，工作后会与各种人交流，化妆一定是个重要的技能呢。”

• 初次面试的留学生 22 岁

这位从外国留学回来的姑娘正在筹备自己人生中的第一次面试，为了给公司留下好印象，她特意来到化妆室打扮自己，为了她的第一志愿：去国外当一名空姐。她说："并不是不想待在国内，而是想趁年轻的时候多挑战各种事情，越是在严峻的环境下努力，成就感就越强。"

• 用妆容饰出最好的自己 23 岁

这位女孩自己携带了一整套化妆品，原来是位"专业选手"呢。23 岁的她以成为牙科护理员为目标，梦想成为一个女强人，她认为，化妆能"武装"自己，让人从外表到内心都强大起来。"比起可爱，我更希望人们直接夸我漂亮。"通过化妆，你能与自己"沟通"，不断变得更好。

• 主题派对前的秘密"变身" 31 岁

这位平时在医院工作的女士总是趁着主题派对的时候彻底放松自己，这次也不例外，来到化妆室，她想要把最美的一面展现给其他人。

• 恨嫁的"剩女" 33 岁

坐在角落的是一位在特殊学校担任音乐老师的女士，虽然她认为这份工作很有意义，却也因为压力过大而耽误了婚事。这次得到友人的介绍前去相亲，她希望在化妆室打造减龄妆容，好让自己看起来更年轻一些。

• 永不放弃爱美之心 51 岁

进来两位装扮"格格不入"的女士，原来她们刚下山，准备在去朋友家之前来化妆室好好打扮一下自己。她们是初中好友，虽然年过半百，还是喜欢在一起尝试各种新鲜事。无论到了什么年龄，女人的世界都充满着惊喜与期待，这颗爱美之心，请永远不要放弃！

精心化完妆、整理好头发，大家都带着更加自信的笑容出发了。每个人都会用各自不同的方式面对生活，化妆永远是能带给你们"正能量"的重要步骤哦。

第一节 妆容设计的原则

学习目标

理论目标：学习妆容设计的基本理论"三庭五眼""四高三低"；"TPOR"基本原则

实践目标：观察自己的面部，初步了解自己面部轮廓的优缺点，为自己设计不同场合的不同妆容

学习内容

100 个读者心目中就有 100 个哈姆雷特，每个人心中对形象美的定义与追求不尽相同，但是我们理解的大众意义上的美，依旧是有一定的"标准"的。我们的整体妆容设计都离不开这些"标准"与"原则"。

一、面部形象审美标准

1. 三庭五眼

（1）三庭

“三庭”是指脸型的长度，从头部发际到下颏的距离分为三等份，即从发际到眉、眉到鼻尖、鼻尖到下颏各分为一等份，各称一庭共三庭。在面部正中作一条垂直的通过额部—鼻尖—人中—下巴的轴线；通过眉弓作一条水平线；通过鼻翼下缘作一条平行线。这样，两条平行线就将面部分成三等份：从发际线到眉间连线、眉间到鼻翼下缘、鼻翼下缘到下巴尖，上中下恰好各占 1/3，谓之“三庭”。

（2）五眼

五眼是指脸型的宽度，眼角外侧到同侧发际线边缘刚好都是一个眼睛的长度，两眼之间的距离也正好是一个眼睛的长度。最基本的标准如图 5-1 所示。

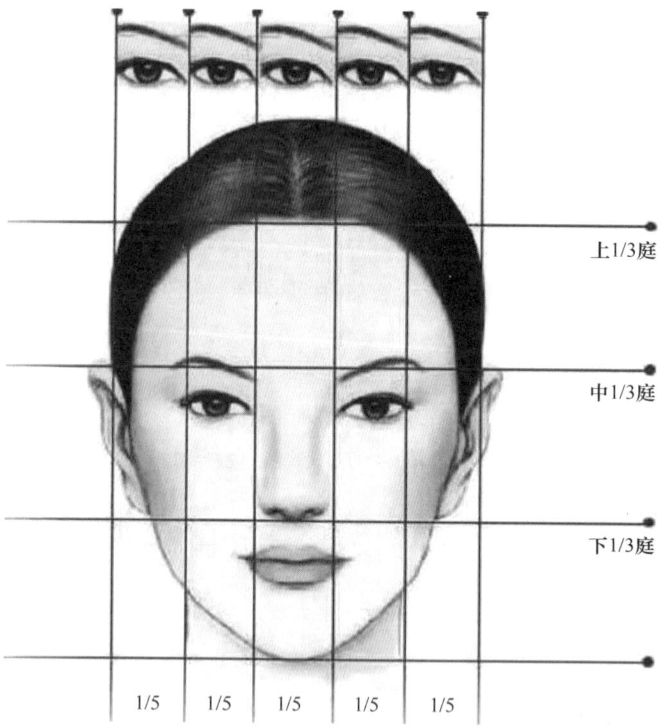

图 5-1　三庭五眼

“三庭五眼”是人的脸长与脸宽的一般标准比例，不符合此比例，就会与理想的脸型产生距离。如今，在“三庭五眼”的基础上出现了一个更为精确的标准，各个部位皆符合此标准，即为“美人”，具体如下：眼睛的宽度，应为同一水平脸部宽度的 3/10；下巴长度应为脸长的 1/5；眼球中心到眉毛底部的距离，应为脸长的 1/10；眼球应为脸长的 1/14；鼻子的表面积，要小于脸部总面积的 5/100，理想嘴巴宽度应为同一水平脸部宽度的 1/2。

2. 四高三低

（1）四高

第一高——额部；第二高——鼻尖；第三高——唇珠；第四高——下巴尖，如图 5-2 所示。

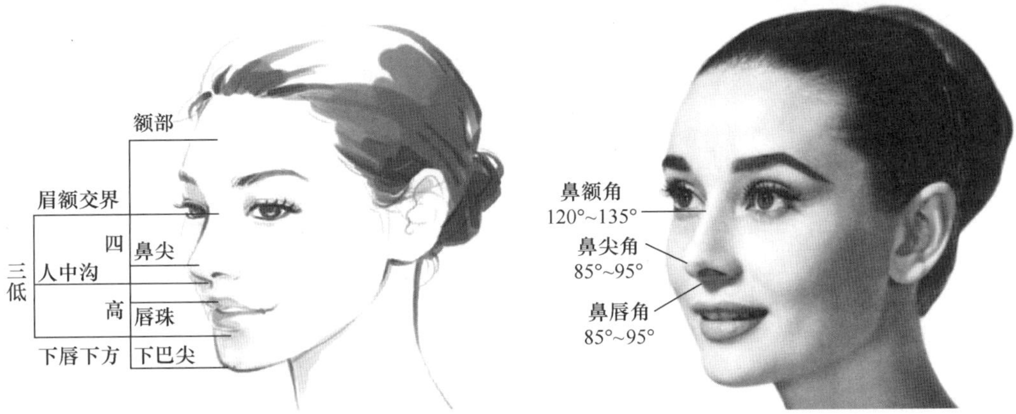

图 5-2　四高三低

（2）三低

分别是两个眼睛之间，眉额交界处必须是凹陷的；在唇珠的上方，人中沟是凹陷的，美女的人中沟都很深，人中脊明显；下唇的下方，有一个小小的凹陷，共三个凹陷。

二、化妆的借鉴性原则：TPOR

最早提出的 TPOR 准则是英国的上流社会着装准则，而我们在做妆容设计的时候考虑的也是整体着装的准则语言，妆容不能与着装穿搭割裂开。TPOR 原则，在妆容设计时要考虑到时间“time”、地点“place”、目的“object”和角色“role”。其中的 T、P、O、R 四个字母，分别是英文时间、地点、目的、角色这四个单词的缩写。

（1）time：时间分为早、午、晚，还有四季的区分，四季的更替在妆容上的变化主要强调色彩的明度变化。例如，春夏季节偏明媚和燥热，所以妆容应该侧重活力和清凉。天热不宜浓妆，可以尝试比较跳脱的颜色。同时妆面注意防晒、防水、控油。秋冬色调偏清冷，妆容就可以温暖起来，以大地色系为主最保险，包括金棕色、褐色等，蓝和绿这类冷色系不要轻易尝试，生活性的妆容不再像夏天那么受限制了，底妆以保湿为主。

（2）place：地点不同、环境不同，你所要传达的妆容语言自然也不一样。休闲、运动、职场、社交，妆容都会随之变化。例如，休闲运动的妆容不宜过浓，色彩上与着装相呼应，运动时要使用带有防水功能的彩妆产品。职场根据不同的职位，妆容也有一些变化，考虑个人在职场当中的职位，最好不要超过领导的气场，而领导的职业妆容要突出简约、利落、带有权威感。

（3）object：每个人的每一次化妆，都会带有目的性。在社交场合中，妆容是语言的替代品，我要让你从我的样貌，不通过口头表达，就知道你在我心里受尊敬和重视。当然，在生活中也会有许多其他情况，比如，机缘巧合地见自己对象的前女友。比如，同学聚会得知当年的班花也会到场。这就是所谓的目的外显。刻意化妆见人，必然是化妆者带有明确的目的，期待以妆容或者服饰这种缄默来表达，以达到牵引对方情绪的目的。

（4）role：在生活中，每个人的身份标志不一样；在职场环境中，每个人所处的地位不一样；在人生走过的阶段中，每个人扮演的角色不一样。我们所呈现出来的气质、状态自然是不一样的。这一点我们可以从影视剧中得到很大的启发：同一演员不同角色阶段的妆容变化是显而易见的。

《金陵十三钗》中玉墨的一颦一笑举手投足间都是风情，她穿着旗袍摇曳走来，荡起的头发丝之间都透露着性感。后来决定替女大学生赴死的她，装扮成女大学生的样子，卸掉浓妆、脱掉旗袍的她，举手投足间又透露着青涩。

甄嬛刚刚入宫时，仅仅是一个不谙世事的青涩少女。所以在妆容上，这一时期的清雅恬静的淡妆是主打，展示了美好的少女情怀。直到最后复仇渐渐成功的甄嬛权倾朝野，这个阶段的妆容，夸张的上挑眼线，修饰了的颧骨，轮廓分明的妆容气场全开，也让她看上去更加难以接触。

第二节　日常妆

学习目标

理论目标：了解日常妆的特点

实践目标：能够为自己画一个日常妆

学习内容

每个人对自己的形象都有大同小异的认知，但女性对自己脸部状况的关注度明显高于男性，因而每天花在脸部护理上的时间也明显高于男性，即使不将女性每周护理的时间算上，女性的护肤时间也至少是男性护肤时间的 5 倍。在调查中还发现一个有趣的现象：男性对自己脸部的抱怨度略高于女性，但却很少有人具备护肤常识，大部分男士不会主动关注美容护肤的信息。女性则不同，她们带着享受和积极的心态去了解并去做，往往对自己脸部的肌肤状态和妆容定下较高的目标，并一直努力，可以坚持不懈很长时间甚至一辈子。

一、日常妆面部妆容特征

日常妆又称生活妆、淡妆，用于一般的日常生活和工作。日常妆是所有妆容中比较简单易画的，但是每一个人对日常妆的需求会不太一样，这一点可以根据自己的脸型和适合的场所来选择。总体来说，日妆常多出现在日光环境下，化妆时可以在日光光源下进行。妆色宜清淡典雅，自然协调，尽量不露过多的化妆痕迹（见图 5-3）。

 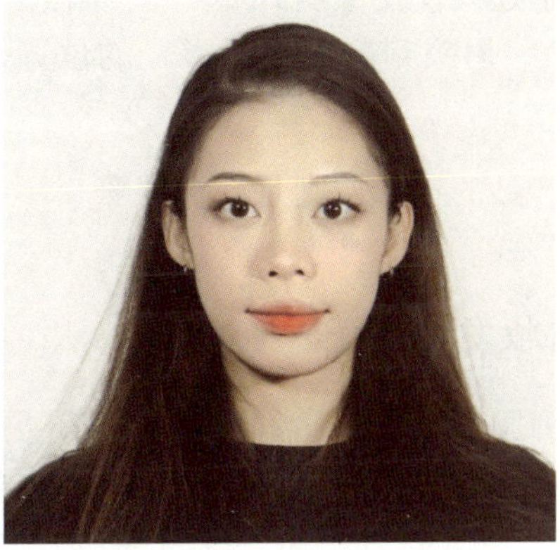

图 5-3　女日常妆

二、日常妆上妆步骤

1. 妆前

检查自己的肌肤状态，湿润度是否合适，过油或者过干都会影响妆效。过油的肌肤容易脱妆，过干的肌肤容易卡粉、起皮。根据肌肤状态来选择妆前产品，一般轻薄的日常妆建议使用带防晒性质的有色隔离调节肤色或使用保湿性质的妆前产品，不建议使用带提亮功能的妆前。

2. 粉底

肤质好的人，可以局部遮掩（一般由内部轮廓到外部轮廓渐变），用量宜少、宜薄，有斑点的部位和高光部位可多涂抹两次或使用遮瑕液；皮肤较干或有严重斑点等瑕疵的皮肤可以用粉底霜。之后用粉刷蘸取少量散粉或用粉饼在全脸薄薄定妆，尤其是脸颊和眼部，散粉宜少、宜薄，定妆这一步也可放到全妆完成后。

3. 眉毛

标准眉和一字眉比较适合日常妆。但是日常妆眉形的选择一般根据自身眉形特点进行完善，不宜大程度上改变原有眉形。过于浓密的眉毛在修剪时要剪短一些，然后使用染眉膏淡化眉色；正常的眉毛只填补空缺部位就好；稀疏眉毛需要用眉笔顺着毛流生长的方向进行形状的描画。日常妆在画眉时，尽量淡化眉峰，眉尾不宜过长，眉毛线条柔和。

4. 眼妆

日常妆的眼妆要淡，只画单色眼影和内眼线，睫毛也不用过于浓密。首先选用浅棕哑光色系单色眼影晕染，从上眼睑外眼角向上晕染至眼窝，向内晕染至内眼角，下眼影勾勒外眼角下方即可。然后用棕色系眼线胶笔画内眼线，可轻轻拉出一点眼尾。最后根据实际情况上睫毛膏，切勿过于浓密。

5. 修容

腮红、高光、阴影在日常妆中，可只使用腮红提血色，眼尾腮红、颧骨腮红都是不错的选择，一般不建议使用大斜式腮红。如果要使用高光和阴影，可在鼻头（高光）、眼下三角区（高光）、眉头到鼻根（阴影）的位置少量使用。

6. **唇妆**

日常唇妆产品的选择原则是颜色淡雅、不夸张、不选择镜面质地的唇釉；在唇形勾勒上不过分突出唇线。

三、日常妆发型搭配

发型是修饰脸型的关键，它比修容来得更直接。女士的日常妆发型很多都是基础发型，如直发和各种名称的卷发。只要遵循基本的脸型搭配规律，就能很好地起到修饰脸型的作用。

1. **圆脸**

圆脸合适的发型是把圆的部分盖住，显得脸长一些。比如，头发侧分可以增加高度，用吹风机和圆齿梳将头顶吹高，两边的头发略盖住脸庞，不要露出耳朵，头发长过下巴是比较理想的。

2. **长脸**

长脸可以选一个带刘海的发型使脸看上去没有那么长，前额的刘海可以缩短脸的长度，两边修剪少许短发，盖住腮帮。

3. **方脸**

方脸可以选择顶部头发蓬松的发型，使脸变得稍长，往一边梳的刘海，会使前额变窄；头发宜长过腮帮，侧分的头发显得蓬松，使脸型变得柔和。另外还可用不平衡法来缓解，因为很多人的脸长得其实并不匀称，某一边要比另一边漂亮，侧分头发可偏向漂亮的一边；将头发尽量往一侧梳，造就不平衡感，可缓解四方脸的缺陷。

第三节　职业妆

学习目标

理论目标：了解职业妆的特点

实践目标：能够为自己画一个职业妆

学习内容

化妆这件事在职场的确很重要，化一个精致的妆容不仅可以愉悦自我、提升自信，而且也体现了对别人的尊重、对工作的热爱。

一、职业妆的特点

职业妆适用于与工作相关的社交环境。例如，管理人员要保持精神饱满，办事要利索，行为坚毅严谨；销售人员需要强调形象的可靠性与信任感，仪态大方；从事公关工作的女性则应保持亲切、温柔、善解人意与各方面建立良好的工作关系等。职业女性的化妆原则上要淡雅、含蓄，根据工作或活动场合的需要也可适当亮丽，但是不宜浓妆艳抹，要表现职业女性理智与成熟的风韵，妆型与妆色协调一致，符合工作环境与特点（见图 5-4 和图 5-5）。

图 5-4　女职业妆

图 5-5　男职业妆

二、不同职业妆的注意事项

1. 适用于日常工作环境的职业妆

妆色淡雅含蓄，妆面效果自然，保持时间长久。

（1）涂粉底时用量要少，稍薄的粉底可以保持皮肤原有的透明状态，粉底涂得过厚会堵塞毛孔，在工作紧张、身体疲劳的时候易使皮肤呈色不佳。粉底的颜色要与肤色接近，并掩盖住面部的瑕疵。

（2）眉形自然，描画时强调眉毛的质感，边缘避免生硬。

（3）眼影的晕染范围重点在上眼睑的外眼角处，面积不宜过大，眼影可以起到强调眼型轮廓的作用，若眼型需要矫正时，则可以根据眼睛条件选择眼影晕染的范围与位置。

（4）眼线的线条整齐、干净。

（5）睫毛卷曲后刷少量的睫毛膏增加眼睛的神采。

（6）腮红色浅淡柔和，过于浓艳的颜色会使妆面显得俗气。

（7）描画唇形时力求自然大方，并且注意轮廓的清晰与对称。唇色不宜浓艳，要以自然的颜色为主，这样整体妆色会保持一致。职业妆使用的唇膏应不易褪色，牢固持久的唇色会使职业女性在一天的工作中能保持良好的形象。

（8）发型整齐大方，切忌凌乱。

（9）服装款式简洁，色彩淡雅。

2. 适用于工作社交的职业妆

妆色可稍亮丽，但不失职业女性的端庄，尤其要注意妆色的牢固持久。

（1）涂粉底时可以强调面部五官的立体结构，加强凹凸效果，粉底涂完后，面部皮肤的颜色要与颈部皮肤颜色自然衔接，并使用透明的蜜粉定妆。定妆后用双手轻按皮肤，这样蜜粉与粉底霜衔接得会更加牢固，面部也会呈现出自然滋润的状态。

（2）眉毛的描画要符合标准眉形的要求，眉头、眉峰与眉尾的位置要准确，可适当突出眉峰，增加五官立体感。

（3）眼影色可以使用带微珠光的颜色，使妆面富有活力。眼影在晕染时要过渡均匀，不能出现大面积的颜色块。

（4）眼线可以适当地延长以加长眼型。

（5）选择腮红色时，首先要考虑肤色，如果肤色晦暗，腮红色不宜过于艳丽；如果肤色健康，则可以根据服装的颜色选择。无论挑选何种颜色，都应浅淡柔和，与肤色衔接。

（6）唇色与腮红色及眼影色统一协调，并要牢固持久。

社交职业妆的发型要整齐，服饰的色彩可以适当艳丽，但是款式依然应保持大方与端庄，在亮丽中不失庄重，以表现职业女性的理智与成熟。

3. 适用于上镜的职业妆

最常见的上镜职业妆就是主持人/记者的职业妆。

这一类妆型既有舞台妆的浓艳，又不失职业妆的干练。而不同的节目性质也会有不同的妆面需求。

（1）新闻节目主持人的妆容需自然，新闻类节目注重权威性、真实性，所以主持人的形象设计也以端庄、大气、严谨、简约的风格为主，过多的修饰会影响新闻节目的公正性和可信度。

（2）综艺节目主持人适合稍显夸张的化妆造型，妆面上可以运用时尚流行色彩，如大地色系、金棕色系，发型和服装上可以多变化和融入时尚元素，但在造型上也不能过于夸张和媚俗。

（3）脱口秀、谈话类节目主持人在妆面上应清新、自然，色彩上应该以暖色调为主，谈话类节目应突出参与性，主持人的化妆造型需与谈话的对象相接近。

（4）购物直播类主持人的妆面可大胆些，在衣着方面可以前卫新潮一些，但是在这些时尚性的基础上更应给人以信任感，杜绝不踏实和浮夸的造型。

三、职业妆的上妆步骤

1. 妆前

检查自己的肌肤状态，湿润度是否合适。职业妆一般需要带妆一整天，所以妆前的保湿要做好，冬天或中性偏干的肌肤需要使用具有保湿性的妆前产品，夏天或油性肌肤可以使用控油型妆前。

2. 粉底

粉底建议全脸使用，用量比日常妆多一些。冬天或中性偏干的肌肤可以使用粉底霜或精华类粉底液，夏天或油性肌肤可以使用控油持妆类粉底。这里需要注意的是，妆前和粉底的搭配可以在功能上进行结合，例如，在夏季混合性的皮肤，使用控油型妆前后再使用控油型粉底就会容易拔干，这时不妨搭配薄涂的保湿妆前，会减少肌肤后期拔干的可能性。

3. 眉毛

标准眉更适合职业妆，既不会有一字眉的甜美可爱，也不会有高挑眉的盛气凌人。眉色不宜过重，眉形边界适中。

4. 眼妆

职业妆眼妆的浓淡要根据不同职业的特点决定，一般来说要浓于日常妆，建议选择带微珠光的眼妆产品，新手首选大地色系。眼线选用持妆久的黑色或深棕色眼线液笔，眼尾不宜过长过挑。除了上镜职业妆可以选用自然型假睫毛外，其他职业妆不适用过浓密的睫毛。

5. 修容

职业妆修容可以选用大斜式腮红，凸显职业干练性。高光首选哑光高光，尤其是夏天或偏油性肌肤，阴影适当修饰内部轮廓。

6. 唇妆

职业唇妆忌过于闪亮、过于浓艳、过于夸张，以自然、清爽为宜。

7. 定妆

定妆能延长妆效时间，全妆完成后再定妆可增加妆面的哑光感。蜜粉可用粉扑或刷具，上完蜜粉再用余粉刷把多余散粉末扫掉，才能定妆均匀更久。蜜粉和粉饼的颜色选择不要与妆后肤色差别太大。

四、职业妆的发型

深色西装白色衬衫西装套装，搭配低丸子头盘发发型，是职场中最常见的女性职业发型之一，空乘人员、护士、银行工作人员等职场发型的盘发都类似于这一款。男士职场发型要求不多，但一定要看起来干净、整洁、清爽，最好前不遮额，简短清爽，棱角分明。

五、职业妆的服饰搭配

1. 女士

女士要仪表端庄，不留怪发型、染怪发色，可选择常规颜色，如黑色、棕色等。着装上，如果喜欢裙子，可选择商务连衣裙、西服套裙等。

上衣：合身西装，职业风衬衫为佳，忌低领口

下装：裤子不拖地，裙子长度在膝盖上方一点为宜，禁止穿超短裤、裙系列

袖子：不穿吊带、无袖，必须遮腋下

颜色：商务色为主（黑/白/蓝/灰）

鞋子：不要穿运动鞋、拖鞋，不可露脚趾

头发：禁止染妖娆妩媚的“女团发色”

2. 男士

男士西服外套的袖口不宜过长，衬衫露出几厘米也是可以的，切记一定要把衬衣袖口的扣子扣好，衬衣和西装也一定要合身，否则松松垮垮，显得没有精神。

外套：合身西装、浅颜色且纯色衬衫

裤子：深色系合身西装裤，颜色与上衣外套统一

鞋袜：干净皮鞋为佳，深色袜子

颜色：商务色为主（黑/白/蓝/灰）

饰品：手表、公文包等

第四节　聚会妆

学习目标

理论目标：了解聚会妆的特点

实践目标：能够根据不同的聚会主题为自己设计一款聚会妆

学习内容

随着新时代的发展、经济水平的提高，人们的消费观念已经转化，现在越来越多的年轻人喜欢派对这样的聚会形式，但是单一简单的派对让人觉得乏味，所以现在就有很多人追求那些有点小节目、新颖创意的主题派对。而这需要我们在妆容上用心设计，当下比较常见的主题有：国潮主题、百乐门主题、万圣节主题、假面舞会等。

一、聚会妆面部妆容特征及注意事项

聚会妆根据不同的聚会主题，有着千变万化的妆容特征，而妆面造型及着装的核心要求是符合主题设计。另外主题聚会妆妆面夸张，整体妆面应与环境色彩相映衬，并充分考

虑灯光的作用。主题聚会中特定的环境和气氛是由派对舞美和灯光所创造的，灯光的不同角度、不同明暗和不同的色光对聚会妆化妆色彩明暗产生极大的影响。光色和物色色相相同的物体会使色彩变得鲜艳漂亮，光色和物色色相为互补色时，物体的颜色会变得灰暗。比如，绿色的背景就避免用蓝色系，蓝色的背景就避免用紫色系，派对灯光丰富绚丽，妆面就要明亮浓重一些（见图 5-6）。

图 5-6　女聚会妆

二、聚会妆上妆步骤

1. 妆前

检查自己的肌肤状态，湿润度是否合适。聚会时间一般是夜晚，可以从妆前开始塑造妆面闪亮程度。建议选择带提亮功效的妆前产品涂抹在 T 区、眼下三角区的位置。其他部位选择保湿功效的妆前产品（如果需要叠涂，应先使用保湿妆前，再使用提亮妆前）。

2. 粉底

可使用膏状粉底打造底妆，粉底膏的质地滋润、厚重，适合打造无瑕妆容，让肌肤看起来更饱满、水润，一般用于夜晚的聚会妆、晚宴妆或舞台妆。粉底膏可用海绵类的工具上妆，海绵类的上妆工具不宜用于滋润型涂粉底等水分比较多的底妆商品，因为它会抽走水分。粉底膏用海绵扑的话，便会很适合，它能够让粉底膏做到贴服的效果。把粉底膏轻按在脸部，再渐渐地扑开即可，毛孔粗大的地方，可以逆着皮肤生长方向涂抹几次，会有缩小毛孔，面部底妆看上去贴服又有一定的遮瑕力。

3. 眉毛

一般情况下，聚会妆应该适当延长眉尾或加粗眉腰，眉色比日常妆要深一些，强调眉峰和眉毛轮廓，勾勒比较清晰的眉尾。眉毛轮廓可以借助结构刷（小扁刷）和遮瑕来完成：用结构刷蘸取与粉底色相近的遮瑕，沿眉底线描画，可以勾勒出清晰的眉底线，遮瑕要与肌肤融为一体。如果是旗袍装等复古主题的聚会，眉毛应该选择细长的柳叶眉。

4. 眼妆

眼妆是聚会妆容的重点，在设计眼妆的时候要注意以下几个事项。

（1）选择带珠光的眼影来放大眼睛。

（2）眼窝打底范围要扩大，眼影要有颜色的渐变，表现色要与聚会的光线环境相匹配。

（3）要画出眼影结构使眼睛更立体，渐变式画法和截断式画法都是不错的选择，当然眼影颜色与画法的选择主要还是看聚会的主题，如果是国潮主题，就不适合截断式的欧美妆效。

（4）眼线使用眼线胶笔描画内眼线，不要有留白现象；用眼线液笔描画外眼线，与眼影相融，延长眼尾。

（5）使用双眼皮贴可以放大眼睛：有双眼皮印子的假双，可以先贴一副硬梗的假睫毛，然后在双眼皮的下方贴橄榄形双眼皮贴；内双可以在双眼皮褶皱线上固定好外眼角一端，再往内眼角一端拉紧；扇形内双（内眼角窄，外眼角宽）把双眼皮贴贴在褶皱线的中间，平行贴会使双眼皮更自然；单眼皮在距离睫毛根部 1~2mm 的位置，水平贴一副橄榄形双眼皮贴，之后贴一副硬梗假睫毛，会撑出一条双眼皮印子，最后在印子下方贴上较宽的蕾丝双眼皮贴。

（6）眼妆最后可以选一副合适的假睫毛，只加深眼尾可以选单簇的，要调整眼型选硬梗的。假睫毛要与自己的睫毛相融，不要出现分层的情况。

5. 修容

腮红、高光和修容同样也是不可少的，可适当加深轮廓修饰，虽然白天看比较夸张，但是在夜晚的灯光下会柔和很多，并让脸部看起来更加立体。

6. 唇妆

无论用什么产品打造唇妆，一定要将唇部填满，使双唇看起来更加立体，尽量不要画咬唇妆，晚上妆效不好。

7. 定妆

定妆能延长妆效时间，聚会妆可以选择微珠光的定妆产品，让整个面容看起来更饱满。

三、聚会妆发型搭配

聚会妆发型要与服饰和妆容相搭配，最常用到的是披发，适合发质较好的女士。如果需要将头发盘起来，最常见的发型有如下。

1. 低丸子头

（1）先留出前面（头发多的一边）一缕头发；

（2）剩下的头发在后面扭成丸子头用发圈固定住；

（3）前面的头发分成两股，相互缠绕，注意要扯松一点；

（4）将两股编发绕到丸子头上，用一只卡子固定；

（5）最后把紧贴头皮的头发扯松一些，会使发量看上去更饱满。

2. 半扎高马尾

（1）先在头顶取一小簇头发，扎一个比较松的马尾，并从外往里翻；

（2）剩下的头发横分成两部分，中间那部分扎成一个马尾，穿过头顶的小马尾；

（3）拉紧头顶的马尾；

（4）最后把紧贴头皮的头发扯松。

第五节　晚宴妆

学习目标

理论目标：了解晚宴妆的特点

实践目标：为自己设计一款晚宴妆

学习内容

晚宴是因习俗或社交礼仪需要而举行的宴饮聚会。又称燕会、筵宴、酒会，是社交与饮食结合的一种形式。人们通过宴会，不仅获得饮食艺术的享受，而且可增进人际交往。中国宴会较早的文字记载，见于《周易·需》中的“饮食宴乐”。随着菜肴品种不断丰富，宴饮形式向多样化发展，宴会名目也越来越多。历代有名的宴会有乡饮酒礼、百官宴、大婚宴、千叟宴、定鼎宴等。如今宴会已有多种形式，通常按规格分，有国宴、家宴、便宴、冷餐会、招待会等；按习俗分，有婚宴、寿宴、接风宴、饯别宴等。这一节晚宴妆主要是指因商务需求而设的晚宴妆容。

一、晚宴妆面部妆容特征

晚宴妆适用于夜晚的正式社交场合，一般有较强的灯光相配合，凸显华丽鲜明，妆色浓重，色彩搭配丰富，明暗对比强烈，五官描画可适当夸张，对面部凹凸结构进行适当调整。妆面设计可扬长避短，掩盖和矫正面部的不足。晚宴妆妆面，虽色彩丰富，但不可过于繁杂，妆色与服饰、发型及晚宴妆的主题要协调一致。相对于通常的派对妆，晚宴彩妆保留原有本来面目，强调优雅大方的气质（见图 5–7）。

图 5–7　女晚宴妆

二、晚宴妆上妆步骤

1. 妆前

检查自己的肌肤状态，湿润度是否合适。晚宴的时间是夜晚，非自然光光源，妆前可使用带提亮功效的妆前产品提亮T区、眼下三角区（毛孔粗大者不适用），为塑造面部立体感做准备。

2. 粉底

使用亮一号色的粉底膏打底内部轮廓，暗一色号的粉底膏打底外部轮廓，因为粉底膏偏厚重，所以要特别注意发际线边缘的粉底晕染。如果眉色过深，也可使用粉底膏适量遮盖。粉底膏要与肤色相融合，避免假面造成的尴尬。底妆重点打造轻盈自然的美感。

3. 眉毛

晚宴妆的整体要求是五官立体，所以眉毛可以选用眉峰略高于标准眉、边界清晰的挑眉。眉毛的形状可能会难倒大多数人，因为人的眉毛形状是天生的，在不过分修剪（如把整个眉尾都剃掉）的情况下，是比较难修改原有眉形的。这时我们可以借助两个小工具来完成眉形的修改，一个是聚会妆中提到的遮瑕，另一个是利用假睫毛的胶水。遮瑕可以在小范围内遮盖原有眉形，假睫毛胶水可以把超出设定眉形边界的眉毛黏贴在新眉形内。这种改形的方法由于痕迹较重，不适用于日常妆或职业妆等淡妆。

4. 眼妆

眼妆是晚宴面妆的重点，与聚会妆不同的是，聚会妆的眼影颜色选择多样，而晚宴妆一般以大地色系或金色系的微珠光为主，凸显端庄高雅的气质。正式的晚宴妆不适用太过跳跃的颜色和大面积的大亮片晕染。眼线不宜过挑，可平拉至眼尾沟，或超出一点，都是看上去自然、舒展的眼线。睫毛多使用自然型假睫毛。眼妆可着重晕染外眼角，提亮黑眼珠上方，小面积晕染内眼角，眼妆不适宜过分艳丽炫目，用层次打造出眼妆立体感即可。

5. 修容

晚宴妆多以冷艳的色调衬托气质，腮红颜色的选择以浅色系为佳，不宜选海鸥线、眼下腮红等特殊腮红手法，可以从两侧向面中晕染。高光和修容可适当加深轮廓修饰，高光重点修饰妆容的主视觉部分（T字部位、苹果肌）阴影修饰发际线和外部轮廓，让脸部看起来更加立体。

6. 唇妆

桃红色系和玫红色系的口红，可以让皮肤在夜晚看起来更有光泽。带蓝色的唇彩和裸色系不建议使用。

7. 定妆

选择和妆后肤色深浅相同的定妆产品，预防假白现象。

【知识拓展】

宴请是国际公务交往中最常见的交际活动形式之一。各国宴请都有自己国家或民族的特点与习惯。国际上常用的宴请形式有宴会、招待会、茶话会、工作进餐等。

1. 宴会：宴会是较为隆重的正餐，可分别在早晨、中午、晚上举行，以晚宴最为隆重。

2. 国宴：国宴是国家元首或政府首脑为国家的庆典或为欢迎外国元首、政府首脑来访而举行的规格最高的宴会。宴会厅悬挂国旗，安排乐队奏国歌及席间乐，席间有致辞、祝酒。

3. 正式宴会：正式宴会安排与国宴大致相同，但不挂国旗、不奏国歌，宴席的规格也不同。宾主均按餐桌上写有姓名的席卡入座。正式宴会讲究排场，它对来宾、服务员的服饰、仪容、仪表、仪态，以及餐具、酒水和菜肴的数量，均有一定的要求。

4. 便宴：即非正式宴会。这种宴会形式简单，可不排席位，不安排正式讲话，菜肴数量可酌减。西方人的午餐有时不上汤，不上烈性酒。便宴较随便、亲切，宜用于日常友好交往。

5. 家宴：即在家中设便宴招待客人。西方人喜欢采用这种形式，以示亲切友好。家宴往往由主妇亲自下厨烹调，家人共同招待。

6. 招待会：招待会是指各种不备正餐、较为灵活的宴请形式，备有食品、酒水、饮料。通常不排席位，可以自由活动。

7. 冷餐会：这种宴请形式可在室内外举行，参加者可坐可立，并可自由活动。菜肴以冷食为主，酒和菜均可自取，亦可请服务员端送。

8. 酒会：它以酒水招待为主，略备小吃，不设座椅，以便客人随意走动，自由交往。酒会举行的时间较为灵活，上午、下午、晚上均可。客人到达和退席时间不受限制。近年国际上举办大型活动采用酒会的形式渐趋普遍。

9. 茶话会：茶话会是一种更为简单的招待方式，它一般在客厅举行，不排座位，请客人一边品茶一边交谈。

10. 工作进餐：工作进餐是现代国际交往中经常采用的一种非正式宴请形式，它不请配偶，只请与工作有关的人员，利用进餐时间，边吃边谈问题。宴请采用何种形式，主要取决于惯例。通常正式的、高级别的、小范围的以举行宴会为宜，人数多时采用冷餐会或酒会，女士聚会多采用茶话会形式。

第六节　男士妆容

学习目标

理论目标：了解男士妆容的特点

实践目标：掌握男士妆容的设计及上妆

学习内容

一个好的形象会为自身加分不少，爱美也从不是女士的专利。随着社会的不断发展，男士也越来越在乎自己的仪容仪表，希望自己在任何时刻和场合都看起来俊朗迷人，男士化妆是追求健康与活力的一种体现。

一、男士面部妆容特征

男士妆容相对女士妆容更为简单、简洁。步骤也相对女士妆容没有那么繁琐。女士讲究柔和美，男士讲究阳刚美。男士妆容追求轻薄自然的妆效，主要是凸显五官棱角的立体感，同时男士皮肤比女士更深色，毛孔也更加粗糙，所以不适合太白的粉底。不同于女士妆容，男士妆容中的发型在整个妆容中显得更为重要，一个好的发型决定着一个男士的形象气质（见图 5-8）。

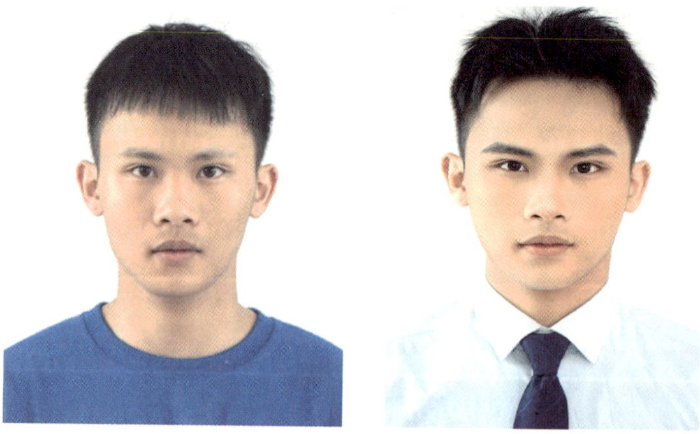

图 5-8　男士妆前妆后对比图

二、男士面部妆容上妆步骤

1. 妆前

男士油脂分泌旺盛，面部出油量大，所以肤质更显粗糙。妆前可以选择对毛孔具有一定修饰作用的妆前乳。在上妆时以逆毛孔的方向涂抹，可使粗大的毛孔得到有效的填充。如果在夏季出油量多，可以选择有一定控油效果的妆前乳，涂抹在平日容易出油的部位。

2. 粉底

男士追求的是一种清透自然的妆效，所以在上妆时要尽可能追求轻薄。在粉底的选择上，可以选择自然的粉底液。在色号选择上，尽量选择跟自己肤色相接近或是暗一个色号，尽可能减少妆感。在上妆手法上，选择美妆蛋或棉花糖粉扑，可以使得底妆更加自然。在上妆时应分区域上妆，将粉底液挤在手背或粉底盘上，铺开，少量多次以指腹蘸取，从面中往外均匀平铺，并用美妆蛋或棉花糖粉扑垂直拍开，在瑕疵较多但较轻处，可以少量叠加，以增强遮瑕力。

3. **遮瑕**

男士遮瑕可选择遮瑕液、遮瑕膏等产品。遮瑕的色号应与粉底液色号一致，避免分层。在上妆工具的准备上，可以准备指腹刷、扁头刷。需要注意的是，在遮瑕时应做到精准精简，注意范围的把控。在对黑眼圈进行处理时，可以将遮瑕少量地刷在眼下泛青处，但切记不要离下眼睑太近，然后用指腹刷，以点戳的方式晕开，边缘过渡自然。在对痘痘、痘印等色素沉积的瑕疵进行处理时，可以将遮瑕点涂在痘痘处，等待几秒后用指腹刷以点戳的方式晕开，同时将边缘过渡自然。在对泪沟法令纹进行处理时，使用扁头刷，用刷头侧面细的那部分少量蘸取遮瑕，在泪沟法令纹凹陷阴影处画一条线，用指腹刷垂直拍开，切忌晕染范围太大，而后将边缘过渡自然。

4. **眉毛**

男士眉毛一般来说较密，为了追求英气硬朗的感觉，可以适当突出眉峰，而为了弱化妆感，在画眉毛时不应太过强调眉尾，可以少画甚至不画。在眉笔的选择上，选择较细的眉笔，方便画出毛流感。在色号的选择上，可根据头发的颜色，选择灰色或黑色的眉笔。在画眉毛前，用眉轻扫一下眉毛，刷掉残留在上面的粉底、散粉。当眉毛形状比较完整，那画眉步骤主要是填补眉毛的空隙：顺着毛流的方向进行填充，在眉峰处适当强调。在上色结束后，用眉刷刷一下，将颜色晕染自然。

5. **眼影**

男士眼妆切忌颜色鲜艳、有大亮片以及往眼尾延伸的眼线。这些会让男士变得妖艳，在视觉上缺乏阳刚之气。男士眼妆不像女士眼妆一样，追求放大双眼，调整眼型的效果，更多是为了让脸部轮廓更加清晰，让双眼更加有神。

男士在眼影的选择上，应选择大地色系的眼影。用两个颜色即可完成眼影部分。分别是较浅的打底色，如灰棕色、浅棕色，可拿修容粉作为打底色。其次是加深色，可选择较深的棕色作为加深色。在上妆前，应准备三个刷子，扁头眼影刷、细节刷、晕染刷。在上妆时切记一定少量多次上眼。首先使用扁头眼影刷蘸取打底色，蘸取后抖掉多余的粉，从上眼皮底部下手，慢慢往上晕染。打底色的范围在整个眼窝。在上眼皮上完后，用刷子上的余粉扫在下眼睑处。然后用细节刷蘸取加深色，同样将刷子上多余的粉抖掉。上眼时，单眼皮应上在睫毛根部，双眼皮应上在上眼皮底部，同时向上晕染，晕染范围不超过双眼皮褶皱处。上眼皮处理完后，同样用刷子上的余粉轻扫在下眼眼尾处，范围不宜太大。最后再用晕染刷将眼影颜色与皮肤周围过渡自然，不要有明显分界。

6. **眼线**

男士在画眼线时切忌向眼尾延伸。在眼线笔的选择上可选择棕色的好上色的眼线胶笔。男士眼线以内眼线为主。在画内眼线时，可以用刷子的尾部或用手，将上眼皮扯开，从眼睛的三分之二处落笔，将眼线画在睫毛根部或眼睫毛靠近眼球的肉上，一点一点地进行填充。这样可以让眼睛更加有神。

7. 修容

男士妆容轮廓极为重要，而轮廓分为内轮廓和外轮廓。高光阴影可以让男士的轮廓更加清晰。也可以适当地改善一些面部不完美的地方，如脸大、塌鼻梁、发际线高、颧骨高、下颌线不明显等。

（1）阴影

一般的阴影分鼻影和侧影。在画阴影前，需要准备两把刷子，分别是小的鼻影刷和大的侧影刷。在阴影产品的选择上，可以选择偏灰棕调的阴影粉、阴影液（一般用在定妆前）。这里以使用阴影粉为例。

在上鼻影时，先用鼻影刷蘸取阴影粉，蘸取后抖掉多余的粉，少量多次上在需要打鼻影的地方。第一笔落在眼头、眉峰、山根所形成的三角区上，然后将刷子先往上眼皮眉毛下沿带，然后再往鼻子的侧面带，一直带到鼻头侧面。而后从鼻子外侧往内侧轻扫，使得阴影过渡自然。如果觉得颜色不够深，可再次重复上述动作，直到阴影颜色自然。

上侧影时，我们先用侧影刷蘸取阴影粉，抖掉多余的粉后少量多次上在需要打侧影的地方。第一笔落在我们下颌线最突出的地方，而后沿着下颌线往下巴带，然后往脸颊晕染，晕染范围不超过嘴角与外眼角的连线。若颧骨比较突出，可以再蘸取一些，以同样的手法上妆。在处理发际线的阴影时，我们需贴着发际线轻扫。

（2）高光

在上高光前，需要准备一个高光刷，尽量选择刷毛比较密实的刷子，方便我们上脸。在高光产品的选择上，男士妆容需选择哑光高光进行提亮。分为高光粉和高光液（需在定妆前使用），这里以高光粉为例。在上高光时，我们先用高光刷蘸取适量高光粉，将化妆刷上多余的粉抖掉。第一笔落在山根处，往鼻头方向带；第二笔落在鼻头处，往山根方向带；最后将高光两边与皮肤过渡自然。

8. 唇妆

男士的唇妆不宜太过鲜艳。在口红的选择上可以选择较浅的豆沙色或土橘色。在质地的选择上，应选择哑光的唇膏或唇釉。不宜选择水光、玻璃等妆效的口红。在上唇妆时，可以先少量地点涂在嘴唇上，用手指或唇刷往周围晕开，边缘过渡自然。

9. 定妆

在选择定妆产品上，可以使用含有成膜剂的定妆喷雾或透明无色的散粉。以定妆喷雾为优，可以使妆面融合，妆效更加自然。使用定妆喷雾，可在粉底后使用一次以及在全妆完成后使用一次。定妆喷雾在使用时，应距离脸部 15cm 左右，以在空中画十字的手法喷出，确保喷雾能均匀地落在脸上。在使用散粉时，可以选择粉扑或散粉刷进行上脸。使用粉扑时，在蘸取散粉后，需将粉扑对折揉搓，再以轻拍的方式上脸，切忌以蹭的方式上脸，会蹭掉、蹭花脸上的粉底遮瑕。在使用散粉刷时，应在取粉后，以打圈的方式在散粉盖或手上均匀刷中的散粉。可在易出油的部位少量叠加，以追求更好的控油效果。

三、男士发型

男士在正式场合不宜留过长的长发，或过短的光头。在发型的选择上，应尽可能地露出额头，显得人会更加有精气神。同时需保持头发整洁，没有头皮屑、没有白发等。在以上基础上，再对自身条件进行适当的修改。如发际线高不宜留背头，M 字额不宜露出等。

男士发型按头发长度可以分为短、中、长三种处理方式。短发发型有：前刺、子弹头、寸头等。中发发型有：大背头、偏分头、飞机头、中分等。长发发型有：长发背头、脏辫等。男士头发造型首先要修剪一个合适的有发挥空间的基础发型，而后在此基础上进行造型。以下介绍三种常见的发型整理。

（1）短发前刺

短发前刺这个发型露出了额头，会给人以阳光精神的印象，同时也对发际线有一定的修饰作用。短发前刺的基础发型是要两侧渐变修剪，剪出弧度，头顶 A 字形修剪。准备好基础发型后，进入造型部分：需要准备塑形发蜡、干胶，然后把洗净的头发吹干吹蓬松，之后取适量发蜡在手心手指揉搓均匀，在头顶抓出大致形状，之后再对细节进行整理，满意后喷干胶定型即可（见图 5-9）。

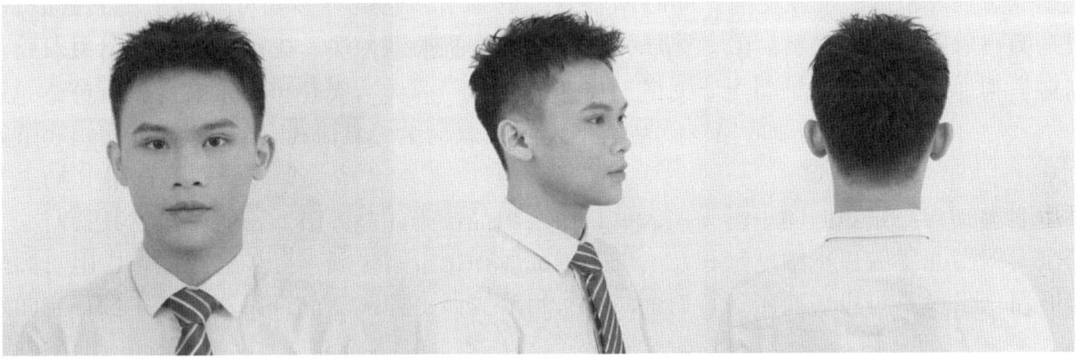

图 5-9　短发前刺

（2）中发大背头

大背头给人的感觉通常来说比较成熟，它更适合在一些严肃正式的场合使用，大背头分为全背、侧背。在这里主要讲解全背的造型方法。全背造型需要将头顶的头发预留足够的长度，两鬓的头发可根据个人情况选择少留或不留。准备好基础发型后，进入造型部分：需准备塑形发蜡（还可以选择啫喱膏、发油等，不同的造型产品出来的效果不同）、干胶。造型方法为：洗净头发后，向后吹干吹蓬松，然后使用发蜡向后抓，抓出背头的形状之后再对细节进行整理，满意后用干胶定型（见图 5-10）。

（3）中发偏分

男士常用的偏分发型可分为三七分、四六分，其中三七分更加适合大部分人。在准备基础发型的时候，需要保证头顶、刘海的头发有足够的长度，刘海的长度可以适当超过眉毛，两鬓的头发可以按照自身条件选择留或不留。在做造型前需要准备小夹板、塑形发

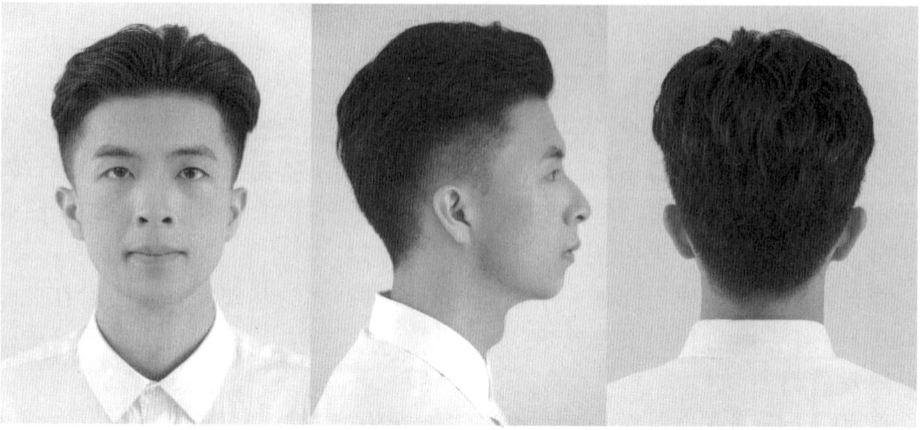

图 5-10　中发大背头

蜡、干胶。造型方法为：头发洗净后，以黑眼球向上分出一条三七分的线，然后将头发吹干吹蓬松，可在分界线处着重吹一下定型，然后用小夹板将头顶的头发夹出纹理，刘海处用夹板夹出内扣的形状，大致形状出来后，取适量发蜡上头做第一次定型，可以用手指将发蜡揉搓在发根处，加强支撑，同时调整发型的细节，卷度不够处可以再用小夹板处理。发型满意后，用干胶定型，在定型时可以将头发轻轻抓起，对一些容易塌的部位用发胶对发根再加强一下支撑（见图 5-11）。

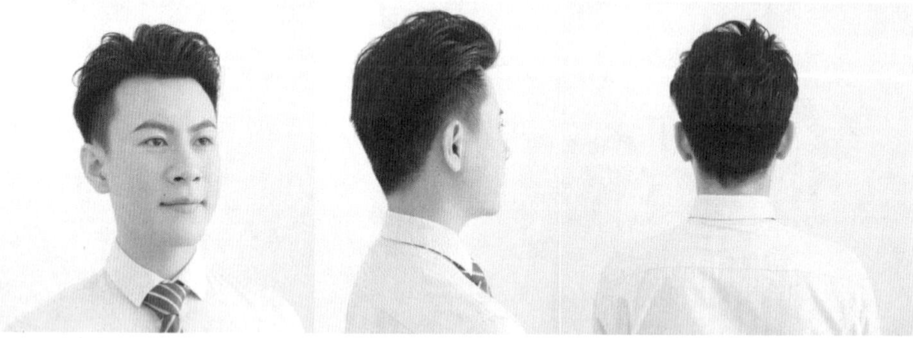

图 5-11　中发偏分

【知识拓展】

化妆上岗与淡妆上岗

化妆与化淡妆，其实是并不完全重合的两个概念。倘若对此不加深究，仅仅要求商务人员只要化妆就行，其后果有时会让人大吃一惊。

通常化妆有职业妆、社交妆、舞会妆、少女妆、主妇妆、结婚妆等多种形式，它们在浓淡的程度和化妆品的选择使用方面，都有一定的差异。要求职场人员在工作岗位上化淡妆，实际上就是限定在工作岗位上不仅要化妆，而且只宜选择工作妆这一化妆的具体形式。因此，有人将这一规定简洁地叫作“淡妆上岗”。

职场化妆礼仪要求化妆后的效果必须是简约、清丽、素雅，具有鲜明的立体感。它既要给人以深刻的印象，又不容许显得脂粉气十足。总的来说，就是要清淡而又传神。

男士所画的工作妆，一般包括美发定型、清洁面部与手部，并使用护肤品进行保护、使用香水等几项内容。

女士所画的工作妆，在淡妆基础上，还要略施粉黛、淡扫蛾眉、轻点红唇，恰到好处地强化可以充分展现女性光彩与魅力的面颊、眉眼与唇部。

【思考与练习】

1. 简述聚会妆与晚宴妆的异同。
2. 单眼皮怎么贴双眼皮贴？
3. 为自己进行整体妆容的搭配与练习。

第六章　服饰与配饰

服饰与配饰：服饰学是一门深奥的学问，在形象美学风靡的今天，我们逐渐领悟到：通过服饰与配饰可以定位自己的风格，彰显自己的审美品位。这一章节主要基于搭配的基本知识，讲述服饰穿搭的基本技巧以及配饰的选择。

小故事1：

女性西装的诞生

西装有个名字叫“power suits”，权力套装。仿佛穿着西装就拥有了权力。在17世纪，它诞生之初，只有男性才可以穿它。而女性穿上西装的历史比男性晚了200多年，也比男性西装的历史复杂得多。

1885年之前，女性用着非常反人类的束腰，穿着不便行动的裙撑，“优雅”得很艰难。直到威尔士公主为了在游艇上活动得更自由，英国裁缝约翰·雷德费（John Redfern）才以上流社会男士西装为灵感，为她设计了一件修身的女士游艇夹克，此后便在贵族圈流行了起来。这也成为了女士西装的前身。

直到1914年，倡导女权主义的可可·香奈儿（Coco Chanel），摒弃了“女性应该穿裙子”的旧观念，从男士开衫夹中得到灵感，叛逆地放松腰部束缚，增加硬朗的线条感，设计出粗花呢套装（tweed suit）。就这样，第一套女士西装的雏形诞生了。

香奈儿说：我（的套装）给了女性真正的手臂和腿、真实的动作，（给了女性）笑和吃东西的可能性。

1932年，法国设计师马塞尔·罗哈斯（Marcel Rochas）效仿香奈儿，将女性穿西装和裤子的愿望推进了一步，两者结合，创造了裤装。而裤装的诞生，也象征着女性渴望独立。20世纪30年代的美国，有了第一位女性内阁成员、第一位女性铸币局局长、第一位女性大使和第一位女性上诉法院法官。在大萧条时期，尽管面临社会指责——抢走了男性的工作，还是有22%的女性进入了劳动力市场。所以同期，女性对于裤装的需求也日益增大。20世纪40年代，由于第二次世界大战的原因，“胜利”套装成为一种流行趋势。女性开始混搭西装、裙子、衬衫、裤子和帽子。女性的西装慢慢从功能性装束，转变成了一种时尚潮流穿搭。

这也标志着，女性西装在女性大几十年的努力下，渐渐走出了亚文化圈。

小故事2：

小刘和几个外国朋友相约周末一起聚会娱乐，为了表示对朋友的尊重。星期天一大早，小刘就西装革履地打扮好，对着镜子，摆正漂亮的领结，前去赴约。北京的8月，天气酷热，他们来到一家酒店就餐，边吃边聊，大家好不开心快乐！可是不一会儿，小刘已是汗流浃背，不住地用手帕擦汗。饭后，大家到娱乐厅打保龄球，在球场上，小刘不断为朋友鼓掌叫好，在朋友的强烈要求下，小刘勉强站起来整理好服装，拿起球做好投球准备。当他摆好姿势用力把球投出去时，只听到“嚓”的一声，上衣的袖子扯开了一个大口子，弄得小刘十分尴尬。

小故事3：

海南航空奉行“诚信，业绩，创新”的企业管理理念，自2010年1月起，海南航空公司已完全启用第五代空乘人员制服。海航第五代制服再次惊艳世人，这一套制服是由国际知名设计师劳伦斯·许担当设计，融合了前四代海航制服中多种经典元素。包括“海航灰”、前三代民族服饰中的经典造型、配色、配饰，既融入了传统风格，又糅入了时尚元素，成为新一代的经典制服。新制服的设计灵感来自海南航空“大鹏金翅鸟”标志元素的结构和应用。颜色主要由稳重的深蓝色和大气的灰白色组成，诠释了海南航空无限的发展空间和丰富的企业内涵，展示了海航员工的创业激情、积极进取、精力充沛的精神面貌。

海南航空一直重视民族文化在空乘专业服装与企业文化关系中的应用。颜色延续了四代“海航灰”的经典，高光灰色背景和高档羊绒真丝面料，更具国际品位。这一系列制服拥有中西结合的特点：旗袍的优雅长袍和披肩夹克，西装枪领的双排扣夹克，将中华民族的服饰文化的精致演绎得淋漓尽致。该系列采用西式垂褶设计，确保穿着者的舒适感，满足制服的功能要求。与此同时，许多东方设计语言也被添加到剪裁中。柔滑自然，柔软圆润的曲线用于制服系列的领口、裙子和下摆，其制服的每个细节都在展现东方女人无限的温柔。此外，强烈的中国风格与此系列中的图形元素密不可分。此系列制服是中国空乘制服历史上的又一个里程碑。

标准化的服装和专业形象与巧妙高效的服务效率相融合，温暖的笑容和高贵典雅的气质相辅相成。空乘人员会自觉地认同航空公司企业文化，实现外在形象、行为和内在气质的完美结合。在工作中，个人信心和文化信心自然会传递给每个客户，成为传播民族文化的名片。

为什么航空公司如此重视员工的制服呢？因为它代表了航空公司的企业形象，代表了航空公司的软竞争力。看似狭小的飞机座位空间和不算太长的飞行旅程，时刻上演着制服、空乘、客舱服务等细节的较量大戏，让自己成为乘客永远的首选，是航空公司在这场较量中重要的出发点。当然，航空公司空乘人员靓丽的外表不仅体现在服饰上，更体现在内在涵养、仪容仪表、举止仪态等诸多方面，包含着很多不为人知的功夫和学问。

第一节　服饰搭配的基本常识

学习目标

理论目标：了解不同身形的基本特点和服饰色彩的基本原理

实践目标：找出自己身形的优缺点，构思自己的服饰搭配

学习内容

服饰是人们审美的一个重要方面，服饰的大方和整洁有一种无形的魅力，它能反映一个人各方面的素养。人们初次见面开口说话之前，往往先从服饰来判断对方的地位、品位和气质。“服饰等于您的名片，等于您的徽章”这句话虽有夸大的成分，但足见服饰是否高雅大方，往往关系到社交活动的成功与否。因此，在社交场合，一个人穿戴什么样的服饰，直接关系到别人对他个人形象的评价。正如意大利著名影星索菲亚·罗兰所说：“你的服装往往表明你是哪一类人物，它们代表着你的个性。一个和你会面的人往往自觉不自觉地根据你的衣着来判断你的为人。”大文豪莎士比亚则进一步强调：“服饰往往可以表现人格。”

服饰是一种文化、一种“语言”，是影响人际交往中“首因效应”的重要因素之一。在节奏如此之快的今天，人际交往常常没有时间进行心与心的交流，第一面就决定了彼此是否有继续深入交往的可能。衣着往往是最为重要的一环。它能透露出一个人的生活水平、身份、地位、品位，甚至是性格和爱好。

任何一种服饰都在一定程度上体现着社会的精神风貌，反映着社会的等级差异与角色分工的不同，同时也充当着礼仪的工具。服饰能够反映一个人的社会生活和文化素养，得体的服饰能使人具有一种无形的魅力。在职场上，人们首先考虑的是服饰的社会性作用，而把装饰性作用放在第二位来考虑。早在20世纪70年代美国洛杉矶大学的心理学教授马瑞比恩博士就得出结论：我们每个人互相之间给对方留下的印象有55%取决于我们的外表，38%取决于我们的声音，7%才是谈话的实际内容和背景资料，这是几乎不以个人意志为转移的，不论你认为这样是否合理，事实就是如此——再也没有比让别人记住你的衣服从而记住你更好的方法了。可见，服饰搭配在我们日常生活中是多么的重要。

一、服装的款式及造型

服装的款式及造型是设计师构思的一个重要方面，理解服装款式及造型有助于空乘人员对穿着打扮的把握。

1. X形

X形是指服装外形上下部分显得宽松夸大，中间腰围紧身的X字造型。X形能充分展示女性优雅、柔美、舒展的曲线轮廓，展现出女性特有的魅力。因此，X形服装深受广大女性的喜爱，尤其是身材匀称者。

2. V形

V形通过加宽肩部的造型，使外形整体向上、向两侧伸展，并收缩下身宽度，外形呈现V字造型。与X形服装相比，V形服装更带有男子的阳刚之气，多了一份坚定与自信。V形服装加宽了肩部，因此视觉上使人有上升的感觉，尤其适合男性乘务员或者身材矮小者。

3. H形

H形肩宽和三围（胸围、腰围、臀围）以及下摆基本一致，整个外形线条挺括，呈现

H 字母形。H 形服装由于腰围放松，因此穿着舒适自由，适合日常休闲生活装扮。H 形服饰具有掩饰腰围、臀围的功能，适合身材略胖者穿着。

4. A 形

A 形一般是收缩肩部，夸大下围的宽度，整体造型上小下大。A 形服饰容易给人线条优美、明快活泼的感觉，特别能体现青年女性的青春和朝气。A 形服饰具有遮掩臀部、腿部的功能，尤其适合下身较肥胖者穿着。

二、服饰的色彩

1. 色彩的基础知识

色彩是因各种性质不同的物体吸收和反射光亮程度的不同，从而呈现出复杂多变的视觉效果的现象。色彩是造型艺术的重要元素之一，了解色彩的常识是提高造型打扮素养的基础。

色彩具有色相、明度、纯度三方面的属性，一般被称为色彩的三要素，它们反映出色彩的基本面貌。色相是一种色彩区别于另一种色彩的主要依据和表象特征。色相是由光的波长决定的，如常见光谱中的红、橙、黄、绿、青、蓝、紫等。

明度是指色彩的明暗程度，是色彩层次感的基础。物体受光量越大、反射光越多，物体色彩就浅，反之则深。一种色彩含白色越多，明度就越高；相反，含黑色越多，明度就越低（见图 6-1）。

图 6-1　色彩明度

纯度是指色彩波长的单位程度，也可称之为色彩的彩度、饱和度、鲜艳度等，其定义简单来说就是色彩的纯净程度。色彩纯净度越高，则色彩越纯；相反，色彩纯净度越低，则越浑浊。一般来说，纯度越高的颜色，越有凸显、跳跃的视觉效果（见图 6-2）。

2. 色彩的象征意义及视觉心理

色彩象征是东西方各民族运用色彩的主要精神内容和依据。服饰的色彩在不同时期可以折射出某一民族特有的文化、历史、政治、经济等社会风貌，具有强烈的时代特征和社会意义。

中国是运用色彩象征较早的国家，早在春秋战国时期，就有了在五行基础上发展衍生

图 6-2　色彩纯度

出来的五色、五方、四神、四季等。中国人把自然界相生相克的现象、季节的变化、五行的方位的色彩、守护四季的神都融入了服装颜色的选择，尤其是帝王的服饰色彩都纳入了天人合一的哲学思想。

西方的色彩象征主要源于古埃及，后来在以基督教为主的欧洲文明中得到发展。西方的许多民族继承了原始时代对太阳的崇拜，他们崇尚白色，因为白色代表神圣；金色和黄色是太阳光辉色彩的象征；绿色则代表着生命和永恒。

3. 服装配色的基本原则

色彩对服装造型的整体感受有着先入为主的效果，所以应特别重视服装色彩的选择和搭配。我们把色彩搭配主要归纳为以下几种情况。

（1）同类色搭配

同类色也称为类似色，主要指的是在同一色相中不同颜色的变化。如红色中有紫红好、深红、玫瑰红、大红、朱红、橘红等种类，黄色中有深黄、土黄、中黄、橘黄、淡黄、柠檬黄等区别。同类色色调统一和谐，又有微妙的变化，给人稳重、成熟的印象，但容易显得单调，一般职业人士多选择此类搭配。

无色彩是以黑白灰组成的色系。黑色给人神秘高贵的感觉，在正式场合穿着黑色正装或者套装能凸显气质和风度。白色给人纯洁、优雅、浪漫的效果，适合年轻女性穿着。灰色兼有黑色和白色二者的优点，显得沉稳、庄重、温文尔雅。

（2）邻近色搭配

邻近色是指色环上任一颜色与其相邻的颜色。比如黄色，分别掺入适量的红色和橘色，就形成橘黄色和橘红色，橘黄色和橘红色就属于邻近色。其他如黄色与绿色、绿色与青色、青色与紫色都属于邻近色。由于是相邻的色系，视觉反差较小，因此，类似色搭配效果柔和，没有极强烈的对比，极易搭配并给人协调安定的感觉。

（3）对比色搭配

对比色是指在色环上画直径，正好相对（即距离最远）的两种颜色，如红与绿、蓝与橙、紫与黄等。在运用对比色搭配时，色彩面积的大小直接影响色调倾向，可采取大面积冷（暖）色与小面积暖（冷）色进行组合。例如，深蓝色外衣搭配棕红色围巾，就形成以蓝色为主调的冷暖对比搭配。对比色的搭配显得活泼、动感、个性十足。

（4）主色调搭配

在多种色彩的搭配中，关键要抓住主色调，运用统一、协调的原则，使不同色彩组合在一个整体中。搭配时先选择一个或几个面积较大的颜色，然后适当搭配小面积的颜色进行调和、点缀，这样既能突出重点又显得丰富多彩。主色调是服装搭配色彩外观的重要特征，不同的色调会给人完全不同的视觉感受。

①红色：波长最长，穿透力强，感知度高，诱目性强，刺激作用大，能影响到人的心理和生理变化，强烈的红色能给人心理带来巨大的冲击。红色历来是我国传统的喜庆色彩，象征着吉祥。它易使人联想起太阳、火、血、热情、花卉等，令人感觉温暖、兴奋、活泼、热情、积极、希望、忠诚、健康、充实、饱满、幸福、长寿、吉祥，但有时也被认为是原始、暴虐、危险、嫉妒的象征。偏紫色的红给人的感觉是庄严、稳重而又热情的，常用于迎接贵宾的环境场合。含白的高明度粉红色，则有柔美、甜蜜、梦幻、愉快、幸福、温雅的感觉，多用于和女性相关的色彩。

②黄色：是所有色相中明度最高的色彩，它的视认性很高，注目性高，比较温和。象征着欢乐、富有和光荣。黄色给人轻快、透明、活泼、光明、辉煌、健康、明朗、快活、自信、希望、高贵、警惕、注意等感觉。由于黄色极易被人发现和识别，故常常作为安全色被使用，如室外作业者的工作服以及交通标志的颜色设计。

③橙色：具有红与黄之间的色彩属性，刺激作用虽没有红色大，但它的视认性、注目性也很高，既有红色的热情又有黄色的光明、活泼的性格，是人们普遍喜爱的色彩。橙色使人联想到火焰、灯光、霞光、水果等物象，是最温暖、响亮的色彩，给人以活泼、华丽、辉煌、跃动、炽热、温情、甜蜜、愉快、幸福等感觉。

④绿色：代表生命、青春、成长和健康的色彩。它有生命、青春、和平、草木、自然、新鲜、平静、安逸、安全感、信任、公平、理智、理想、平凡等象征含义。黄绿带给人们春天的气息；蓝绿、深绿是海洋、森林的颜色，有深沉、稳重、沉着、睿智等含义；含灰的绿，如土绿、橄榄绿、墨绿，给人以成熟、古朴、深沉的感觉。

⑤白色：是一种包含光谱中所有颜色光的颜色，通常被认为是“无色”的。白色的明度最高，无色相。白色往往使人联想到冰雪、白云、棉花，给人以光明、质朴、纯真、轻快、恬静、整洁、雅致、凉爽、卫生的感觉，象征着和平与神圣。在古代，文人志士就常以素衣寄寓自己的清高，直到今天，白色仍是人们最喜爱的颜色，在服饰中应用得极为普遍。西方人举行婚礼，新娘的婚纱必须是白色的，以表示纯洁无瑕的爱情，这在我国也逐步流行开来。清纯的少女们，大都喜爱白色服饰。

⑥黑色：是一种明度最低，但具有庄严、稳重效果的色彩。它给人有后退、收缩的感觉，在服装上的运用黑色衣服能使人显得苗条，因此，胖体型的人宜穿用，身体瘦长的人或肤色较黑的人不太适宜穿黑色服装。黑色服装给人以庄重、肃穆、高雅、神秘的视觉效果，是西方上流社会中男性最常见、通用的色彩。

4. **服装搭配的基本原则**

（1）整洁原则

干净整洁的原则是服装搭配最基本的要求。穿着整洁总能给人以积极向上的感觉，总是受欢迎的，而一个穿着褴褛肮脏的人给人的感觉则是消极颓废遭人厌恶的。在社交场合，人们往往通过衣着是否整洁大方来判断这个人对交往是否重视，是否文明有涵养等。整洁的原则并不意味着穿着的高档时髦，只要保持服饰干净合体、全身整齐有致便可。

（2）和谐原则

和谐原则指的是协调得体的原则，有两层含义：一是指着装应与自身体型相和谐；二是指着装应与年龄相符合。服饰本来是一种艺术，能遮盖体型的某些不足。借助于服饰，能创造出一种美妙身材的错觉。

每个人的体型都各有特点，高矮胖瘦各得其所，不同的体型的人着装意识也应有所区别。对于体型高大的人而言，在服装选择与搭配上，应注意服装款式不宜太过复杂；服装色彩宜选择深色、单色为好，太亮、太淡、太花的色彩有一种扩张感，会使人显得更“壮”。对于身材矮小的人而言，则希望通过服装打扮拉长高度。故上衣不宜太长、太宽，裤子不宜太短，用提高腰线的方式达到整体显高的视觉效果；服装色彩宜稍淡、明快柔和些为好，上下色彩一致可造成修长之感；V 形无领外套，比圆领更能营造修长之感。

【知识拓展】

色彩大学堂

1. 间色

任意两个原色相混合所得的新色。红+黄=橙，蓝+黄=绿，红+蓝=紫，等量相加产生的橙、绿、紫为标准，三个原色混合的比例不同，间色也随之产生变化。

2. 复色

任意两间色相混合所得之色，称为“复色”。橙+绿=黄灰，橙+紫=红灰，绿+紫=蓝灰，等量相加得出标准复色；两个间色混合比例不同可产生许多纯度不同的复色。

3. 同种色

颜色产生不同明度变化，称同种色。如将翠绿色加白或加黑出现的许多深浅不同的绿色，这深浅不同的绿色为同种色。

4. 同类色

两种以上的颜色，其主要的色素倾向比较接近，如红色类的朱红、大红、玫瑰红，都主要包含红色色素，称同类色。其他如黄色类中的柠檬黄、中铬黄、土黄，蓝色类的普蓝、钴蓝、湖蓝、群青等，都属同类色。

5. 类似色

在色环（见图 6-3）上任意 60°角度以内的颜色，各色之间含有共同色素。

6. 邻近色

在 24 色相环上任选一色，与此色相距 90°，或者彼此相隔五六个数位的两色，即称为邻近色。

从同类色、类似色、邻近色的含义来看，都是含有共同色素。采用此类色彩配合给人以统一而调和的感觉。

7. 对比色

在色环上任一直径两端相对之色（含其邻近色）称对比色。

8. 补色

色环中任何两色混合所得的新色与另一原色互为补色，也称余色。如绿与红、黄与紫、蓝与橙，皆属补色关系，绿的补色是红色，红的补色是绿色。

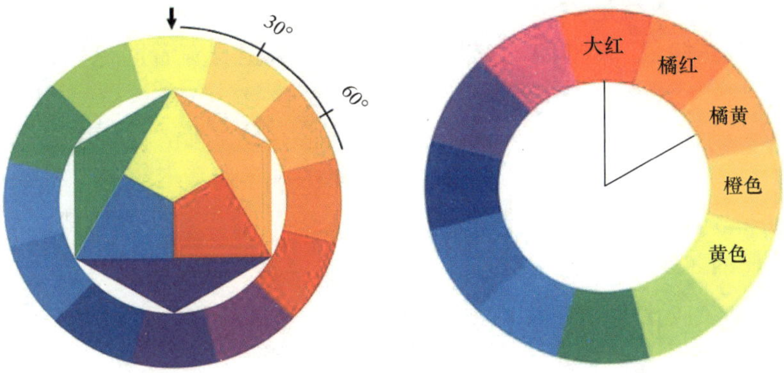

图 6–3　色环

第二节　不同场合的服饰选择

学习目标

理论目标：掌握服饰搭配的基本原则

实践目标：为自己选择一套合身的职业装

学习内容

穿衣要讲究场合，服饰是分场合的。没有必要穿着燕尾装、晚礼服去吃快餐，也不宜穿着 T 恤衫牛仔裤去西餐厅；不必在家中穿得西装笔挺，也不能穿着睡衣睡裤去公共场所。已故的戴安娜王妃可谓深谙服饰之道：她会穿着印有太阳图案的衣服访问日本，她会戴着水手帽参观海军基地……总之，善于根据场合选择适宜的服饰会给人以礼貌、舒适之感；相反，则令人感到别扭、尴尬。

一、服饰礼仪应注重的基本原则

1. 个性原则

个性原则是指在社交场合树立个人形象的要求。一个人所穿的服装往往能传达出性格、爱好、心理状态等多方面的信息，不同的人由于身材、年龄、性格、职业、文化素养等不同，自然就会有不同的个性特点，所以服装选择首先应考虑自身特点，把握形体尺寸，力求做到“量体裁衣”，扬长避短；其次，保持并创造自己所独有的风格，突出长处，符合个性要求，选择能与个性融为一体的服装，穿出自己的风格。着装切勿穷追时髦，随波逐流。

2. 协调原则

这种协调既包含了服饰与年龄、身份、职业、体型、时间、场合上的协调，更包含了服饰本身在色彩、款式、材质以及与之相配套的装饰物的协调。

服饰颜色协调是指上下身服饰的颜色要协调：颜色可以是对比色、互补色、相近色等。所谓的“同色系”，就是相同颜色的深浅变化，例如，桃红色、粉红色、紫红色，是红色系；黄绿色、草绿色、橄榄绿，是绿色系。若采取全身穿着同色系色彩“深深浅浅”的搭配方式，如中灰色西装外套搭配淡灰色套头针织衫与深灰色长裤，再加上银项链与铁灰色手包，可以让整体造型呈现出活泼却协调的美感。服饰风格协调强调“服装在功能和款式上的统一性”。如“西装”和“运动鞋”强穿在一起就会不协调，雪纺材质的和皮草材质的就不能一起搭配。

3. 服饰搭配的 TPOR 原则

不同场合的着装应该符合 TPOR 原则。在第五章整体妆容设计中，我们介绍过这个原则。TPOR 是英文中的时间（time）、地点（place）、场合（occasion）、角色（role）四个词的缩写，在服饰中是指人们在选择着装搭配时，同样应当注重时间、地点、场合、角色这四个客观因素，才能获得得体、和谐的穿衣效果。

（1）时间原则

从时间上讲，一年有春、夏、秋、冬四季的交替，一天有 24 小时变化，显而易见，在不同的时间里，着装的类别、式样、造型应因此而有所变化。

白天是工作时间，着装要根据自己的工作性质和特点，总体上以庄重大方为原则。如有安排社交活动或者商务活动，则应当合身、严谨、端庄典雅。

晚间的社交活动以宴请、舞会、音乐会等活动居多。此时，人们的社交空间距离相对较小，服饰对人们视觉与心理上影响更加明显，服饰礼仪要求更加严格，穿着更为考究。如果没有正式的社交活动，穿的衣服不为外人所见，应当宽大、随意、舒适。

一年四季的变化是大自然的规律，人们在着装时同样应遵循这一规律，注意冬暖夏凉、春秋适宜。夏天要穿透气、吸汗、凉爽的夏装。服饰色彩与款式的选择也应当考虑不同季节人们的视觉感受。夏季服饰选择应避免繁琐拖沓、叠层褶皱过多、色彩浓重复杂，以免在本来燥热的季节给人心理上的负担。冬季则应注意保暖、御寒，避免为了形体美丽着装过于单薄，影响身体健康；同时也要注意避免因着装过厚而显得臃肿不堪。春秋两季着装的自由度较大，但总体上都应该遵循厚薄适宜、灵巧轻便、色彩和谐的原则。

（2）地点原则

从地点原则上讲，置身在室内或室外，驻足于闹市或乡村，停留在国内或国外，身处于单位或家中，在这些变化不同的地点，着装的款式理当有所不同，切不可以不变而应万变。

西装革履地进出高档酒店显得相得益彰，但如果穿着西装走进破旧宅院，则显得极其不协调；穿泳装、拖鞋出现在海滨、浴场，是人们司空见惯的；但若是穿着它去上班，进出写字楼办公室，则非令人哗然不可。在办公室内穿着随意性极强的休闲装，或者是在运动场穿着西装、一步裙、高跟鞋，都会因为服饰与环境特征不相适宜而显得不协调。在国内或者西方发达国家，经常可以在马路上、商场内看到穿小背心、超短裙的年轻女性，但若是以这身行头出现在着装保守的阿拉伯国家，就显得有些不尊重当地人了。

(3) 场合原则

场合原则是人们约定俗成的惯例，有着深厚的人文特征和社会意义。人们的穿着服饰必须与特定的场合及气氛相和谐，一般应该事先有针对性地了解活动的内容和参加人员的情况，然后根据经验挑选合乎场合氛围的服装，实现人景相融的最佳效应。例如，参加庆典活动要穿得隆重、正式；参加晚会要穿得漂亮、华丽；参加吊唁要穿得沉稳、庄重；参加婚礼要穿得喜庆、艳丽等。

(4) 角色原则

不一样职业、身份的人，对服饰往往会有不一样的要求。外企白领的服装追求优雅精致，机关干部的衣着则应大方端庄。是教师，就不该打扮得花里胡哨，太过妖艳；是演员，大可穿得五彩缤纷，标新立异。巴金在其名著《家》中，更是准确地把握了服饰与人物身份之间的关系，“一件淡青湖绉绸棉袄，下头系着一条青裙”衬托出琴小姐大家闺秀的优雅气质。

总之，一个人的服饰应力求美观大方、舒适得体。期望每位朋友都能慎重选择自我的“第二层皮肤”，穿出自我的风格，穿出自我的品位。

二、空乘人员职业着装规范

民航乘务员作为高水准、高素质的服务行业形象代表，统一规范的制服是其职业形象中最基本的要素之一。统一的制服不仅能展现航空公司的风格，同时也使得旅客对乘务人员专业的服务技能产生信赖感和安全感。航空公司的制服风格往往直接表现出一家企业的文化与服务水准。空姐制服在一定程度上，已经成为航空公司服务的重要竞争力。

民航乘务员工作制服着装主要有以下几点要求。

1. 合身得体

制服的尺寸必须符合乘务人员的身材特点。空乘人员必须充分了解自己身材的优势和特点，利用工作制服的款式、色彩装扮自己，扬长避短，达到美化自我的效果。

2. 干净整洁

空乘人员的制服应保持干净整洁，定期进行换洗。制服干净整洁体现的是对工作岗位的尊重与热爱，是服务行业人员最基本的要求。空乘人员的制服要求无异色、无异味、无异物，尤其是衣领口与袖口等外露部分更要注意保持干净整洁。一位对自己制服是否干净都不在乎的乘务人员，一定不会热情地为乘客服务，也一定不是一位合格的空乘人员。

3. 熨烫挺括

空乘人员穿着制服必须是熨烫过或者没有褶皱的制服。制服清洗过后应熨烫平整，穿着制服时，注意自己的动作幅度，不乱坐乱靠，穿过之后应用衣架挂好或者叠放整齐，存放过程中留意保持制服平整。

4. 完整规范

空乘人员穿着制服应保持完整，避免制服出现破损、开线、缺失纽扣等现象。空乘人员在工作时必须全过程统一穿着制服，并按照《民航乘务员职业技能鉴定指南》中对空乘人员的着装要求穿着制服。

（1）女性民航乘务员的制服着装要求

着制服时，必须系好纽扣，将衬衣下摆系入裙子或裤子中；戴帽子时，帽子应戴在眉上方 1~2 指处；着大衣时必须系好纽扣、系好腰带；登机证佩戴在衬衣、制服、风衣的胸前侧，上机后摘掉；胸牌佩戴在制服左上侧；供餐饮服务时穿戴围裙，保持围裙整洁。

（2）男性民航乘务员穿着制服基本要求

着制服时，必须系好纽扣，不能袒胸露背、高卷袖筒、挽起裤腿；必须佩戴领带、肩章；衬衣需扣好纽扣，将衬衣下摆系入裤子中；着制服、风衣、大衣、衬衣时要戴帽子；裤子应熨烫平整，保持干净、整洁；皮鞋保持光亮；空中服务时可穿马甲；着风衣、大衣时须扣好纽扣、系好腰带，并佩戴手套、帽子；登机证佩戴在衬衣、制服、风衣的胸前侧，上机后摘掉；胸牌佩戴在制服左上侧。

三、礼服

1. 女士礼服

我国传统的女士礼服是旗袍，被誉为中国国粹和女性国服，是中国悠久的服饰文化中最绚烂的现象和形式之一。古典旗装大多采用平直的线条，衣身宽松，立领盘纽、侧摆开衩，单片衣料，胸腰围度与衣裙的尺寸比例较为接近。近代旗袍进入了立体造型时代，衣片上出现了省道，腰部更为合体并配上了西式的装袖，旗袍的衣长、袖长大大缩短、腰身也更为合体。

西式女性礼服种类较多，一般要根据时间、地点、环境等综合因素而定，大致分为日间礼服、正礼服、晚礼服等。日间礼服一般用于参加正式的聚会、拜访等活动时穿着，服装面料高档，裁剪讲究，再配上长长的丝网手套、精巧细致的帽子和手包，选择珍贵的项链、耳环作为配饰。

晚礼服一般采用无袖或无领的款式，裙长应坠地，缎、塔夫绸等闪光织物，搭配钻石等金属饰品，有光泽的华丽小包，肘关节以上的手套，如鞋与礼服为同一质地，是正式感最高的女性礼服。

2. 男士礼服

我国的男士礼服最为典型的是以孙中山先生命名的中山装。中山装为关闭式八字形领口，装袖前门襟正中 5 粒明纽扣，后背整块无缝。袖口可开叉钉扣，也可开假叉钉装饰扣，或不开叉不用扣。上衣口袋左右上下对称，裤子有三个口袋（两个侧裤袋和一个带盖的后口袋），挽裤脚。中山装的形式是在西装基本形式上又融合了中国传统意识，整体廓形呈垫肩收腰，均衡对称，穿着稳重大方。中山装自 1923 年诞生迄今，一直是中国男子最通行和喜欢穿着的服饰，适合于各种礼仪场合。

西式的男性礼服简称西服或者西装。细分为晨礼服、小礼服、大礼服。晨礼服上装为灰、黑色，后摆为圆尾形，其上衣长与膝齐，胸前仅有一粒扣，一般用背带。配白衬衫，灰、黑、驼色领带均可，穿黑袜子和黑皮鞋。晨礼服，曾经是欧洲上流阶层出席英国伯克郡艾斯科特赛马场（Ascot）金杯赛时的服装，后来晨礼服被视作白天参加庆典、星期日的教堂礼拜，以及婚礼活动的正规礼服，而且在一些正规的日间社交场合也同样会出现很多身着晨礼服的绅士。

小礼服，又称为晚餐礼服或者便礼服，为全白色或者全黑色西服上装，缎面衣领，腰间仅有一颗纽扣，下装以黑色为主，系黑领带，穿黑皮鞋。一般为参加晚宴、音乐会等活动时的着装。

大礼服，又称为燕尾服，其基本结构形式为前身短、西装领造型，后身长，后衣片呈燕尾形两片开衩，源于欧洲人马车夫的服装造型。色彩多以黑色为正色，表示严肃、认真、神圣之意。时装在不断发展，现在燕尾服已经很少有人穿着，似乎已经退出流行的舞台，但是在一些仪式、庆典等特殊场合依然有人穿着。

第三节 配 饰

学习目标

理论目标：了解配饰的基本特征及搭配规则

实践目标：为自己的职业装搭配饰品

学习内容

配饰，又称首饰、饰品，指人们在穿着打扮时用的装饰物。它可以在服饰中起到画龙点睛和烘托主题的效果。服装配饰包括两大类，第一类是以实用性为主的附件，例如，帽子、眼镜等；第二大类是以装饰性为主的饰物，例如，项链，耳环、戒指等。

一、首饰鉴别

制作首饰的原材料主要分为以下几类：珠宝类（珍珠、宝石、玉石、象牙、天然水晶等）、金属类（金、银、铂、铝、镁及其合金制品等）、人造原料（动物骨骼、贝壳、人造宝石、塑料、皮革等）。下面介绍几种比较常见的首饰原料。

（1）黄金首饰

黄金是一种较稀有、较珍贵和极被人看重的贵金属，作为美满和富贵的象征，不少人都喜欢佩戴黄金首饰来凸显自己的品位和地位。黄金不仅仅是一种消费品，更多人把它当作是一种投资的方式。

黄金首饰是千百年来都很流行的饰品，市场上常见的黄金首饰种类较多，因其含金量的不同，主要分为：纯金首饰、K 金首饰、镀金首饰、仿金首饰。纯金首饰的含金量在 99%以上，最高可达 99.99%，故又有“九九金”“十足金”“赤金”之称。为了克服金价格高、硬度低、颜色单一、易磨损、花纹不细巧的缺点，通常在纯金中加入一些其他的金属元素以增加首饰金的硬度，变换其色调和降低其熔点，这样就出现了成色高低有别、含金量明显不同的金合金首饰，冠之以“Karat”一词。K 金制是国际流行的黄金计量标准，K 金的完整表示法为“Karat Gold”，并赋予 K 金以准确的含金量标准，因而形成了一系列 K 金饰品。镀金首饰是在其他的金属首饰表面用电镀法镀上一层金色，颜色与真金首饰相仿，金黄光亮，新时较难辨认。但镀金首饰手感较轻飘，质地较硬，牙咬无印，用久易褪色。

在黄金首饰中，纯金首饰质地较软，牙咬有印，容易弯折，色泽金黄、纯正、柔和，手感沉重，有沉甸甸的感觉。K 金首饰质地稍硬，牙咬无印，色泽是黄中带白，并依 K 数的减小，白色渐增，黄色渐浅。K 金首饰的手感不如纯金首饰沉重。此外，无论是纯金还是 K 金首饰上都带有印鉴。

黄金首饰上的印鉴，有用“金”字或“Kg”英文字母表示质地。标明含金量时，用“99”或“24K”字样表明是纯金首饰，K 金首饰依含金量不同，标明着相应的 K 数，如标着“18K”的 K 金首饰，其含金量为 75%。此外，首饰上还有标志着不同生产厂家的产地印鉴。真的黄金首饰，印鉴标准、完整、清晰，是重要的判别标识。

（2）白银首饰

与纯金相比，白银是一种相对不稳定的金属，会因为外界因素变黄变黑，白银在地球上的含量比黄金多，因此价格相对低廉。925 纯银是含银千分之九百二十五的银(92.5%)，和传统上的纯银不同，为了加强银饰的硬度，加入约 7.5%的铜，所以 925 银的银本色会呈现米白银色而不是传统银的银白色。银是一种不稳定的金属，健康人体表面的油脂能维护银本色，长期佩戴暴露在空气中会变黄，遇到体内有沉积毒素，或碰到含“硫”的化学品（如发剂、肥皂等）会突然变黑，所以，佩戴银饰能否使之有效地保持银本色，也是身体健康与否的一种表现。

（3）玉器首饰

玉器，即使用天然玉石加工制成的器物。中国早在 8000 多年前就有了玉器，并不间断地延续到现在。玉器的出现是远古石器的延续与创新，也是人类古代文明里中华文明所独有的器物。玉器的鉴别，有三个内容，一是鉴别玉质，即玉器的玉料品种是什么；二是鉴别人工处理，即玉器的颜色及古玉的沁色或者其他特性是否人工处理所致；三是鉴别仿冒品甚至合成品，即将真品的假冒者鉴别出来。按照玉器的质地，主要分为软玉和硬玉两大类。

软玉被人工处理者并不多见，因其追求的是色白，因而用不着想方设法去染色。软玉自古以来，就是一种名贵的玉种，因而有仿冒品出现。出现最多的仿冒品是蛇纹石玉、石英岩玉和方解石玉等。软玉的感官特征，一是光泽，为特征的油脂光泽，或带有油脂感的玻璃；二是结构，软玉是一种纤维状小晶体交织组成的玉石，可以见到纤维状小晶体交织组成的、稀疏不等的花斑，但却没有透明的颗粒状小晶体，也就是所谓的“斑晶”；三是透明度，相对可能混淆的玉石而言，它的透明度相对较差，虽说是半透明至不透明，实际上大部分玉石是微透明的，而半透明的软玉已不容易见到。

硬玉以翡翠为代表。翡翠的表面有星点状、线状及片状闪光。翡翠的颜色丰富多彩，是其他宝石所不具备的，所以看颜色不仅要看色彩与色调，也要注意到颜色的组合和分布。翡翠的光泽是玻璃光泽、油脂光泽或者是带油脂的玻璃光泽。透明水头好的翡翠清润透彻，为其他玉石所没有。将翡翠光滑表面放于脸上或唇边有凉凉的感觉。

（4）珍珠首饰

珍珠是一种古老的有机宝石。主要产在于珍珠贝类和珠母贝类软体动物体内；由于内分泌作用而生成的含碳酸钙的矿物（文石）珠粒，是由大量微小的文石晶体集合而成的。

古代人把珍珠视为宝物，喜以珍珠作为首饰如珍珠冠、珍珠手镯、珍珠耳坠，还有的把珍珠缝制在衣服上称之为“珍珠衫”等，现在多用珍珠做成串珠、项链、戒指等。珍珠的彩色是由水中所含的金属盐的成分而定的。当海水中含有较多的锺化合物时，便会产生带色的珍珠。

珍珠按照形成可分为：天然珍珠以及人工养殖培育的珍珠；按颜色可分为：白珠、黑珠、杂色珠等；按重量可分为：大珠、厘珠、毛头、扣珠等；按产地可分为：东珠（亚洲或东方国家）、澳洲珠、波斯珠、南海珠（西太平洋密克罗尼西亚群岛）等。

（5）钻石

钻石其实是一种密度相当高的碳结晶体，钻石在天然矿物中的硬度最高，其脆性也相当高，用力碰撞就会碎裂。源于古希腊语“adamant”，意思是坚硬不可侵犯的物质，是公认的宝石之王。天然钻石晶莹无瑕、灿烂夺目，珍贵而稀有，因此，也被视为是爱情和忠贞的象征。

衡量一颗钻石品质的标准主要有四个维度，即重量（carat）、净度（clarity）、色泽（colour）和切工（cut），也就是通常所说的“4C 标准”。这个标准由 GIA（美国宝石学院）创立，是目前在世界上包括中国最为主流的钻石评价标准。钻石的颜色以无色为最好，色调越深，质量越差。彩色的钻石中以红钻最为名贵。

二、首饰的保养

（1）避免撞击，尽量不要佩戴首饰做家务或粗重的工作。

（2）佩戴金银等贵金属首饰时，应避免接触其他金属，避免贵金属饰品同时堆放在一起相互摩擦，造成损耗并影响光泽，同时还应避免接触化妆品、香水、醋、果汁等物品。

（3）人体的汗液会侵蚀金银饰品，所以夏天佩戴要经常用清水清洗后用干毛巾抹干。

（4）工艺复杂的金银饰品，一旦损坏，修理困难，且很难恢复原样。所以一定要小心对待，尤其是一些蛇骨链、硬身链、满天星链等，坏了无法复原，千万不能拉、折、拧、拽，洗澡、游泳、睡觉时避免佩戴。

（5）暂时不佩戴的首饰要及时清洗，并放在干燥洁净的首饰盒内，妥善保存，以保持首饰的清洁光亮。

三、佩戴首饰的注意事项

1. 要考虑整体效果、搭配协调

选择的点缀装饰物要能与服装款式相协调，提高饰物的实用功能。佩戴首饰的种类和形式多种多样，在繁多的饰物和戴法中，既要考虑其人、其环境，又要考虑整体的效果，要注意到诸多因素间的关系。协调一致的搭配，恰当的点缀，才能起到佩戴首饰的效果。

2. 要注意扬长避短、突出个性

首饰的佩戴要注意照顾人体本身的因素，要与人的体型、发型、脸型、肤色及服装协调一致。

3. 要注意不同场合

佩戴首饰，应与所处的环境、场合相适应。不同的场合对于首饰的质地、款式、形式要求不同，因此应采取不同的合理佩戴方式。

4. 注意佩戴首饰的季节性

一般来说，由于季节不同，对于饰物的质地、色彩、形式以及佩戴取舍的要求也不同。

5. 注意传统习惯

佩戴首饰要注意各地的风俗习惯、传统观念。不同地区的人，对首饰的质地、色彩有着不同的喜好。

6. 最好成套购买，不要多而杂

在经济许可的情况下，买项链时，最好同时买下同色系统或同质地的耳环、手镯，以便搭配使用。一般情况下，全身的首饰最好别超过三件，除非参加特殊的宴会。

四、乘务员配饰基本要求

1. 民航乘务员工作场合佩戴首饰的基本要求

民航乘务人员是客舱内的服务人员，因此空乘人员佩戴首饰必须以不妨碍工作效率和尊重旅客为首要原则。为了维持良好的服务形象，空乘人员可以适当佩戴首饰，但要求款式简洁大方、质地高雅，不过分张扬。《民航乘务员职业技能鉴定指南》中，对民航乘务员首饰佩戴有以下几点要求。

（1）项链

项链只能戴一条，以纯金或纯银的质地为宜。不能选用粗大的造型，项链直径最好不超过 5mm，需佩戴在衬衣里面。

（2）耳饰

耳饰只允许戴一副，选择紧贴耳朵的款式，设计简单、样式保守，并且不能有吊坠，以耳钉为最佳。耳饰样式保守，镶嵌物直径不超过 5mm。

（3）戒指

戒指设计要简单，镶嵌物直径不超过 5mm。

（4）手表

手表的设计应是保守简单的，表带是银色、金色的金属或皮质表带。为了在紧急情况下准确对时，不能戴没有分针和秒针的艺术手表。卡通表给人的感觉不严肃，不允许佩戴。不允许佩戴脚镯、链式手镯。

2. 民航乘务员社交场合佩戴首饰的基本要求

许多重要的场合着装都需要搭配首饰，佩戴合适的首饰往往能起到画龙点睛、锦上添花的效果。在许多正规的社交场合首饰佩戴是否合体，也是社交礼仪中的一部分。民航乘务员在社交场合佩戴首饰，应遵循以下八条原则。

（1）数量规则

佩戴首饰在数量上的搭配原则越少越好。如果没有合适的首饰可以什么都不戴，如果一定要同时佩戴几件首饰，全身的首饰一定不要超过三种，并且要注意避免同类型的首饰重复佩戴。

（2）质地规则

不同材质的首饰，适合不同场合的佩戴。通常在工作中和生活中不适合佩戴贵重的珠宝首饰，这种档次较高的饰品比较适合正式重要的社交场合佩戴。同时，在佩戴首饰时力求全身的首饰材质相同。如果是佩戴有镶嵌物的首饰，也应是镶嵌的宝石与其他镶嵌物上的宝石一致，而贵金属材质的托架也应尽量做到颜色质地的相同。这样能够让整体看起来更加和谐统一。

（3）色彩规则

选择首饰佩戴时，应该保持身上的饰品同属一个色系。如果全身佩戴超过两件首饰，应该考虑保持色彩的相似。即使佩戴有镶嵌物的首饰时，也应该保持主色调的搭配。一定不可以将几种颜色鲜艳的首饰搭配在一起，这样很容易将自己装扮成一棵“圣诞树”。

（4）体型规则

首饰的佩戴也要根据自身的形体条件来搭配，首饰的佩戴主要是起到修饰和协调形体的作用，尽量做到扬长避短。因此，在佩戴首饰的时候，应该了解自身的优势和缺点，尽量佩戴饰品来弥补，也就是我们所说的避短。

（5）身份规则

选择首饰佩戴时，应考虑首饰与身份的互相协调搭配。主要是从年龄、性别、职业和工作氛围的角度来考虑，所搭配的饰品也应该与这些因素相一致，而不能使整体风格偏离太多。

（6）季节规则

选择首饰佩戴时，应根据不同的季节来选择不同颜色和材质的饰品。通常来说，不同的季节所要佩戴的首饰也不一样。比如，夏季更适合佩戴清凉鲜艳的颜色。而冬季比较适合暖色调首饰的佩戴，像金色、橘黄色等。

（7）习俗规则

选择首饰佩戴时，应根据民族的习俗来佩戴。在我国有很多少数民族，每一个民族佩戴首饰的习俗都不相同。因此，在某地某个民族佩戴饰品，应该了解其民族佩戴首饰的习惯和寓意。

（8）搭配规则

选择首饰佩戴时，应根据与服装相统一的原则。首饰的佩戴应与服装和整体形象搭配，因此应该根据服装的风格、材质、颜色、样式，选择首饰的风格和材质也应尽量协调一致，使首饰与服装相互辉映。

【深入阅读】

中国传统服饰

谈到中国传统服饰，人们第一印象可能就是历史剧中千篇一律的宽大衣袍。若非有历史背景介绍，仅凭衣袍可能都无法判断讲的是哪个王朝的历史。其实，在朝代更替中，人们所穿服饰也并非毫无变化。中国服饰起源于原始社会旧石器时代晚期的山顶洞人阶段，其主要目的是御寒和护体，因此，早期服饰也较为简单。服饰发展到黄帝时期，上衣下裳制的服饰制度出现，这基本可以说是我国最早的服饰制度。上衣下裳的服制，据《释名·释衣服》载："凡服上曰衣。衣，依也，人所依以避寒暑也。下曰裳。裳，障也，所以自障蔽也。"上衣的形状多为交领右衽，下裳类似围裙的形状，腰系带，下系带。这种服制对后世影响很大。发展到周代，衣裳连属制（又称深衣）这一服饰制度出现。《礼记·深衣》注称："名曰深衣者，谓连衣裳而纯之以采也。"深衣同当代的连衣裙结构类似，上衣下裳在腰处缝合为一体，领、袖、裾用其他面料或刺绣缘边。到了春秋战国时代，深衣得到广泛流行。同时，战争促进了汉族宽衣博带、长裙长袍服装的改革。这是中国历史上第一次服装改革，胡服从此盛行。伴随胡服也传来了带钩，它是用于结束革带的，由于它比革带的扎结方式更加便捷，因而很快就流行起来。到了汉朝，深衣仍很流行，传统冠服制也是在此时得以确立。汉代的裤是开裆的，裤，古称绔。《说文》："绔，胫衣也。"《释名·释衣服》："绔，跨也，两股各跨别也。"由此可见，当时的绔是开裆的，外罩以裳或深衣。魏晋南北朝时期，由于大量少数民族进入中原地区，胡服成为社会上司空见惯的装束，服饰由此又发生了一次大的改革。一般百姓将胡服中窄袖紧身、圆领、开衩等因素吸收到原有的服饰中来，汉族贵族服饰也在胡服的基础上加以变化，但是，礼服仍然是传统的汉族礼服形式。隋唐时期，男子的常服为幞头、袍衫、长鞠靴。但此时的袍衫与前朝略有不同，式样为圆领、右衽、窄袖、领袖裾无缘边。此外，还有襕袍衫和缺胯袍衫等式样。这种袍衫主要是受胡服影响，并且与汉族的生活习惯和礼仪特点相结合，形成了这时期袍衫的风格。宋代的服饰，大体沿袭唐制，但在服装式样和名称上略有差异。宋代的缺胯袍衫式样有广袖大身和窄袖紧身两种。同时，宋代的服饰比较拘谨保守，色彩也不及以前鲜艳，给人以质朴、洁净、淡雅之感。到了辽、金、元时期，他们的服饰有一个共同的特点，既沿袭汉唐和宋代的礼服制度，又具有本民族的特色。明代的服饰，大体上沿袭唐制，但宋元服装形式中的某些式样也有保留。清代服饰主要为满族民族服饰，旨在破坏汉文化。清代袍的式样，就是满族服装的代表，在清朝宫斗剧中，随处可见这种服饰。直到清末和辛亥革命后，西洋服装逐渐传入，其至今仍是人们的日常服装。以上为中国传统服饰演变史，下面再简单谈谈中国传统服饰所蕴含的意义。中国传统服饰是一种社会地位和身份的象征。在中国古代，等级制度森严，统治阶级为巩固自身地位，把服饰的装身功能提到突出地位，使其作为一种区分贵贱和等级的工具。中国传统服饰寄托着人们的美好愿望，具有象征意义。在长期的劳动和生活中，人们在不违反服饰制度的情况下，创造性地使用服饰形制符号，诞生了“吉祥图纹”，以此来表达庶民阶层对平安生活的渴望，寄托人们在统治阶级压迫下的美好希望和理想。中国传统服饰强调整体和谐的设计原则。中国传统服饰注重人、服饰和环境的整体和谐，不仅强调服饰文化与艺术相配合，而且注重人的形体、肤色、面妆等与服装的协调统一。中国传统服饰历史悠久，寓意丰富，乃中国传统艺术中一颗璀璨的明珠。

【思考与练习】

1. 简述服饰搭配的基本原则。
2. 简述配饰的功能与搭配原则。
3. 简述乘务员工作期间配饰的基本要求。

第七章　空乘人员的职业内容与形象塑造

空乘人员的职业内容与形象塑造：空乘人员的职业形象主要反映其仪容仪表和气质风度，是航空公司对外形象的重要窗口。航空公司在客舱服务规范手册中都会明确要求空乘人员上岗的标准，其中就包括服饰及妆容的总体要求。这一章节简述空乘人员职业工作的基本内容，综合了部分航空公司的职业形象指导方针，从空乘人员的职业特点出发，梳理空乘从业人员的服饰、配饰、妆容的具体要求。

小故事1：

艾伦·丘奇机场

民用航空运输业诞生后，乘坐飞机出行的人越来越多。但是也出现了不少问题，如很多人觉得坐飞机不如坐火车安全，心理压力大，另外由于早期飞机颠簸大，导致不少乘客晕机、呕吐等问题。航空公司对此一筹莫展。

直到一个美丽天使的出现，事情才有了变化。

那是1930年初春的一天，一个平平常常的日子。波音航空公司驻旧金山董事史蒂夫·斯廷普森先生和护士艾伦·丘奇女士闲聊中，无意地吐露出了航空公司的无奈。

艾伦当即就建议他雇用一些懂医学护理的护士到飞机上工作，如果可以自己愿意成为第一个。并且说这些女孩子懂医学、会护理，可以帮助照顾和救治飞行中晕机不适的乘客，也有助于消除人们对空中飞行的顾虑与恐惧。尤其她说道："要是有一名女性在飞机上工作，哪个男人会说他害怕飞行呢?"艾伦·丘奇的这句话打动了史蒂夫·斯廷普森，是的，连女生都敢乘坐飞机，男生还敢说自己害怕？斯廷普森意识到这将是一个伟大的开端，他立刻向波音总部的领导打了报告。

而波音总部也立马回复了意见：NO!

过了一段时间，波音公司的副总裁派特·派特森听说了这件事情，觉得非常赞！经过他的运作，波音终于给了艾伦三个月的试用期，并让她去招聘另外7名护士。招聘标准为：必须有护士资格，单身，年龄小于25岁等。当然工资也高得吓人：每月125美元。艾伦没有让人失望，很快，世界上第一批8人组女性空中乘务员诞生了。波音公司称他们为空姐（sky girls）。1930年5月15日，由奥克兰/旧金山飞往芝加哥的波音80A飞机上，第一批按照行业规范培训的8名空姐，正式走到了世人的面前，她们和14名乘客一起，完成了20小时13次经停飞越大半个美国的"横贯美洲大陆的豪华飞行"。

之后，因为具有护士资格的空姐的出现，波音公司业绩蒸蒸日上，这使得其他航空公司也竞相效仿。在20世纪30年代，仅有少数女性能被聘用于这一岗位，可谓僧多粥少。再加上随之而来的资本主义世界经济大萧条风暴，在1935年12月时，仅美国洲际和西部航空公司的43个空姐岗位便有2000名妇女应聘。

在从事空姐工作一年半后，艾伦由于一场交通事故的伤害而结束了空姐生涯。她一手创造了空姐这个职业，却又要匆匆离开这个岗位，可想她的心情该是如何的低沉。

可是艾伦就是艾伦，她很快就调整好自己的身体和心理，随后在明尼苏达大学获得了护理教育学学士学位，并继续从事护士工作。1936年，艾伦还成为了威斯康星州密尔瓦基县（Milwaukee County）医院的儿科主管。

如果生活这样继续，艾伦应该会成为一位出色的医学专家！然而，几年后的第二次世界大战打破了世界的平静，也打破了艾伦的生活轨迹。1942年，志愿服役的艾伦成为了飞行护士，负责对陆军航空队的战士们进行救护。她的足迹遍及北非、英国、意大利、法国及德国。由于她在诺曼底登陆等作战中出色的表现，被提升为陆军上尉，并获得了美国陆军航空队颁发的飞行奖章，当时很少有女性能获得此奖章。

战后，艾伦在印第安纳州特雷霍特公立医院任护士长。1964年，她与银行总裁伦纳德·布里格斯·马歇尔结婚，本来应该拥有自己幸福的家庭生活了。然而天妒英才，在1965年的一次骑马运动中，艾伦因故身亡。

由于她开创了空姐这一职业，以及对航空医疗的贡献，其家乡克雷斯科的机场特意用她的名字来命名，这就是艾伦·丘奇机场。

小故事2：

中国的第一批空姐

旧时中国的空姐招聘条件很严格，据当时《申报》记载，欧亚航空公司（1931年2月南京国民政府交通部与德国汉莎航空公司合办，全称：欧亚航空邮运股份有限公司，经营欧亚间的航空邮运业务）首次招聘空姐的条件是：年龄20~25岁之间、体貌端正、身高1.5~1.7m之间、体重40~59kg，能讲国语、粤语、英语，并能读写中英文字。由于条件的限制，直到1938年1月才有了6名合格的空中小姐。1948年，中国航空公司（1929年，由美国寇蒂斯-赖特飞机公司与中国国民政府合作，成立了民国第一家民航公司——中国航空公司（简称中航），但那时的飞机上还没有空姐）的空姐达到历史最高水平，也才20多人。空姐工作也算是很正规了，像C200这样的大型客机已经有两名空姐服务。20世纪40年代的空姐个个都堪称人中龙凤，百里挑一，被称为美丽的“空中之花”。1950年8月1日，新中国民航开航。1955年，中国民航局在北京中学生中招收了第一批乘务员，人称“十八姐妹”。

小故事3：

海航新形象

从商业化航空企业兴起的第一天起，精致端庄的空乘人员就成为各大航空公司相互竞争的一个重要筹码。2018年海南航空就对空乘人员的整体形象进行全新升级，第五代制服“海天祥云”搭配温婉素雅的全新妆容全线亮相，标志着海南航空品牌形象的又一次蝶变。

本次海南航空新形象由国际著名时装设计大师劳伦斯·许和MAOGEPING美妆品牌创

始人毛戈平先生联合操刀，将东方的设计元素与西方的立体理念相结合，凸显东方美的同时又赋予了新的活力。毛戈平先生在综合分析了海南航空新制服特色和机舱内饰颜色后，亲自设计打造了两款空乘人员分别用于日常工作和隆重场合的妆容。

新妆容采用清透无瑕的“裸”底妆，给人轻松愉悦的观感。典雅哑光浅豆沙色唇妆和客舱内饰相呼应，微珠光大地色暖调眼影与蓝灰色旗袍制服和暖色客舱内饰统一协调，整个造型突出了女性的柔美温婉和空中乘务员的亲切感。端庄得体的造型与美丽优雅的制服搭配在一起，塑造出海南航空空中乘务员专业贴心、婀娜优雅的东方女性职业形象。除了两款妆容设计，毛戈平先生还在发型、首饰、指甲油等细节方面提出了搭配建议，让整体造型更加完美契合。

自海南航空新形象启动以来，空乘人员良好的职业形象受到旅客的一致好评。在HU7881海口飞往北京的航班上，一位从事IT行业的李先生表示，海南航空空姐的新形象让他眼前一亮，她们温婉内敛又干练精致的妆容给旅途增添了新色。

第一节　空乘职业的基本内容

学习目标

理论目标：了解空乘工作的基本内容

实践目标：挖掘空乘从业动力

学习内容

了解空乘职业的基本内容可以更好地帮助我们修饰空乘人员的职业形象。空姐的职责主要是维护飞行安全，其次才是照料乘客，但因大众较常看见他们服务性的一面，便会视他们为服务生，而此种形象也一直在航空公司的广告中出现。除了处理飞机上偶发的紧急事件外，空姐基本上是在为乘客提供各种机内服务，如发放飞机餐和饮料的准备、供应，机上娱乐系统的管理，免税商品的贩售以及协助旅客在机舱内舒适搭乘等。因为空姐是第一线接触乘客的人员，所以他们的一举一动都代表着航空公司，其形象至关重要。

一、空乘人员的工作四环节

空乘的航班和组员都是随机排出来的，航线也不是固定的，所以要求乘务员要实时通过查班系统确认自己后续航班。清楚了自己要飞的航线后，乘务员需要对该航班的相关业务知识进行复习，如应急设备（灭火瓶、氧气瓶、急救药箱）的位置和使用方法，这条航线的座位分布及可以承载的旅客人数等。之后还要检查和整理好自己的箱包、证件，熨烫好制服。

1. 预先准备阶段

空乘人员需要在航班起飞前1.5h到达公司，所有的机组成员进行飞行前的航前准备会，通过做一个短暂的自我介绍，熟悉自己的组员，以便做好工作配合。之后乘务长会检查登机证、健康证、乘务员执照等是否携带及有效；检查乘务员的职业形象，如发型、妆容、衣服的平整度。熟悉本次航班的飞行距离、时间、高度、经停站等基本信息。对客舱火灾、劫机、失压等紧急情况进行准备。熟悉重要旅客和特殊旅客的基本信息。最后客舱机组列队登基。

2. 直接准备阶段

登机后乘务长核对飞行任务书，确定与机长的联络方式，给每一个乘务员进行工作的详细分配，之后区域乘务员对各自负责区域的机门和应急设备进行检查。保证飞机上的氧气瓶、灭火瓶等应急物品处于随时可用的状态。客舱服务设备和客舱服务设施包括座椅靠背、娱乐系统、烤箱和烧水壶等，如发现有不能使用的就马上通知机务上机进行修理。在所有设备都检查完毕之后，乘务员们就会清点和摆放航食和机上用品，而头等公务舱乘务员还需要准备迎宾饮料、热毛巾和拖鞋等。在这一切工作都准备好后，乘务员报告机场客舱准备工作完毕。区域乘务长整理好个人仪容仪表，准备迎接旅客。

3. 飞行实施阶段

区域乘务长整理好个人仪容仪表，面带微笑，准备迎接旅客。引导旅客入座，协助旅客安放好随身携带物品和衣物。旅客人数四核对（乘务员与乘务员之间/乘务员与地面服务员之间/核对舱单人数/乘务员与机组核对旅客人数）后，报告机长旅客人数，机长下达关门指令。各乘务员交叉检查，按规定报告乘务长。乘务员进行安全演示，广播欢迎词。疏通紧急出口，锁闭洗手间，拉开门帘并扣好。固定所有餐车、储物柜，关闭电源开关，调暗客舱灯光，乘务员在规定位置上坐好，系好安全带。

空中平行飞行后，向旅客提供服务，巡视客舱，及时回答旅客问题，了解旅客需求，解决旅客飞行中的问题。下降时告知旅客到达站的信息，回收服务用品，进行客舱安全性检查。各项工作完毕后，乘务员坐好系好安全带。

降落后广播欢送词，播放音乐。飞机停稳，乘务长下达解除分离器，乘务员交叉检查报告乘务长。确认廊桥、客梯接好后，乘务长下达指令，乘务员开机门，乘务员站在规定位置送客。旅客下机后客舱机组人员负责检查客舱，发现旅客遗留物品及时归还旅客或交地面服务人员，无旅客遗留物品，乘务长通知地面服务人员清舱完毕。

4. 航后讲评阶段

航后讲评是指完成航班任务后的工作讲评，是进一步巩固和提升服务质量的重要环节。主要是汇总工作情况，提出存在的问题和改进措施；反馈与各相关部门的协调、配合情况。可以是乘务员综合讲评、检查员点评和乘务员自己讲评。

二、空乘人员的岗位职责

1. 维护飞行安全

在飞机发生医生紧急事件的时候，乘务员要抓紧时间处理，并且维护客舱秩序，协助机长和保卫人员做好安保工作。

2. 为乘客提供各种机内服务

在满足和确保安全的前提下，可以为旅客提供适当的服务。如遇有颠簸或其他不正常、不安全的情况，客舱乘务员可以调整、删减服务程序，或不提供服务。

3. 机内清洁

空乘要处理乘客的垃圾回收，清扫乘客的呕吐物，清洁洗脸台等，让机内保持干净整洁的状态。

4. 安全知识的普及，确认乘客安全

飞机起降的时候，要确认乘客是否系安全带，给乘客介绍逃生设备，告诉乘客如何使用逃生设备等。

5. 收集乘客反馈的信息

部分航空公司在客舱服务中，乘务员会发放表格请旅客填写，整合后向乘务长汇报。另外，如遇到乘客口头反馈的信息，乘务员也应该收集之后如实向乘务长反映。

三、空乘人员客舱服务的基本特点

从狭义角度看，客舱服务是按照民航服务内容、规范要求，以满足乘客需求为目标，为航班乘客提供服务的过程。这一定义强调了客舱服务的规范性，体现了客舱服务作为服务行业的基本特性，但无法体现客舱服务的全貌与本质。

从广义角度看，客舱服务是以客舱为服务场所，以个人的影响力与展示性为特征，将有形的技术服务与无形的情感传递融为一体的综合性活动。这一定义既强调了客舱服务的技术性，又强调了服务过程中不可缺少的情感表达，同时体现了乘务员个人的影响力。

与其他服务相比，客舱服务具有以下特点。

1. 安全责任重大

飞行安全是航空公司的生命，是航空公司开展工作的首要目标。早在 1957 年 10 月，周恩来总理就给中国民航题词："保证安全第一，改善服务工作，争取飞行正常。"可见，安全是航空工作的最基本的条件。客舱安全作为飞行安全的一个重要组成部分，是飞行安全的基本保证。

乘务员作为客舱服务的实施者，肩负着客舱内部安全以及对乘客进行安全管理的重任。乘务员不仅要做好本职工作，为乘客提供优质的服务，还要担负起管理、引导乘客的责任，做好客舱内的安全工作。

2. 服务环境特殊

客舱服务是在飞机客舱中进行的，飞机客舱空间狭小，设施功能特殊，使得飞机上的客舱服务有别于其他服务行业。

客舱空间狭小使人们在飞机上的活动不能随心所欲：飞机所携带的服务用具数量有

限，尺寸也需要定制。如何利用有限的资源和空间为乘客提供优质的服务，这对乘务员来说是极大的挑战。客舱乘务员在客舱推拉餐车时应注意地面可能出现的障碍，避免碰撞乘客；为乘客递送饮料餐食时应注意考虑递送顺序和方法，避免烫伤乘客；乘客行李的摆放既要安全又要有序。飞机上的各种设施都与安全密切相关，这就要求乘务员的操作要严谨、规范，避免操作失误导致安全事故。

3. 服务内容繁杂

客舱服务的内容繁杂多样，涉及范围广泛。首先，飞机上的安全服务是其他服务活动所不能比拟的。从乘客走进客舱，到离开飞机，各种安全检查、安全演示和安全提醒贯穿整个服务过程。其次，在飞机平飞阶段，乘务员需要为乘客提供餐饮等多项服务，并且尽可能满足乘客提出的要求。由于飞行时间有限，这就要求乘务员要忙中有序，不能出错。

4. 对乘务员的综合素质要求高

由于飞行环境、服务对象以及服务过程的特殊性，服务过程中可能出现复杂多变的各种情况和突发事件，这就要求乘务员具有很强的心理素质，临危不惧，果敢坚定；善于发现问题，果断处理问题；具有灵活的沟通能力和应变能力；有效地与不同乘客进行沟通；具有很强的亲和力和超越自我的职业情感，能提供充满爱心的服务等。

第二节　空乘职业形象的基本要求

学习目标

理论目标：了解空乘职业形象的基本特点

实践目标：构思自己的空乘职业形象

学习内容

在人们的脑海中，空乘人员是美丽的代言人，作为一个特殊的职业群体，常常给人以漂亮的外表、清新的打扮、美丽的容貌和甜美微笑的印象。他们的工作环境相对来说较为封闭，在工作过程中，一系列的服务流程都需要和旅客近距离接触。空乘人员的职业形象是航空公司对外的重要窗口，彰显着航空公司的品牌文化与服务理念。

空乘服务作为服务业中高标准与高质量的代表性职业，空乘人员靓丽的外表能使客舱增光添彩，给旅客以赏心悦目的美感，她们端庄的形象不仅能化解旅客的忧愁于无形之中，更能够促进服务工作的顺利完成，直观体现出形象妆容在工作中的实用价值和服务价值。

1. 妆容

空姐妆容的塑造是形象设计中的重要组成部分，它一直处于焦点位置。即使再华丽的职业制服、完美的发型，如果缺少一个与之相匹配的妆容，所塑造出的整体形象也是不和谐的，给人的感觉是残缺的。因此一个完整的职业形象是立体形象的有机组合，不是依靠局部的优越化与丰富性就能概括出职业形象本身的价值，只有将妆容设计与其职业性中的应用要素做到合理配置与层次分明，才能条件性地确立主宾相宜的整体定位。

乘务员的整体妆容要求：干净、整洁、自然、大方、稳重、高雅、富有亲和力。整体妆面造型突出职业特征，体现精神面貌，妆容与制服和谐，实现整齐划一的效果。忌讳妆面过浓、过艳、过淡、过冷。

2. 发型

头发要保持健康、光泽、无头皮屑；发色仅能染成黑色或接近发色的自然色，不得挑染；头发需梳理整齐，使用摩丝或定型水，使头发保持光洁；不得使用装饰性假发套。

（1）女乘务员

有盘发和短发两种发型设计。

①盘发：盘发不留鬓角；发髻饱满美观，大小适中，位于耳垂上方，不触衣领；使用不带装饰的U形夹、一字夹和隐形发网盘发，如图7-1所示。留刘海，长度保持在眉毛上方1~2cm。

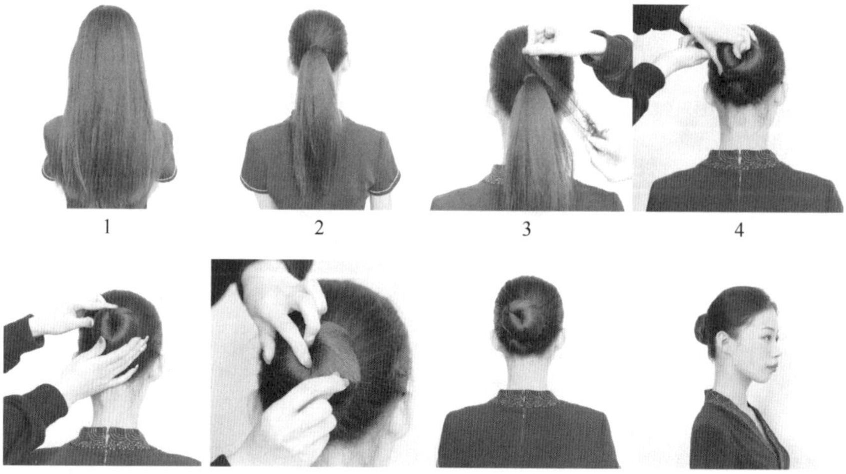

1　2　3　4

5　6　7　8

图7-1　女乘务员盘发分解图

②短发：短发可卷可直，长度应前不遮眉、后不过衣领为宜（最短不得低于耳垂底部，最长不得超过衬衫领上限）。不得留怪异发型。部分航空公司要求女乘务员在蓄发过程中要向相关部门备案。

（2）男乘务员

男乘务员的发型以平头、寸头、分头和背头为主，主要原则是“前发不覆额、侧发不掩耳；后发不触领”。不剃光头，不留怪异发型。保持头发清洁，无头屑，不油腻，可以染成黑色或接近发色的自然色（见图7-2）。

3. 服饰

空乘制服作为一种职业识别的专用服装，初期空勤制服是根据耐用度、实用性及以激

图 7-2 男乘务员发型图

发旅客向心力而设计的。空勤制服都具有浓厚空军军装的特征，大多都是深暗色系，头帽、外套、裙装多是直线剪裁，同时附有铜扣及袖口军衔缝条。

随着空姐角色的演进发展，许多航空公司开始了解到自家空姐形象的公众价值，在 20 世纪 30 年代末、40 年代初开始加入了更多女性化的线条剪裁以及颜色的选择。往后更常委由知名品牌设计师制作，赋予空乘人员一种尊荣与秩序统一的专业形象。60 年代到 70 年代初出现了许多充满未来感的设计，航空公司每次制服的更换都能成为媒体的焦点。空乘人员大都被期许具有更高水平的整洁度与审美，这也是航空公司为了能给予旅客更正面的形象要求。

部分航空公司的女性空乘人员会穿着具有民俗特色的制服，如泰国国际航空、嘉鲁达印尼航空、马来西亚航空和新加坡航空的东南亚风格服装。而部分信仰伊斯兰教的国家航空公司，如文莱皇家航空、海湾航空、阿联酋航空、伊朗航空、埃及航空与沙特阿拉伯航空，为遵守伊斯兰教义，女性空乘人员要依照教义需求佩戴面纱。

执飞的实践过程中乘务长针对当地季节、所飞国家/地区/城市的天气情况统一机组着装。

（1）女乘务员

一般分为夏装和秋冬装。夏季裙装的衣扣、裙扣、拉链等需扣齐拉紧，裙子熨烫平整，系好腰带，logo 标识应置于前方正中央。秋冬装有西裙、衬衣和马甲 。着衬衫时，下摆系入西裙，衬衫袖子不可卷起，应将袖口扣好，白色衬衫内应着白色或肤色内衣并不得外露。西装口袋应保持平整，避免放置过多物品或露出手机链等饰物。着大衣时需扣好纽扣、系好腰带，着靴子或高跟鞋，保持整组统一。

（2）男乘务员

衬衣须扣好纽扣、佩戴领带、肩章（穿马甲或大衣时不需要），下摆系入裤子中，裤线整齐居中。着黑色工作皮鞋，保持光亮、无污损。应选择黑色等深色无图案的袜子，不得有抽丝、破洞现象。

4. **配饰**

（1）帽子

女乘务员佩戴时需整组统一，帽子可向左倾斜，帽徽应处于左眼正上方位置。男乘务员帽子及帽徽应戴端正，帽子前沿在眉上方的 1~2 指处。

（2）丝巾

佩戴丝巾时必须熨烫平整，保持整洁，不能有污渍及粉底残留，丝巾所系的结应简洁、美观大方，一般采用燕尾、三角领、拉花等形式。

①燕尾：将丝巾按照对角折叠法折叠成 3 指宽的长条形；将丝巾佩戴在颈部，两端交叉；上方的一端拉长一些，从短的一端下方向上穿出系一个结；将穿出的一端绕过短的一端再系一个结；调整丝巾两端的形状，使左右两端对称（见图 7–3）。

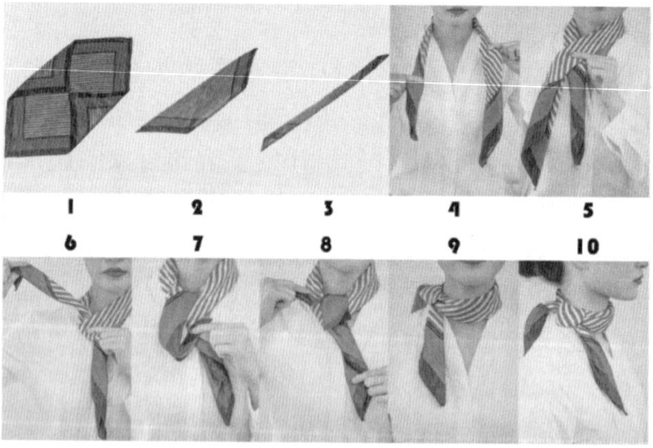

图 7–3　燕尾丝巾分解图

②三角领：将丝巾按照对角折叠法折叠成 3 指宽的长条形；将丝巾佩戴在颈部，两端交叉，保持两端一样的长度；左端绕过右端藏在丝巾后；右端从交叉点后面绕上来，同样藏在丝巾后，两端末梢在颈后部系结即可。三角领的系法适合 V 字领的制服（见图 7–4）。

③拉花：把方巾放平，上下对称的两端末梢系紧结；左右手分别捏住左右两端末梢，从中间交叉穿过；这时左右手分别捏住的是右左两端末梢，轻轻往两边边抖边拉；拉成花形；最后佩戴在颈部（见图 7–5）。

（3）领带

男士领带一般适用温莎结（见图 7–6）。

①将领带宽的一端（下面称大端）在左，窄的一端（下面称小端）在右。大端在前，小端在后，呈交叉状。

②大端由内侧向上翻折，从领口三角区域抽出。

③继续将大端翻向左边，即大端绕小端旋转一圈。

④大端由内侧向右边翻折。

⑤右边同左边一样，绕小端旋转一圈。

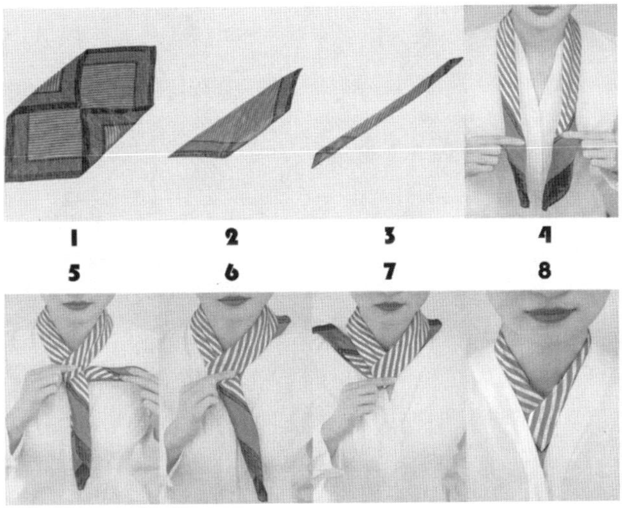

图 7-4 三角领丝巾分解图

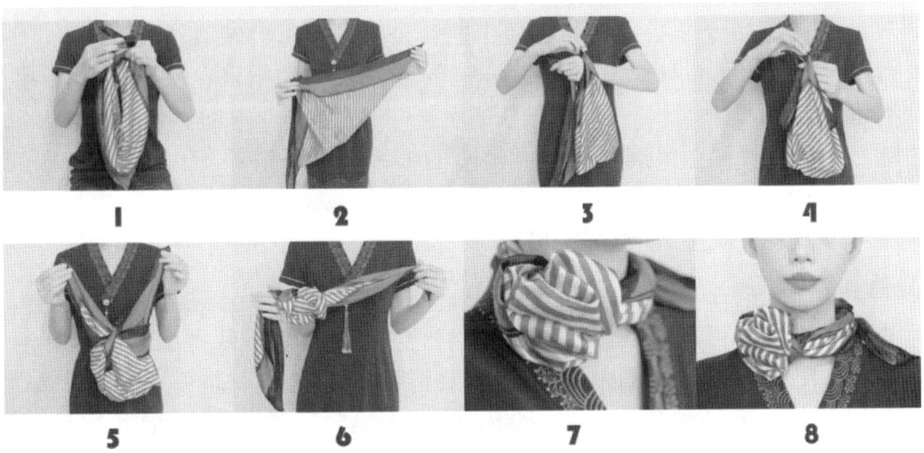

图 7-5 拉花丝巾分解图

⑥整理好骨架，拉紧。

⑦从正面向左翻折，成环。

⑧最后将大端从中间区域内侧翻折出来。

⑨系紧领带结，完成。

（4）航徽与姓名牌

佩戴于左胸前，航徽在上方，姓名牌在下方。一般来说，女乘冬装外套只佩戴姓名牌，马甲需佩戴姓名牌和航徽，围裙佩戴姓名牌。男乘冬装外套只佩戴姓名牌，马甲需佩戴姓名牌和航徽。

（5）手表

表盘形状以圆形、椭圆形、长方形为宜（忌怪异表盘），时针、分针、秒针刻度清晰

图 7-6　领带系法分解图（温莎结）

明显；表带以金属和皮质为宜。禁止佩戴卡通、工艺等尺寸、形态夸张的手表，不得系挂怀表。

（6）其他配饰物品（非必要饰品，每个航空公司的要求会略有不同）

①戒指：无名指上可以佩戴一枚无镶嵌物的金或银质的指环，女乘宽度不超过 6mm，男乘宽度不超过 8mm。

②项链与手链：可佩戴金属质地、无吊坠的细手链或项链；不可佩戴脚链、手镯、手串、珠链。

③耳饰：可佩戴一副金属质地的耳钉。

5. 其他注意事项

（1）香水：香水不可过于浓烈，另外应当避免过量地使用芳香型化妆品。通常认为，喷雾式香水每次使用在 1~4 次即可，如果需要清淡些，喷一下即可。瓶滴式香水每次滴量在 2~4 滴。另外，还要注意香水本身的浓淡。客舱封闭的环境如使用香水一定以清新淡雅为主。

（2）补妆：应当避免当众化妆或补妆。尤其是在工作岗位上，更不可在旅客面前补妆、修饰。

（3）空乘专业乘务员之间不要借用他人的化妆品，否则既不卫生又不礼貌。

（4）保持手和指甲修剪整洁。指甲修剪整洁美观，长度不超过手指尖 2mm，男乘务员手指不得有被烟熏黄的痕迹。

（5）保持口腔清新无异味。

第三节　空乘职业妆的基本程序

空乘人员的服务往往要近距离与旅客接触，乘务人员除了热情周到的服务外，适度的化妆也成为旅客评价其服务优劣的标准之一。正确适度地化妆，会使旅客感到赏心悦目、心情愉悦。而这种妆容往往要求比较严格，若过于浓重，会给人难以接近的感觉，若不注意修饰，又会让乘客觉得不够重视与尊重对方，所以要把握好度，既不能浓妆艳抹，又不能素面朝天、不加修饰。

航空公司根据自身企业不同的企业文化和审美，会确定该航空公司特有的妆面。眼影、腮红、口红的颜色和质地都会有明确规定。空乘职业妆一般与服饰颜色相协调，以淡妆为主，简约、清丽、素雅，具有鲜明的立体感。既要有亲和力、给人以深刻的印象，又不能显得脂粉气十足（见图 7-7）。

图 7-7　南方航空、四川航空、大韩航空、厦门航空、昆明航空、深圳航空空乘职业妆

一、妆前护理

1. 洁面

（1）卸妆

首选卸妆油或者卸妆膏以轻轻打圈的方式卸妆，卸除皮肤的污垢和彩妆成分，打圈时应该注意自下而上，由中央向外部顺肌肉生长方向均匀用力。由于地心引力的作用，整个人体包括脸部的皮肤都在被日复一日地向下拉，天长日久，皮肤和肌肉都会逐渐松弛，甚至改变了原有的脸型，所以洗面时要将皮肤向上推。

（2）清洁

保护面部皮肤清洁最好的办法是用温水洗面。洗面时皮肤最外一层的角质层细胞胀大，在皮肤上的灰尘、泥垢、油脂和汗渍等被洗掉。洗面时轻轻搓擦，不仅能够促进血循环、增强新陈代谢，还可以增强皮肤张力，并使之得到滋润。

2. **补水**

想拥有水嫩肌肤，最关键就是补水。只要肌肤拥有足够的水分，皮肤表层就会形成水润、平滑的触感，让彩妆更加完美服帖。相反，若肌肤出现缺水的征兆，角质层排列就呈现紊乱现象，不但肤质变得干巴巴，失去原有的饱满和弹力，甚至肤色也逐渐暗淡无光。尤其对于空乘人员来说，长期工作在干燥的机舱内，一定要注意身体的保湿与补水。干燥会导致皮肤容易出现脱皮、细纹，甚至老化现象。

日常护理中的补水包括爽肤水、精华、乳液、眼霜、面霜等步骤，但是根据不同的肤质和不同的肤感使用的护肤产品和步骤会不同。肤质包括油性、干性、中性、混合性；肤感是指同一个人在不同季节、不同天气、不同环境、不同身体状态下的皮肤不同感受。所以每个人每年至少要准备两套不同的护肤产品。以混合性肌肤为例，秋冬干燥季节多选用滋润型的水和面霜；夏季油脂分泌旺盛，多选用清爽型的水和乳液。乳液和面霜是同种功能但是不同质地的产品，选用一种即可。如果机舱环境过于干燥、工作时间过长需要乳液和霜叠涂时，注意面霜用量，避免出现过于厚重而导致的出油、毛孔堵塞、闭口等不良皮肤状态。

3. **防晒**

防晒属于基础的护肤，当皮肤接受紫外线过度暴晒后，会损伤表皮细胞，活化酪胺酸酶，加速色素合成，破坏皮肤的保湿功能，使皮肤变得干燥，让真皮层中的弹力纤维受损，使细纹产生。在强烈照射下，还会造成肌肤发炎、灼伤。阳光中有两种穿透性紫外线即 UVA 和 UVB。市面上的防晒霜都有 SPF 和 PA 的标识。大家熟知的 SPF，只是用来衡量防晒产品防护紫外线中 UVB 能力的标准，这个标准得到了普遍认可。为了给予皮肤更全面的防护，在选购防晒产品的时候，还必须注重产品是否具备防护 UVA 的能力。UVA 可直接穿透至肌肤真皮层，破坏胶原蛋白及弹性蛋白，是皱纹和皮肤松弛的元凶。那么，在各种防护 UVA 的标示法中，最常见的应该是 PA 了。PA，protection UVA 的缩写，防护 UVA 的强弱以加号“+”的多寡辨别，防护能力最高为三个加号。加号越多，防护 UVA 的能力越强。

总之，要保护好肌肤，最基本的原则就是不要让肌肤直接暴晒在烈日下，并使用适合肤质、适合场地的防晒品，再加上适当的物理防晒措施，如帽子、遮阳伞、长袖外衣等，就能有效地阻挡紫外线对皮肤的伤害。另外，选购防晒品还必须考虑防晒品的防水性及使用场合环境的阳光强度等。

二、女乘务员职业彩妆妆面

1. **底妆持久**

空乘职业彩妆受工作高空、封闭的环境的制约，底妆持久、抗氧化是彩妆重任。底妆要选择有保湿效果的粉底，尽量选用接近自己肤色的自然粉底，即使肤色偏黑，也不要去挑选颜色低于 2 号的粉底。用湿润的美妆蛋均匀蘸粉，借用手腕的力量点拍的方式轻压于面部即可。如果有塑造轮廓的需求，可选择明暗程度接近的两种色号，明亮的粉底涂抹内部轮廓，暗一色号的粉底涂抹外部轮廓。粉底整体不宜过厚或过薄，在面、颈、耳部柔和过渡，不应有明显界限。

2. 眼部提神

（1）眼影

空乘职业妆的眼影要求与服饰相协调，航空公司规定的妆容色彩会降低大家选择眼影的难度，但是眼影涂抹的手法是一致的：即用宽面眼影刷大面积蘸打底色眼影粉，涂抹整个眼窝；小面积蘸取表现色眼影粉，叠涂睫毛根部至睁眼可见的位置；小眼影刷头部蘸取暗色眼影粉使眼影和眼线过渡自然。忌用珠光过强及闪粉贴片眼影，颜色以公司配发色系为准，如山东航空在典雅红唇妆中的眼影配色为橘棕、香槟、深棕和微珠光提亮眼影粉，时尚湖蓝眼妆的眼影配色为天蓝色、白色、湖蓝色。

（2）眼线

持久度较强的眼线液笔更适合空乘职业妆容持久性的要求，深棕色或与眼影相近的颜色为宜。

（3）睫毛

睫毛膏能使睫毛显得浓密而富有光泽，是塑造“明眸善睐”的秘密武器。以睫毛液强调眼睛中央的睫毛，会令人感到聪明、机灵而有知识性；强调眼睛尾部睫毛，则可营造深邃有质感的眼神。

（4）眉毛

空乘职业妆的眉形眉峰不能太锐利，柔和的眉峰和眉部线条可以增加面部亲和度，颜色以深棕色系为宜。

3. 修饰无痕

（1）腮红

腮红应以暖调为主，为使肤色更明快，应选择粉红或橙红。腮红不可强过唇彩。晕染的方法一般是从眼下三角区往上提拉回旋经过颧骨。整妆妆面必须使用腮红，以达到整体妆容协调的效果。

（2）高光与阴影

高光和阴影能使面部更立体，由于空乘职业彩妆以清新淡雅明亮为主，高光和阴影的使用切勿过量。

4. 唇部柔和

轻而薄涂于唇上，唇线不宜太明显。在选择口红颜色的时候，一定要掌握分寸，以不过分抢眼为好。颜色与职业服装相配，例如，厦门航空在职业形象检查标准清单中规定着乘务长/乘务员制服时，选用玫红色；着客舱经理制服时，选用复古红色系。而戴口罩时，此为非必要检查项。唇在面部活动量较大，也是最容易脱妆的部位，最好随身携带一支防水且持久的口红。

5. 其他注意事项

请勿佩戴眼镜、颜色犀利的美容及假睫毛。

【知识拓展】

早C晚A

"早C晚A"是一种组合搭配方式，简单来说，整体的护肤思路就是白天注重抗氧化，晚上注重抗老修复。

日间抗氧化维生素C(简称VC)作为最常见的抗氧化剂之一，它通过牺牲自己来保护我们的皮肤，对抗紫外线对肌肤的伤害，清除自由基。主打VC的产品可以分为：原型VC和VC衍生物。原型VC的好处太多了，能够抑制酪氨酸酶，还原黑色素，提亮肤色。但缺点就是不够稳定、易失效且肤感不是很好，容易产生刺激性。而VC衍生物相对来说活性更加稳定且温和，肤感也相对更好一些。除了VC外，VE、茶多酚、阿魏酸、硫辛酸、麦角硫因、虾青素等也是有效的抗氧化剂。值得一提的是，VC还能够联合防晒霜对抗紫外线，保护肌肤免受光损伤，以及促进胶原蛋白再生。所以说白天可以用VC，但前提是一定要做好防晒工作。

维生素A(简称VA)是第一个被美国FDA认可的抗老化成分。VA不仅能够调节表皮及角质层新陈代谢，促进胶原蛋白合成，防止胶原降解，还能有效减缓皮肤老化的速度等多重作用。常见的VA类产品，主要是A醇（视黄醇），它是维A酸的衍生物，相较维A酸刺激性比较小。但A醇具有不稳定性和"光敏性"。白天容易失效，最好在晚上使用。另外需要避光保存，而且大家白天一定要做好防晒。A醇还具有一定的刺激性，皮肤不耐受的人可能会出现干燥、脱皮、泛红、红肿、爆痘、脱皮等现象。除了VA外，玻色因、胜肽也是有效抗老成分。但是，早C晚A不是所有人都适合，建议健康状态的肌肤使用。

早C晚A的注意事项如下。

1. 循序渐进，低浓度到高浓度，低频次到高频次

选择入门级0.1%~0.3%先试用，每周2次开始，如果顺利通过第一周耐受度没有任何不适感，第二周开始可以3次，这样以此类推，逐渐增加。

2. 选择和含有烟酰胺的产品搭配使用

可以降低敏感率，提高耐受度（宝洁公司与康奈尔大学医学院合作的研究）。

3. 避免和其他刺激性大的产品混用

逐渐适应VA类产品的过程中皮肤是敏弱的，高含量酒精类和酸类的产品会加重在此期间的过敏率。所以不要重叠使用。

4. 使用顺序上也很重要

特别是晚A的步骤，不要一洁面完就使用A醇，最好有个打底精华进行缓冲，一是可以缓解刺激度，二是促进渗透。

5. 严格做好防晒工作

记住紫外线不仅能把你晒黑，更能把你晒老。

【深入阅读】

部分航空公司服饰风格、职业妆容及发型的异同

一、中国南方航空股份有限公司

南航制服分为芙蓉红和天青蓝两种：南航的制服以柔美的芙蓉红色和淡灰色相搭配，非常耐看，材质也比较柔软，给人温存如水的小女人感觉，使穿着者显得很有精神，在机舱中也非常抢眼。

1. 妆容

按色调分主要有以下两款。

(1) 暖色系

眼影：大地色。

腮红：桃红色。

口红：桃红色。

(2) 冷色系

眼影：粉色、粉紫色。

腮红：粉色。

口红：玫红色、粉色。

2. 发型

发色一律为黑色。入职后无特殊情况不允许剪短发，短发要求干净利落，梳洗整齐，无头屑，不得挑染，不允许留超短发及怪异发型。长发不过肩，刘海不能挡住眼睛，要统一盘起，碎发用发胶、夹子固定住。发髻位于后脑勺中心位置，发网必须呈现饱满状，发髻直径大小 8~9cm，高度以耳朵为准。刘海可以是卷曲或者是直发。刘海长度不得低于眉毛上方两指。美甲甲片应为纯色，颜色以透明色、肉色和淡粉色为限，不能带有任何装饰性点缀，如亮片、闪粉等；推荐颜色：浅粉色、浅裸色。

二、中国国际航空股份有限公司

国航的妆容以温婉、大气而著称，因为国航是我们国家唯一一个机身上可以悬挂中国国旗的航空公司，体现中国的形象，代表中国风范，而中国红又是中国的代表颜色，因此国航口红的颜色通常是大红色，展现空乘人员端庄大气的整体形象。在选拔空姐时国航偏爱国字脸的大气美女。从脸型上讲，女人具有国字脸型会给人一种坚毅、果敢的性格。国字脸与大气相结合，不仅给人一种稳重的印象，而且还有豪爽的风度，与国航的地位相吻合。

国航有两种制服，单月穿红色制服，双月穿蓝色制服，穿红色制服时，配橙色眼影+橘色腮红+大红色口红；穿蓝色制服时，配蓝紫色眼影+粉色腮红+玫瑰红色口红。

三、深圳航空股份有限公司

深航的制服有深航经典红乘务员制服、稳重蓝乘务长制服及宝蓝色头等舱尊鹏旗袍三种。制服为小立领，立领的设计更加凸显出女性柔美的线条，小立领款式简洁、大气自

然，透出深航女孩的年轻、朝气、知性、优雅。

深航的空姐往往具有瘦高、小脸、大气的特征；妆容以清新柔美为基准。自然的底妆，柔和的眉形，大地色系的眼影，玫红色的唇彩，整体妆容干净透亮，空气感饱满的盘发使乘务员形象更加干练、大气。

四、中国东方航空股份有限公司

东方航空公司展现的是简洁、美观、得体的东方气质。东航是国内航空公司中锥子脸比例最高、乘务员皮肤最白最细的航空公司。东航新制服在剪裁上更注重东方女性身段玲珑的特点，海军蓝的主色调营造出稳重和专业的职业氛围，融入“祥云”纹案、中国结、8 字扣等传统文化元素，点缀以正红色腰带及配饰，经典中透出热情。这就要求乘务员身材比例要特别好看，东航的妆容也是业内相比较最精致的，为了配合制服颜色，所以采用深蓝色眼影及正红色口红，更加突出乘务员的气质。

1. 妆容

（1）“典雅红唇妆”

以新制服中典型中国风青花瓷花纹为灵感。在干净、白皙的底妆基础上，运用棕色系眼影打造眼部立体感，使双眼更深邃。搭配象征柔美、高贵的女性韵味的红唇是该妆容的点睛之笔。眼影：棕橘色、香槟色、深棕色；腮红：亮粉色、浅桃色；口红：正红色。

（2）“时尚湖蓝眼妆”

给人一种时尚而又具有亲和力的感觉，重点在于眼部运用与制服同色系的湖蓝色为主，明亮的色泽，蓝绿变幻的色彩，衬托出暗色调的制服。眼影：天蓝色、湖蓝色；腮红：亮粉色、浅桃色；口红：柔橘色、橘色。

2. 发型

头发的要求，光洁整齐，头顶不能出现发夹，外露发夹不超过 4 个，无碎发、不掉落、不松散，黑色小发饰长款不超过 8cm×3cm，发型的扎发也主要是用隐形发网进行的基本盘发，但是有些空乘的扎法和常规的扎法不同，她们往往用的是芭蕾式，先是扎一个马尾，然后将马尾旋转缠绕后，用发夹固定，加上网罩，最后插入 U 形夹。

【思考与练习】

1. 简述空乘人员职业形象的注意事项。
2. 简述空乘人员职业妆容的上妆顺序。

第八章　空乘人员的身体塑形

空乘人员的身体塑形：空乘人员在服务过程中的举手投足都非常重要。形体美是通过人的先天遗传性和后天努力锻炼的结果呈现出来的。靓丽的形象、良好的形体、正确的仪态已成为现代追求自然美的体现。身体塑形是以人的身体练习为基本手段，根据人体结构和运动规律有针对性地练习塑造体型，从而使空乘人员的柔韧性、肌肉力量和协调性都得以提高，达到提高专业素养的目的。

小故事：

从村姑到空姐

她是一个普通的农村姑娘，没有背景，没有学历。但就是这个连高跟鞋都没穿过的农村姑娘，最后成为了一名空姐。1990 年 10 月 10 日，小张出生在吉林省吉林市桦皮厂镇中原村的一个农家小院。上小学后，割麦子，收玉米，小张做一切力所能及的农活。父母不在家时，她就放羊。蓝天白云下，那些羊像一朵朵行走的白云。偶尔抬头，有飞机从天空掠过。小张朦胧地想：那小小的东西，里面怎么能坐人呢？2006 年，小张开始外出打工。她辗转到珠海、广州等地，但都因为学历太低，只能在流水线上工作。从南到北转了一圈之后，打工生活的磨炼让小张不甘平淡，为什么我那么早辍学？为什么我就该待在这个村子里，与泥土打交道？小张下定决心改变这种状况。

2007 年 6 月小张在过期的《吉林晚报》上看到一则消息：在两年内，航空公司对空乘人员将放低要求，打破户口限制，学历放低；特别是空姐，只要具有亲和力、流利的口语能力，气质高雅，农村姑娘也可报名竞聘。空姐！这个像天一样高远的词语，真切地撞击着小张的心扉。也就在这时，她的心里第一次种下了空姐梦想的种子。嘲笑、汗水和一个飞翔的梦想，小张比对了一下自己的条件：身高 1.69m，长相秀丽，基本条件具备了。她甚至想，在自己正为将来迷茫时，航空公司有了这项政策，这该不会是为我准备的机遇吧？此后两年，不管在什么地方，小张总以在报纸上看到的对空姐的要求来锻炼自己。首先是讲普通话。其次是穿高跟鞋进行走姿训练。为了适应，她用打工挣的钱一口气买了 5 双高跟鞋，天天穿，时时穿，连洗澡出来也都不穿拖鞋。有一次下地干活，小张穿着高跟鞋，昂首挺胸，迈着碎步走路。结果，由于鞋跟陷入泥土太深，她一迈步就失去平衡，一跤摔在黑土地里，脚踝也扭伤了。最后她偷偷地跟着手机上跳舞，进行形体训练，改善了自己四肢不协调，从一个毫无节奏，不懂什么是形体训练的小白选手，到对形体越来越感兴趣。

2009 年 3 月，小张被介绍到外省做超市保管员。周末的一天，她意外地在一家职业技术学院门口看到《空乘班常年招空姐》的启事。培训班专门为航空公司输送空乘人员做准备，考核合格后能获得中专学历。小张动心了。她拿出自己的积蓄，又借了些钱，瞒着父母和同事悄悄报了名，参加晚上和双休日的培训。真正接触这个行业，她才知道，空姐并不像她所想得那么简单，还有各种更加严格的要求。第一课是微笑。老师要求学生练习笑容时，嘴里都要咬着一根筷子找感觉；嘴角的微笑还算好练，难练的是眼睛的微笑。苦练了几天之后，小张第一次发现，自己竟然不会笑了。在培训班练习站姿时，学生需要穿着5cm高的高跟鞋，头上顶一本书，两腿膝盖间夹着一张普通白纸站立。开始小张站一个小时便大汗淋漓，老师不得不让她出列休息。但小张不甘心，没事时就自己练习。常常几个小时站下来，腿已麻木。所有课程中，小张最怕的就是形体训练。为了学好形体，几乎每个周末，她都出现在各个大学校园的角落里。最开始时，几乎没人能理解她，小张不断给自己打气："不怕不怕，没人认识我!"这种勇气，还真的让她的舞蹈水平提高很快。但即使如此努力，在第一次的形体测试中，小张还是因为卡不上节奏失败了。从那以后，小张为了不影响宿舍同学休息，每晚都找一个僻静的地方听音乐训练。在这种魔鬼式的训练下，2011年4月，小张如期结业。微笑、优雅、仪态端庄，再也不是原来的村姑。2011年6月，南航"空姐新人秀"大赛正式开始。比赛首次打破学历和户口限制，但芭蕾环节还是让她犯了难，她开始找老师集中训练，由于是半路出家连劈腿都困难，老师走到她身后问她："怕不怕痛?"小张硬着头皮说："不怕。"老师把手搭在她的腰上突然用力一按，小张"啊"的一声惨叫，腿是劈开了，可是怎么也起不来了。经过几个月的魔鬼训练，小张的芭蕾舞也跳得有模有样了。2011年10月，"空姐新人秀"的比赛只剩下成都和广州两个赛区了。小张怀揣着母亲借来的钱乘飞机飞到成都。在比赛中，因为被考官目测腿部长度不够，小张惨遭淘汰。她不服气，又辗转到广州，再次报名。经过层层选拔，小张一路闯关成功。为了扬长避短，她特意挑了一件小一号的衣服来穿，这样腿就显得特别修长。让人惊喜的是，在她最担心的这个环节上，竟然奇迹般闯关成功。最后，小张从3000多名选手中成功晋级60强。2011年12月16日晚8时，南航"空姐新人秀"的60名选手参与电视晋级赛，围绕30个空姐席位展开了最后角逐。小张纯真的笑容、眼前一亮的舞蹈才艺打动了评委，成功入围。一个评委给出了选择她的理由："她不是样貌最出众者，但她的笑容最真，在通过热辣的舞蹈表达出'火'的诠释。眼神和动作很自然，这是一名空姐的必备素质。"小张，是唯一拥有农村户口、没有正规大学学历的空姐。

当飞机起飞的那一瞬间，小张才真正能够静下心来观赏窗外的风景。机窗外白云缭绕，仿佛置身于仙境，禁不住喜极而泣。是呀，从地上到天上，这一步她整整走了6年，生活是一棵长满了各种可能的树，你永远不知道下一刻会发生什么，唯一能肯定的是，只要你怀有梦想，永不放弃希望，"空姐"就一定会变为现实。

第一节　形体训练概述

学习目标

理论目标：了解形体与形体美的内涵；形体训练的内涵的原则；形体训练的基本术语

实践目标：通过基础练习提升对形体训练的兴趣，提高节奏感

学习内容

随着人们生活水平的不断提高，良好健康的生活和锻炼方式不断受到追捧。大众对形体美的追求也进入一个探索和实践阶段。针对这样的现实情况，对形体美的研究则具有重要的现实意义。首先，空乘人员需要对形体美的内涵有深入的了解；其次，需要分析影响形体美的因素，纠正对形体美的认识误区，以达到重视形体美的重要意义；最后，要根据自身条件，选择合适的塑形手段，以达到健美体型、培养良好身体姿态的目的。

形体训练又称形体美训练，根据人体自然形态发展规律和运动规律，在音乐伴奏下，有计划、有步骤地进行科学训练的过程。空乘人员的形体训练既注重身体动作的规范、节奏、姿态和仪表的训练，又强调个性、品质、情操的培养，同时还包含了对部分礼仪规范的要求，内外兼修，以此提升空乘者的职业素养。

一、形体与形体美的内涵

形体通俗来讲就是指人的身体以及人的形状形象，可以分为广义和狭义两种。形体从广义上来讲，可以看作人的身体形状和一个人本身具有的体质。狭义的形体指人的身体的五种组织结构，即筋、骨、皮肤、脉、肌肉五部分。形体是人在先天遗传产生变异和后天获得基础上所表现出来的身体形态上相对稳定的特征，它是人的表情、姿态和体型等人的外在形象的总和。

形体美是一个不断变化发展并具有丰富内涵的概念。空乘人员从静态维度上，形体美可以通过体型、体态展现出一种人格美；从动态维度上，形体美展现了空乘人员的风度、气度。而从形体美的内涵可以分析出，形体美并不只是静态的体型和体态的美，更重要的是风度、气度的人格美。

综上所述，形体是指人体的外在表现，人体只有在四肢、躯干、头部及头部五官的合理配合下才能显示出姿态美、体态美、线条美和外部形态与内部情感的和谐统一美。形体美是指由人体体型、体态展现出来的一种人格美和由人体风度、气度展现出的动态美，人体的整体指标（主要指高、矮、胖、瘦等指标）合理和人体各部位之间的比例关系恰当，形成优美和谐的外观特征。

二、空乘人员形体训练的内涵

空乘人员形体训练就是以人体科学理论为基础，通过各种身体练习，运用专门的动作方式和方法，从而改变人的原有不良体态，以增进健康、增强体质、塑造体型、训练仪态、陶冶情操为目的的空乘人员形体素质基本练习。空乘人员形体训练主要包括形态训练、姿态训练和气质训练。形态训练是指针对空乘人员的身体的各个部位进行的训练。姿态训练是针对空乘人员的站、立、行等姿势而进行的练习。气质训练是空乘人员内在的文化修养和外在的精神面貌的专门练习。

三、形体训练的原则

1. 科学性原则

形体训练的科学性主要体现在练习内容、运动负荷、练习方法等方面的确定必须符合人体发展的客观规律。例如，青少年从 15 岁开始，随着身高增长速度的减慢，肌肉开始横向发展，肌纤维开始变粗，肌肉力量逐渐增加，肌肉已具有良好的弹性和收缩能力，如根据这一时期肌肉的生长发育特点进行一定强度的力量训练，将会取得事半功倍的效果，可有效强健体格，改善体型。此外，练习内容的安排要合理，应遵循循序渐进的原则，由易到难、由原地到移动、由单个动作到组合动作并逐渐增加方向的变化。此外，锻炼强度、锻炼时间以及锻炼着装的选择也要有科学性，适合形体训练的特点和要求。

2. 全面系统性原则

人体是一个完整统一的有机体，只有全面系统地进行形体训练，才能使全身肌肉线条清晰，使身体各部分比例匀称。此外，就身体素质而言，不仅要重视柔韧性的练习，还应重视力量素质的发展，从而全面提高身体的舒展性和控制力，使身体动作轻松有力，充满活力。

3. 经常性原则

形体的改善并非一朝一夕就能实现，需要长期坚持不懈的努力，最终形成一种意识和习惯。因此，只有持之以恒、循序渐进，根据自身的条件制订一个切实可行的锻炼计划，长期坚持系统训练，使形体训练成为一种长期的运动习惯，才能有效地促进人体机能的发展，达到改善体型的目的。

4. 区别对待原则

形体训练因人体所处的生长时期不同而有所区别。在青少年时期，长骨正处于生长发育的重要时期，加强下肢骨的锻炼，可以有效促进身体的纵向发育。使身体长高（主要为腿的长度增加），使身体的比例美观。此外，女性与男性的形体训练也有较大差别。女性要重视身体各部位柔韧性的练习，尤其是肩、胸和腰部的柔韧性，同时加强胸部和腰、腹、臀部肌肉的锻炼，促进胸部的发育，减少腰、腹和臀部脂肪的堆积。而男性则要重视身体各部位肌肉力量的锻炼，促进肌肉发达，使身体各部位的肌肉结实健美，有力度。

四、空乘人员形体训练基本术语

空乘人员形体训练基本术语是在形体训练中用来描述形体动作和技术的专门用语。具有准确、简练、易懂的特征。通过了解和掌握空乘人员形体训练的基本术语，我们不仅能够正确描述形体训练中的各种身体动作，规范动作表达，而且能够建立正确的动作概念，掌握动作技能，提高练习效果。

1. 动作方向术语

动作方向是指身体各部位运动的方向，一般根据人体直立时的基本方向确定。

向前：向胸部所对方向运动。

向后：向背部所对方向运动。

向侧：向肩侧所对方向运动。

向上：向头顶所对方向运动。

向下：向脚底所对方向运动。

中间方向和斜方向：指两个基本方向之间45°的方向。例如，“前上方”是指在“前”与“上”之间的45°方向，其他斜方向均与此同理。

向内：四肢由两侧向身体中线方向运动。

向外：四肢由身体中线向两侧方向运动。

同向：不同肢体向同一方向运动。

反向（异向）：两个肢体向相反方向运动。

2. 身体基本方位术语

为了表示人体在活动场地上运动的方向，空乘人员形体训练中借鉴了舞蹈和芭蕾术语，把身体正对的方向定为基本方位，称之为1点。以此为起始方位，按顺时针方向，每45°为一个基本方位，将场地划分为八个基本方位，即1点、2点、3点、4点、5点、6点、7点、8点，如图8-1所示。

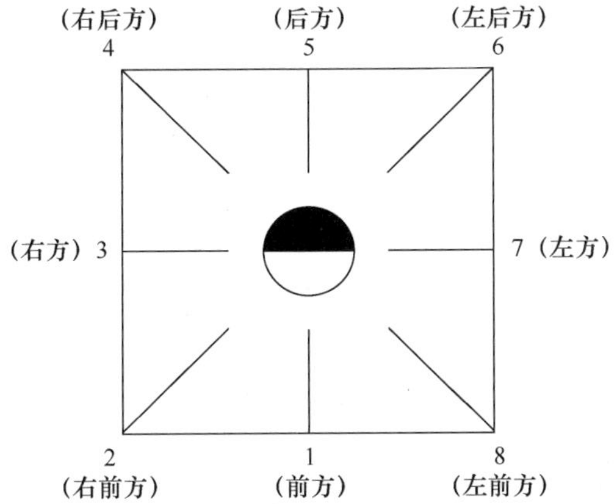

图8-1　八字方位图

在空乘人员形体训练过程中，应指明身体面对着第几个点。例如，面向2点，即面向场地的右前方。

3. 动作之间相互关系术语

同时：在完成一个动作时，不同身体部位在同一时间参与运动。

依次：在完成一个动作时，不同身体部位先后连续地参与运动。

交叉：两臂或两腿同时向内形成重叠交错的姿势。

交替：对称的肢体有节奏地连续依次动作。

对称：左侧和右侧肢体做相同的动作。

4. **基本动作术语**

举：手臂和腿向上抬起，停止在一定位置的动作。例如，两臂上举。

屈：通过关节弯曲运动使身体某部位形成一定角度的动作。例如，屈膝、屈肘。

伸：弯曲的关节伸直的动作。摆动：身体某一部位做有节奏的弧线运动（不超过360°）。例如，摆腿，摆臂。

绕环：身体某一部位摆动达到或超过360°。例如，肩绕环、腰绕环。

踢：腿部快速向上摆动的动作。例如，前踢腿、后踢腿。

控：身体某一部位在一定的高度，固定某一姿势并保持一定时间。例如，控腿。

跳跃：单脚或双脚蹬地之后向上腾起，身体在空中保持某一种姿势，然后落地的动作。例如，分腿跳、挺身跳。

转体：以单脚或双脚为支点，绕身体的垂直轴转动的动作。例如，双脚转体180°、单脚转体360°。

平衡：用单脚或身体其他部位支撑地面，使身体保持静止姿势。

劈叉：两腿分开接近180°的动作。前后分腿叫纵劈叉，左右分腿叫横劈叉。

5. **人体运动轴术语**

人体的运动均围绕着三个不同方向的轴进行，即垂直轴，额状轴或矢状轴。

垂直轴：上下垂直于地面的轴。例如，直立时向左或向右做转体的动作就是绕垂直轴的运动。

额状轴：平行于身体（穿过人体左右）的轴。例如，直立时做体前屈或体后屈动作就是绕额状轴的运动。

矢状轴：穿过人体前后的轴。例如，直立时，向左或向右做体侧屈动作就是绕矢状轴的运动。

第二节　形体训练的定义与作用

学习目标

理论目标：了解形体训练的定义；理解形体训练的特点与作用

实践目标：能够掌握形体美的评价标准

学习内容

形体训练可以促进身心全面发展，开拓艺术思维，潜移默化地提高对美的鉴赏能力。形体既有“静态形体”又有“动态形体”，在一定程度上又会相互影响、相互促进。

一、形体训练的定义

形体训练是以身体练习为基本手段，以发展空乘人员身材匀称和谐为主要目的，通过徒手或辅助器械练习，增强体质，培养正确的动作姿态，并塑造良好形体，促进形成优雅气质的一项健身运动。现代社会，形体美已成为人们追求的重要目标，越来越受到人们的重视。随着人们生活质量和健康意识的提高，越来越多的人在追求和寻找美体的健身方法，形体训练就是实现形体美的有效健身运动。空乘人员形体训练是以形态练习、姿态练习、气质练习为主要内容和基本手段，对空乘人员进行美育教育，塑造优美形体，使身体得到全面发展，并培养高雅气质，改变人体的原始自然状态或矫正不良身体形态的一种身心培育过程。

二、形体训练的目的和意义

1. 形体训练的目的

空乘人员形体训练是面向空乘学生进行素质教育、培养综合能力和塑造优美身体形态的一门基础课。它是以人体科学为基础的形体动作训练，是以改善空乘学生形体动作的状态，提高灵活性、协调性，增强可塑性为目的的形体素质基本训练，又是以提高形体外在的表现力为目的的形体技巧训练。它为良好站姿、走姿的培养在身体素质方面打下良好基础。

2. 形体训练的意义

形体训练在一定程度上和健美运动一样，都要求外形的优美、身体的匀称。但它们也存在着一定的区别，形体训练包括外形锻炼、内在修养以及言谈举止等方面，而健美运动则是锻炼身体的外表。从古至今“爱美之心人皆有之”，充分说明了每一个人都有美的追求。美的形象、美的色彩和美的旋律，总是给人一种愉快的感受、美的享受，而健壮的体魄则是力量的象征。所谓形体美是对一个人的体态（包括行走、站立、坐姿、蹲姿）和体型等（外表和线条）是否优雅，身体是否匀称、优美而言的。形体训练的意义在于以下三点。

（1）增强体质，培养美的体态及体型

形体训练既是体操美、舞蹈美、音乐美等多方面的结合体，同时也是礼仪礼节的综合练习。因此，形体训练是丰富多彩的，有各种健美动作和组合动作，动作的节奏有快速的也有缓慢的，有柔和的也有明快的，因而它是包括内外形态训练的全身运动。形体训练不仅对人体诸器官和系统有良好的影响，并且能增强体质，改进健康状况，同时还能培养优美的体形、优雅的体态，使它们朝着健康美丽的方向发展。

（2）进行美的教育，提高审美能力

对学生进行审美教育，是学校教育的一项重要任务。爱美是人的天性，学生对美的向往和追求表现得尤为强烈，他（她）们希望向美的方向发展，用美来点缀自己的生活，而进行形体美训练是进行美育教育的一种良好手段。

（3）提高人们的内在修养

形体训练不仅是锻炼身体的外表，而且是培养一个人的谈吐、行走等礼仪的方法；通过形体训练，不但能得到一个好的身体，而且会获得令人羡慕的好仪态和优美的体态。

三、形体训练的特点和作用

1. 形体训练的特点

（1）形体训练的群众性

形体训练不同于其他体育项目具有竞争性特点，因此对参加形体训练的人没有特别的要求。不论男女老少，根据各自不同的年龄、职业、能力、爱好都可参加，每个人都能选择适合自己身体情况的形体训练内容，以达到强身健体、完善身体形态的目的。因为形体训练不仅能够使新陈代谢旺盛、各器官功能得以改善，增强体质、延年益寿，同时也可以有针对性地改善身体某一部分，使体型匀称、协调、优美。所以，各个年龄层次和不同性别的人群都可以参与其中，根据自身的情况、特点进行有针对性的形体训练。形体训练也因此成为当今深受群众喜爱，易于推广、普及的健身方式之一。

（2）形体训练的长期性

形体训练对人体的健康很有裨益，它可使人的肤色润泽、体格健壮、内脏功能健康、体态优雅。预防、改善和矫正不良的身体形态，需要一个长期艰苦的训练过程，不可能一蹴而就。试图通过几次形体训练就达到理想的效果是不可能的，只有坚持不懈地长期进行形体锻炼，才能逐步形成正确的身体姿态，以长时间地保持稳定良好的形体，并能使畸形不良的形体得以纠正。因此，要通过量力而行、持之以恒的形体锻炼及适度的营养摄入和休息才可成就理想的形体美。与此同时，形体训练的长期性也是对自身意志品质的考验和锻炼，使练习者在美体的同时得到内在美的充实。

（3）内容和方法的多样性

进行形体训练所选择的内容、方法和形式多种多样，内容十分丰富。训练的内容有大量的徒手练习和持轻器械或利用器械的练习。基本体操、艺术体操、健美操等体育项目及舞蹈也为形体训练提供了丰富的素材。有用于身体局部练习的单个动作或专门动作，也有用于身体全面练习的基本动作、组合动作和成套动作。在练习的形式上，教学中或健身房常采用集体练习形式，另外也可单人或双人进行练习，可站着练习，也可坐、跪在地上进行练习。在场地器材的使用上，由于练习形式的多样化，对场地器材没有过多过高的要求，一块空地、一台录音机都可达到练习的目的。练习的内容方法、形式的多样性能激发和调动练习者的兴趣和积极性，收到理想的训练效果。

2. 形体训练的艺术性

形体训练是一种健与美相结合的造型艺术，目标是追求形体美、姿态美、气质美，因此具有较强的艺术性。在训练中应遵循对称、和谐、统一、节奏和造型等形式美的法则，使身体造型优美，动作舒展而富有节奏。另外，在形体训练过程中，不论是单个动作练习还是成套动作练习，往往都是在音乐的伴奏下完成的，节奏明快或舒缓优美的音乐，有利于练习者把握动作的节奏感和协调性，激发练习者的练习欲望和激情，使动作更富美的表现力，并使练习者在训练中陶冶美的情操，培养正确的审美观念，提高对美的感受和鉴赏能力。

3. 形体训练的作用

（1）健身作用

经常进行形体训练，不仅有益于肌肉、骨骼、关节的匀称与和谐发展，有利于形成正确的体态和健美的形体，而且可使肌纤维变得粗而有力，使其中所含蛋白质及糖原等储量增加。

从生理健康的意义上讲，形体训练属有氧代谢运动练习。经常进行形体训练，能够促进人体的新陈代谢。改善中枢神经系统的功能，提高心血管系统、呼吸系统、消化系统等内脏器官系统的功能，增强机体活动的能力。经常进行形体训练，还能有效地提高基本的形体素质，如柔韧、力量、灵敏、协调等，对全面提高身体健康素质有着明显的作用。经过系统的形体训练可使身体变得强壮有力，增强内脏的机能，改善血液循环，促进新陈代谢，从而增强人体对疾病的抵御能力。

（2）健美作用

健美主要是指一要健康、二要符合人体美的标准。车尔尼雪夫斯基说："生命是美丽的。对人来说，美丽不可能与人体的健康分开。"形体训练不仅可使人获得健康美，还能使人体获得形体美、姿态美、动作美和气质美。

形体美主要是由身高、体重和人体各部分的长度、围度及其比例所决定的。身高在很大程度上受遗传因素影响，但后天的体育锻炼和形体训练对身高仍有一定的影响，形体的协调、匀称主要是通过形体训练，使身体各部分的围度比例得到改善。通过控制肌肉和脂肪这两个可变因素，消除身体的多余脂肪，使必要的肌肉强健结实，从而使身体健美。长期坚持形体锻炼可使少年儿童形成正确的身体姿势；使青年人动作优美、姿态矫健；使中年人延缓身体的衰退，保持良好体型；使畸形不良和不正确的姿态得以纠正。总之，健美的形体是通过运动锻炼出来的。进行科学、系统的形体锻炼，不仅能增强身体素质，提高健康水平，同时还能减肥，保持相对稳定的体重，使形体健美，并且能修饰和改善身材不足，使生命力更旺盛，精力更充沛，使学习、工作、生活的节奏更清晰。

（3）健心作用

形体训练是集体操、舞蹈、音乐于一体的健身运动，练习者在音乐的伴奏下，有节奏地完成各种动作，能够陶冶情操、振奋精神、调节心理，产生愉快的情绪，以达到愉悦身心、保持心理健康的目的。

形体训练由各种身体练习构成，通过反复、不间断的训练，在获得美的形体、美的姿态、高雅气质的同时，对自己进行一种良性的心理刺激，能有效地激励自己奋发向上，并对情绪和性格产生积极的影响。另外在长期的形体训练中，还必须战胜自己性格中的惰性、娇气、任性等不良习惯，培养坚毅顽强、吃苦耐劳等意志品质，使自己的品格得以升华，逐步形成健康、科学、文明的生活方式，使生活质量得到进一步的提升。

综上所述，形体训练是获得形体美的主要途径。进行形体训练可以促使人们热爱生活，塑造最佳的自我形象，增强自信心，为今后步入社会参与竞争、展现才华创造条件；同时，还能使自己从美好自身、完善自我开始，进而去美化生活、美化社会。

第三节　形体训练的内容与形体美的评价标准

学习目标

理论目标：了解形体训练内容的分类；形体美的含义；形体美的审美特征；形体美的标准；体型的分类标准；姿态美的标准

实践目标：通过形体训练的内容能达到美的标准

学习内容

空乘人员形体训练是一个完整、系统的锻炼体系，是以人体科学理论为基础，通过各种各样的身体练习以增进健康、增强体质、塑造体型、训练仪态、陶冶情操为目的，有计划、有组织的训练过程。

一、形体训练的内容

空乘人员形体训练从训练内容上来分，可分为舞蹈类、体操类、健美操类、艺术体操类、瑜伽类、普拉提类、舍宾类等。

1. 舞蹈类

通过练习，空乘学生初步了解并掌握舞蹈类形体练习的基本风格、基本舞步、步伐、动作基本韵律的特点，提高动作的协调性、节奏感，培养进行形体训练的兴趣。学生由此具有健美的身体姿态，而且可以锻炼、抒发和表达感情，美化生活。

（1）舞蹈的定义

舞蹈是形体艺术的表现形式之一，它是通过艺术的加工及人体动作提炼来表达人们的思想情感、反映人们的生活。舞蹈起源于劳动，与文学、音乐、美术有着一定的关系，也是人类历史上最早产生的艺术形式。世界上各民族都有着各自不同风格的舞蹈，鲜明地反映了人们的思想、生活和信仰。

舞蹈也可以作为现代教育的内容，可以使培养对象具有良好健美的身体姿态，增强审美情趣，提高艺术修养。

（2）舞蹈的分类

①民间舞

民间舞一般是指各国的传统舞蹈，具有鲜明的民族风格及传统特色。由于各国在历史文化、地理环境、宗教信仰、生活习俗等方面具有不同的特点，所以民间舞的样式繁多。风情醇厚、多彩多姿的民间舞，在历史文化的长河中世代生息演变，流传至今（见图 8-2）。

图 8-2　民间舞

②芭蕾舞

芭蕾发源于意大利，到 19 世纪初期，已成为一门独立的艺术。芭蕾舞是法语“ballei”的音译，它具有两层意思：一层是指欧洲的古典舞蹈，是在欧洲各国民间舞的基础上，经过不断的加工丰富发展起来的；另一层是指将哑剧、音乐剧等融为一体，表现一段故事的戏剧艺术，称为古典芭蕾。芭蕾的特征是要求女演员穿上特制的足尖鞋，立起脚尖舞蹈（见图 8-3）。

③古典舞

古典舞是指具有古典风格的传统舞蹈。中国的古典舞蹈大多源于戏曲艺术，又在民间舞蹈的基础上提炼、加工。世界上许多国家、民族都有其各具特色及风格的古典舞蹈（见图 8-4）。

图 8-3　芭蕾舞

图 8-4　古典舞

④现代舞

现代舞是创作形式具有自由思想的一种舞蹈，其舞蹈的特点是自由浪漫、不受程式的束缚，以自然的舞蹈动作表现思想情感（见图 8-5）。

图 8-5　现代舞

（3）舞蹈的作用

舞蹈是一种美的教育，可培养良好的审美感觉，有利于提高身体素质，增强形体与气质美感，能培养想象力和创造力、集体观念和竞争意识。舞蹈能感染人的思想、品质、情感，影响和陶冶人的性格、情操，培养音乐素质，表现和抒发各类情感。

2. 体操类

（1）体操的定义

基本体操是一种以健康为主要目的的运动项目，通过基本体操练习，可达到锻炼身体、增进健康、培养正确的身体姿势、增强身体素质、提高机体工作能力、促进身体全面发展的目的，是广大青少年锻炼的极好方式。尽管基本体操有几大类，但它们有共同的特点。首先，基本体操具有内容丰富、活动形式多样的特点，能较好地满足不同人群的锻炼目的；其次，基本体操各个项目的动作及变化非常多，有简单的，也有复杂的，能满足不同水平的人对动作难度的需求；最后，基本体操绝大部分项目对场地、器材的规格要求不高，因此便于普及（见图 8-6）。

图 8-6　体操

（2）体操的分类

基本体操的项目内容较多，大致可将其分为 4 类：徒手体操，如普及性非常广泛的成人及儿童广播体操；轻器械体操，如深受广大少年儿童喜爱的跳绳练习，以及实心球练习、体操棍练习等；专门器械体操，如爬绳、爬竿及肋木练习等；队列队形练习。

（3）体操的特点

①体操的内容丰富，形式多样，易于普及。

体操可根据不同的要求，不同的年龄、性别、身体条件、训练水平以及不同的设备，因人因地制宜，选择不同的项目与动作进行练习，以达到促进健康、增强体质的目的。尤其是基本体操便于推广，能适应广大群众和青少年的需要。

②体操能全面地和有重点地锻炼人体。

合理地选择项目与内容，坚持锻炼，既能全面地增强各运动器官、内脏器官和神经系统的功能，促进人体全面发展，还可着重锻炼身体的某个部位，或发展某种身体素质，进一步提高身体全面发展水平。

③体操有一定的艺术性。

在体操教学训练和比赛中，对单个动作或成套动作，都要求动作准确、协调、幅度大，节奏感强，姿势优美。团体操、自由体操和技巧必须有音乐伴奏，再加上体操运动员本身的体型美，能给观众一种美的享受。

3. 健美操类

（1）健美操概述

健美操是一项融体操、音乐、舞蹈、美学为一体，通过徒手、手持轻器械和专门器械的练习，达到健身、健美和健心的目的，具有竞技性、娱乐性和观赏性的新兴体育运动项目（见图 8-7）。

图 8-7　健美操

（2）健美操的分类

目前，健美操种类繁多，分类方法也各不相同，按健美操活动的目的和所要完成的主要任务可分为以下三类：健身健美操是为了提高健康水平和增强体质，达到体态优美，体型健壮等目的的健美操；竞技健美操是以比赛取得优异成绩为主要目的的健美操，可分为单人、混双、三人、混合六人健美操；表演健美操的目的是在表演中充分展示健美操的价值和魅力，陶冶情操、净化心灵，促进健美操运动的广泛开展。

（3）健美操的作用

①改善体型体态，矫正畸形。

体型主要是指全身各部位的比例是否匀称、协调、平衡、和谐，以及主要肌肉群是否具有优美的线条。体态主要是指整个身体及各主要部位的姿态是否端正优美。我国自古以来就很重视姿态美，强调一个人要“站有站相，坐有坐相”。如果长时间不注意体态端正，就可能影响某些骨骼的正常生长和发育，如脊柱的侧屈、含胸驼背、缩脖端肩等，将直接影响体态美。练习健美操能对身体某些部位的生长发育产生较大的影响，如使关节周围的肌肉发达，从而加强关节的稳固性。同时由于健美操中有许多伸展性练习，它可使关节囊、韧带和关节周围肌肉群伸展性增强，以增强关节灵活性。科学、系统、有针对性地练习健美操，可减少肌肉中的脂肪含量，达到消脂减肥的目的，从而更有效地改善人体形态，使女性变得体态丰满、线条优美、婀娜多姿、秀丽动人。

②培养高雅的气质和风度。

气质是人表现在活动中的强度、速度和灵活性方面的典型且稳定的心理特征，简而言之，它是一个人心理活动的动力性特征。风度是指人的言谈、举止、态度的良好表现，练习健美操不仅可以塑造人的形体，同时还可塑造美的心灵，只要具备高尚的情操，时刻注意自身的修养，就会逐渐形成一种高雅气质和潇洒的风度。

③增强体质，全面提高身体素质。

身体素质是指人体肌肉活动中所表现出来的力量、速度、耐力、灵敏及柔韧等基本能力的总称。它是人体各器官系统的功能在肌肉工作中的综合反映。良好的身体素质是体质增强的一个重要表现。为了达到形体健美的目的，通常采用多种综合性的训练手段进行锻炼。这样不仅使关节的柔韧性、灵活性、协调性得到发展，同时也可使内脏器官及新陈代谢得到改善，增强心肺功能。形体健美操的内容丰富多彩，决定了它对身体健康具有重要的锻炼促进作用，可达到增强体质、全面发展素质的目的。

4. 艺术体操类

（1）艺术体操的定义

艺术体操是一项以自然性和规律性为基础，在音乐伴奏下进行的徒手或持轻器械、为女子所特有的运动项目。它能充分展示韵律、柔美、优雅等女性健美气质。进行艺术体操的各类动作练习，可使女青年的身体全面发展，从而增进健康美、塑造形体美、陶冶心灵美（见图 8-8）。

图 8-8　艺术体操

（2）艺术体操的分类

艺术体操通常分为一般性艺术体操和竞技性艺术体操两类：一般性艺术体操的动作以自然和协调为基础，目的在于增进健康、加强身体素质、促进形体健美；竞技性艺术体操的动作是在自然和协调的基础上，以更加精确、优美并具有一定难度技巧的身体与器械动作进行的成套竞技性练习。它是以提高运动技术水平和参加竞赛为主要目的，内容包括绳、圈、球、棒、带 5 种器械。

（3）艺术体操的价值

①增进健康，塑造健美体型。

艺术体操与其他运动项目相比，更适合女性的生理、心理特点，它广泛采用各种动力性、造型性的动作，体现女性的气质，既符合她们的爱美心理，又能充分利用和弥补女子在生理功能、骨骼肌肉等方面的优缺点，因此它容易被女子所接受和喜爱。长期进行艺术体操练习，能有效地增强肌肉、韧带的弹性，使全身关节灵活、肌肉发展匀称，有利于促进身体的正常发育，可增进健康，塑造健美的体型。

②促进灵敏、协调素质的发展。

艺术体操是一项非周期性的连续运动，不仅内容十分丰富，做法千变万化，而且要求各种不同性质的运作连续进行、及时衔接、快速转化，这就要求练习者的相应皮质中枢不断地接受新刺激、新信息，不断地建立各种新的暂时联系，因此长期练习艺术体操，能增强神经系统的灵活性。

③实施美育教育，提高鉴赏能力。

形体艺术体操与美育关系密切，它不仅是体育项目，也是一种通过动作进行自我表现的艺术。它具有自然美，更充满着艺术美，美妙的音乐、高雅的舞姿、雕塑般的造型，以及音乐意境通过运动得到表达，内心情感通过肌肉活动得以抒发等，这一切使练习者深深陶醉，在美的实践中感受到美，产生美感。对美感的不断追求，又促使她们去更多更好地表现美、创造美；对于观赏者，能被优美的艺术体操所感染，他们的精神被振奋，获得赏心悦目的艺术享受。这样，在创造美、欣赏美、在美与美感的不断熏陶和磨砺之中，逐步增强了对美的正确感受和理解，有利于提高对美的鉴赏能力，培养高尚的审美情趣。所以，形体艺术体操是人们美的精神食粮，是实施美育教育的良好手段。

④发展智力。

艺术体操是在大脑指挥下的身体练习，在传授知识技能、增进健康的同时，也按照其特有的方式影响着人的智力发展。艺术体操教学具有鲜明生动的实践性和复杂多变性。在教学过程中，它要求学生不断努力，识记各种动作的外部形态、技术结构、动作做法、动作要领、动作规格，每个动作的幅度、速度、力度、节奏及人体在空间的方位，运动方向路线的变化、动作间的连接方法、动作次序等，这对练习者的观察、模仿、记忆力无疑是个很好的锻炼。其教学中特有的创编活动及它与音乐的结合，能大大丰富练习者的想象力，锻炼其思维和创造能力。

⑤培养练习者的个性。

进行形体艺术体操练习能培养勇敢、果断、坚韧的意志品质；加强集体意识，强调同伴之间的相互配合、协作，同时能够有效地增强自信心，培养练习者的应变能力。

5. 瑜伽类

（1）瑜伽的起源和发展

瑜伽作为一种精神的、意志的和身体的健身方法已经流传了几个世纪，它起源于印度，是古代印度哲学六大派中的一派。在梵文里，“瑜伽”这个词的意思是肉体与精神的和谐统一，字面意思是结合、连接，又是自我和原始动因的结合或一致。

现代瑜伽作为人类精神遗产被重新得到重视。它代表人体和精神的发展规律。瑜伽健身对人体的各个方面，如生理、精神、情感等都起到良好作用，因为它不会给人带来任何的副作用。除了有意识的呼吸、控制胸腔以外，在姿势上则以肉体和生理的练习为主；而冥想则是以追求心理和精神为诉求，即是说，借由呼吸、姿势和冥想达到身、心、灵的追求，同时也成为人们追求形体美的练习手段（见图 8-9）。

图 8-9 瑜伽

（2）瑜伽的作用

①预防和治疗慢性病。

现代社会人们的工作压力越来越大，心理压力也随之增大，而患心理疾病的人也随之增多。瑜伽冥想的练习会使人们的内心变得平静、平和；减少怒气、怨气，减少可能由于紧张与忧虑引起的疾病。瑜伽的各种体位法，可按摩身体内部器官，不仅可促进血液循环，伸展僵硬的肌肉，使关节灵活，还可使腺体分泌平衡，强化神经，起到预防和治疗慢性疾病的作用。越来越多的医疗团体推荐将瑜伽作为预防和治疗慢性病的方法。这些疾病包括冠心病、焦虑症、高血压、肌肉和神经疾病，如纤维肌痛等。

②保持身心健康。

掌握情绪、强化自我精神、纾解忧愁和抑郁、抗压解疲劳，这是现代生活中每个人不断告诫自己的话，但真正活得自在，活得没有烦恼的人有几个呢？借着锻炼和放松身体，持续不断地进行瑜伽练习，可以将意识集中于伸展及强化部位。当身心完全放松、专注于伸展肢体时，体内会产生一种让人心情愉快的“脑内啡肽”，以安定心绪，逐渐达到“身松心静”及“身心合一”的境界。使用腹式呼吸法可强化腹腔内脏、控制呼吸的快慢，可调整自律神经、控制心率、缓和紧张情绪。

③提高身体柔韧性，塑造形体美。

瑜伽的姿势能使人身体的每块肌肉慢慢地伸展，给身体带来无限的能量。瑜伽练习中应把注意力集中在身体变化所产生的感觉上，可体会到身体肌肉的伸展、拉长，防止肌肉组织功能下降，使肌肉富有弹性。消除肌肉萎缩和关节僵硬，并使肌肉的肌纤维拉长、变细，同时身体的柔韧性也得到改善。瑜伽可塑造体型，是从根本上改变体质。肥胖型的人，大都因饮食过度，多锻炼腹部姿势，可使反常的食欲恢复正常。此外，造成肥胖的原因可能还有意志薄弱，通过瑜伽练习，在面对美食的诱惑时，会有更佳的控制力。对于内分泌失调或其他妇科原因的肥胖，也可借助瑜伽各种体位法，达到很好的控制效果。

④改善内脏功能。

经常正确地做瑜伽练习，能使交感神经系统和副交感神经系统平衡起来，这意味着受这两个系统影响或支配的各内脏器官活动不会亢盛或不足。瑜伽的姿势也是一种辅助治疗的运动，通过身体的扭转、挤压姿势，可以加强肠胃的蠕动，增加消化液的分泌量，从而促进消化与代谢功能。同时使肾脏供血充足代谢加强，对胃病和脊椎病也有辅助治疗的作用。配合腹式呼吸法练习可提升内脏功能，促进并调和循环、消化及内分泌系统功能，起镇静神经系统的作用。

⑤达到生理平衡，保持青春。

瑜伽练习对保持人体生理功能，如调整呼吸、心率、流汗、体温等的平衡很有好处。瑜伽对重建人体功能的平衡效果显著，通过有规律地练习，人们可获得灵活性、平衡性、坚韧性以及对疾病的抵抗力，还可消除疲劳和安定神经，释放能量让大脑放松，从而使人在睡眠中得到真正的安宁。瑜伽的完全呼吸能控制身体，使身体处在良好的健康状态，进而促进精神的活跃。还能使人的心情常处于一种喜悦的状态，将对生命向上的活力原原本本地输入体内，使人常葆青春。

（3）喻伽的基本练习方法

①瑜伽姿势。

瑜伽姿势是指一个人在身体上和精神上能够保持稳定、平静、超脱和舒服的运动方式。瑜伽姿势是瑜伽体系中最基本的，除去 84 种特别说明的以外，其他的瑜伽姿势可能会各自有所不同，但是只要集中精神练习都能学有所成。

②瑜伽的训练过程。

瑜伽的训练过程包括热身运动、体位训练、深度拉伸。需要注意的是，在做这些动作时要配合呼吸。首先，热身运动。按摩肌肉，做些运动来提高体温，为接下来更剧烈的运动和深度拉伸做好准备。运用呼吸可以帮助更好地热身。其次，体位训练。体位训练，即“找到你的节奏”并进行全面的瑜伽体位训练。在进行训练的时候，可以根据需要调整姿势来放松肌肉，注意深沉而悠长的呼吸有助于练习者舒服地进行瑜伽练习。最后，深度拉伸。拉伸：完全热身和运动之后，肌肉已经可以做更深入的拉伸，保持有意识的呼吸。放松：在起身之前，必须做放松、平静的呼吸和冥想。

③瑜伽的基本技术。

瑜伽呼吸是自然而完全的呼吸，正确的呼吸可以增强全身的系统功能，增进健康，增强生命力。呼吸间于瑜伽姿势与冥想练习之中，吸气比呼气更加重要，因为正确的吸气可以清洁肺部及加速消除体内的毒素。

腹式呼吸：仰卧平躺，将一只手放在腹部，吸气时把空气直接吸向腹部，腹部就会鼓起来。呼气时腹部下沉，要慢慢地、深深地呼吸，注意吸气时肋骨是向外和向上扩张的；呼气时肋骨是向下并向内收的。它可以将空气带入肺部底部，以增加呼吸量。

胸式呼吸：仰卧或坐姿，深深吸气。不让腹部扩张，把空气直接吸入胸部、喉部及支气管。

完全呼吸：完全呼吸是一种自然的日常呼吸方法，是把腹式呼吸和胸式呼吸结合起来完成的。吸气时尽量将胸部吸满空气而扩张到最大限度，双肩可略微提起，胸部也将扩大，腹部会向内紧收。呼气时先放松胸部，然后放松腹部。有效地交换体内所需的氧气，促进排泄体内的废弃物。滋养身体的每一个部分，减慢心率。增强肺活量和耐力，并按摩内脏。

（4）基本要求

配合呼吸，并且深呼吸和有意识地呼吸。

保持良好的态度：具有一个开阔而专注的态度，会让练习者感到内心的平静。

保持根基稳固：要确保自己用整个脚掌（或腿或屁股）牢固地站在地上。

调整好体位：姿势要使自己感觉良好。

接受意念：身体运动要连贯放松。

冥想：尝试呼吸与集中精神来保持进入状态。

严格的饮食习惯：吃得要适中，只要不饿就行，尽量吃清淡、有营养的食物，提倡素食。

（5）注意事项

不要误认为瑜伽可以包治百病，对于健康人和恢复期的人群，练习瑜伽可以起到预防疾病、强健身体及改善提高精神状况的作用。

不要鲁莽剧烈地做动作，也不要在猛烈拉扯身体之后马上停下来。

特别注意呼吸方式，以帮助放松和集中精神。

除去各种饰物，穿着宽松舒适的衣服，以便身体活动自如。

最理想的练习场所是在空气流通、清新的、有足够空间伸展肢体的场地。

不要在吃饭后马上练习，应该在餐后2~4h练习，或是少食的1h之后开始练习。

有高血压或心脏问题的练习者，应避免过多站立练习或后弯曲练习。

有髋关节错位问题的练习者，应避免进行坐姿练习。

有背部伤痛或脊柱、椎间盘错位等问题的练习者，避免做前屈、侧屈或脊柱拧转的动作。

有眼睛、耳朵、神经、头、颈部、背部问题或伤痛，以及月经期、高血压、偏头痛、眩晕等问题时，要避免练习肩倒立或其他倒转身体的动作。

有膝关节问题的练习者，应避免进行跪姿的动作或向后弯曲的动作。

有骨质疏松或背部僵硬的练习者，要非常小心地尝试拉伸、拧转或向后弯曲及侧转的动作。

不要在怀孕期间开始练习瑜伽。如果在怀孕前已经开始练习瑜伽，可以继续练习，但要十分小心、温和地去练习。

不要急于求成，练习时要将每一步骤都做准确，循序渐进地进行尝试及练习。

不要与别人进行比较，要同自己上一次的练习比较，以增强自信心。

6. 普拉提类

（1）普拉提的起源和发展

普拉提训练法是由德国人约瑟夫·普拉提创立并推广的。最初约瑟夫·普拉提为了克服身体的疾病恢复健康，糅合了东方和西方不同的运动理念，创立了一种结合东方的柔韧和西方的力量两者优点的锻炼方式。长期的锻炼过程也使他积累和总结了一套独特的均衡肌体的训练体系，该体系传播速度极快，并受到越来越多的人的认可和欢迎，也被芭蕾、体操等相关项目列为特殊的训练方法。它最初被用来对运动员和病人进行运动功能的恢复理疗，后来逐渐发展成为一种健身运动。这项运动运用意念来指导运动，进行调身、调心，同时对减肥、改善身体姿态有较好的效果。近两年来，普拉提也在中国兴起。现在，普拉提已演化为一个代名词，泛指所有运用 joseph pilates 动作来锻炼的课程，该课程可以是集体健身课程，或是由一个教练为了纠正某种损伤，肌肉不平衡或其他身体问题而开设的私人训练课程，普拉提集体课是专为在办公室工作的人群设计的，他们由于长时间在办公桌和计算机前工作导致肌肉发展失衡，这种课程主要是针对腹肌、髋肌群、肩背等部位的肌肉训练。有规律地进行普拉提锻炼可纠正身体姿态，放松腰部颈部，收紧手臂与腹部的松弛肌肉，现在有很多专业运动员也用普拉提练习来避免运动损伤（见图 8-10）。

图 8-10 普拉提

（2）普拉提的特点与功效

呼吸和运动的配合是普拉提训练法的核心，它强调人的呼吸对人体运动的影响。它的每个姿势都要与呼吸相协调。普拉提健身操把东方的柔美和西方的刚毅合二为一，它的动作缓慢清晰，吸收了古老的瑜伽和太极的动作精髓，用节奏把呼吸、冥想、柔韧、平衡有机地结合在一起，在舒展身体的同时，又能使心境得到良好的平复，特别适合缺少运动、长时间面对计算机和朝九晚五的上班族。

普拉提的运动强度不是特别大，但讲究控制、拉伸、呼吸，对腰、腹、臀等女性重点部位的塑造有着很好的帮助，更适合现代女性对形体美的要求。长期坚持普拉提训练能够拥有结实的肌肉、协调而柔韧的躯体。

普拉提通过优美缓慢、简单的大幅度动作锻炼肌肉，使身体更加纤长、灵活，线条柔软而健美；而动静结合的动作安排，使身体既有紧张也有放松，从而加强了身体器官的功能，增强身体的柔韧性和协调能力；由于普拉提锻炼的核心部位是身体中段，而现在很多人是腹部脂肪较多，故可以通过普拉提进行锻炼。值得一提的是，普拉提运动相对平和，几乎不会产生对关节和肌肉的伤害，它是一种肌肉深层练习，通过一些速度缓慢的动作，较长时间地控制肌肉，达到消耗身体各部位能量的目的。

普拉提独特的地方在于它把练习重心放到了精神层面上，通过呼吸和精神控制让练习者能面对自己的内心世界。在练习中，还可以借助哑铃、体操棒等健身器材对身体进行训练。普拉提近来受欢迎的很大原因是它不受场地限制，拿块垫子，甚至在地板上就能练习。它既融入了“刚”，即注重身体肌肉和功能的训练，又融入了“柔”，即强调练习时的身心合一，每个姿势都强调呼吸协调。

（3）普拉提的练习方法

①正确的姿势。

普拉提是在舞蹈和运动的基础上进行肢体调整、增强身体的功能的。正确的姿势是保持腹部和背部集中运动的力量，让肌肉能够支持脊椎。有力的腹部肌肉形成支持脊椎的“力量区域”。当练习者正确地挺起腹部和背部并加强其他肌肉的用力时，整个身体就达到了自然和理想的状态，这样的姿势会帮助肌肉做适当的运动。因其不是通过幅度很大的动作来完成练习，所以正确的姿势绝对重要，否则就得不到所期望的效果，还会疲劳和流汗。普拉提不仅能够改善人体的外在形态，它在治疗一些疾病方面还有特殊疗效，例如，身体肿胀、腰背痛、便秘、疲劳、静脉曲张等。

②良好的呼吸。

要学会普拉提，首先要学会呼吸。普拉提的呼吸与人们日常的呼吸正好相反，它要求运动者在呼气时学会运用腹部的肌肉。所有的运动都要基于呼吸，运用呼吸来调节运动。如果呼吸正确，就能够使腹腔肌肉得到充分的激活，并能最大限度地释放压力，这也是普拉提和瑜伽的相似之处。良好的呼吸方式应该是以头脑、身体和精神来进行的，这样可以使练习者的肉体压力和心灵压力一扫而空。呼吸的时机必须正确，与通常所说的呼吸不同，普拉提运动要求在用力动作时吸气（这时练习者的腹部处于伸展状态），而在收紧腹部时呼气。

正确的呼吸方法是：用鼻子吸气，用嘴呼气，讲究呼气的深度，尽可能地运用腹式呼吸的方法；呼吸的速度不宜太快，与动作的速度基本一致，不要憋气进行训练；运动时注意呼气，静止时注意吸气，这样可以缓解因肌肉用力而给身体内部带来的压力；通过控制呼吸，把注意力集中在呼吸上，减少人对肌肉酸痛的敏感度。

③简易练习动作示例。

动作 1：背躺在地板上，颈部放松，保持脊椎的自然弯曲。吸气 5 拍，慢慢吐气 5 拍，同时收缩腹部并起上体。

动作 2：仰卧在地板上，腹部收缩，并且双脚离地。背部需要尽量贴近地面，同时颈部放松。呼气时把脖子提起来，使头部离开地面，同时提膝并靠近上身。

动作3：面朝下俯卧。头顶心向前顶，沉肩。收缩腹部的肌肉，将肚脐部抬离地面。在整个动作中练习者都必须保持这个姿势。吸气并且抬头，手臂和胸部离开地面，背部肌肉收紧。呼气后再慢慢放下。呼气时上身躯干静止，将两腿抬离地面，抬到背肌不过度紧张的高度。

动作4：双手撑地，呈俯卧撑的姿势。腹部、臀部收紧，身体躯干呈一条直线，静止20s。身体中心躯干轻轻地上下移动，抬起、放下，反复做12~15次。

动作5：呈俯卧撑的姿势，和动作4的前半部分一样。抬起左腿，同时吐气，髋关节不能移动。注意，要通过腹部肌肉的收缩来带动抬腿的动作。当练习者把左腿放下时吸气，在换抬右腿时吐气。确保练习者的髋部不移动，背部要挺直，还要做到沉肩，并尽可能伸长颈部。两腿轻轻地交替抬起、放下，保持均匀的速度。这几个动作可以循环练习2~3次。

④练习中注意事项。

普拉提健身运动不受空间的限制，在很小的地方就可以练习，但是由于动作缓慢，加上肌肉的控制、呼吸的配合和身体感受的变化，使本来看似简单的动作做起来有一定的难度，需要有正规的教练在旁进行引导。普拉提运动可以根据自身的身体感受一周做3次或者天天都做，每次锻炼一般保持在45min~1h，由于普拉提运动不属于心肺功能锻炼，所以并没有严格的时间限制。另外，在练习普拉提运动之前45min内不要进食，运动后也需要0.5h的身体调节才能进食。

7. 舍宾类

(1) 舍宾的起源与发展

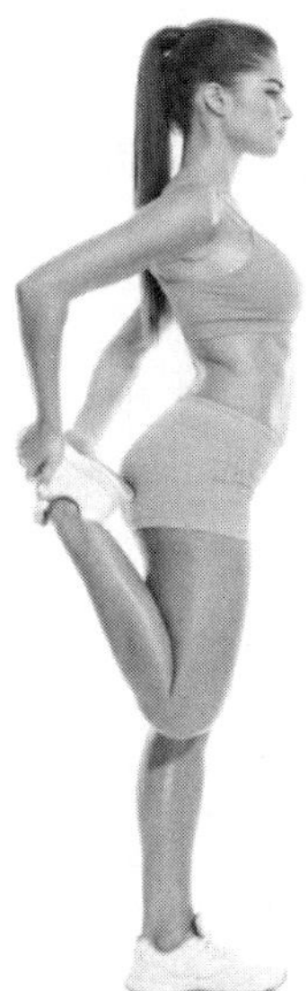

图8-11 舍宾

舍宾是“shaping”这项运动的中文名称，其英文含义就是形体雕塑。舍宾的思潮源于美国，而真正的“shaping”人体美化工程系统则产生于俄罗斯。在欧洲，20世纪70年代末兴起了舍宾运动，开始主要在苏联发展，后来传遍欧洲，并迅速向世界发展，成为一种多功能产业型形体锻炼运动项目。舍宾运动是由一批苏联体育专家同众多学科（如计算机、营养、美学、美容、舞蹈艺术）的专家在体育大众化改革中共同合作、多年研究的结晶，通过形体训练、力量练习以及有氧运动（主要指健身健美操）的形式来改善人体的健康状况与外形（见图8-11）。

舍宾运动基于对现代人体健康及人体美所做的深刻分析，认为现代人正在追求5个层次的人体美，即健康、静态形体美（外形、肢体围度、脂肪百分比、皮肤护理等）、动态美（姿势、表情、动作等）、气质美和整体美（包括自身和服饰、发型、化妆的协调配合）。在任何一家舍宾俱乐部，新会员都首先要接受计算机测评：计算机评价系统根据人的骨骼类型遗传条件。把人的体型分为9大类型，并建立各种形体类型的最佳模式标准；在此之后再进行医学、营养、功能、形体和运动五大测验。

（2）舍宾的作用

舍宾通过计算机测评分别制定出适合个体的“营养+运动+医学+心理学”训练处方，完成从形体美到总体形象美化，从外在姿态美到内在气质美的培养。舍宾形体运动设定的人体健美标准是形体的曲线美和围度的比例美。参加舍宾运动前先要做一次身体测试，以后每个月进行一次复测，以便调整训练计划，舍宾有以下 6 个方面的作用。

①全面雕塑构建作用。

健康美—静态美—动态美—气质美整体形象设计。

②模型标准作用。

舍宾的模型标准不是统一的，而是以每个人先天遗传的骨骼结构类型为标准进行设计的。

③个体训练作用。

舍宾训练处方是将形体测评、体能测试、医学测试等信息输入计算机，得到一个完全针对个人的形体训练计划。

④营养处方作用。

综合每个舍宾参加者的营养测评信息及身体测评、运动处方等信息后，针对个人的形体雕塑和基本健康需要而制定。

⑤减肥作用。

通过一系列的人体功能和代谢平衡方面的计算机测评，测定个人的身体状况是否需要和能否减肥，以及体脂分布状况。参照每个人的不同数据，分别制订一套准确率较高的肌肉和脂肪分布测评方案，为减肥和形体雕塑打下基础。然后通过与传统运动理念截然不同的舍宾运动来训练，以实现安全减肥。

⑥健身治疗作用。

对于失眠症、神经衰弱、高血压、肠胃病、胃下垂、妇科病等疾病，进行舍宾练习都有一定的治疗作用。

（3）舍宾的练习方法

人的体型伴随年龄的增长、生活条件的改善、饮食结构的变化，往往会在不知不觉中发生许多改变，如发胖、臀大、腰粗、曲背、突腹、四肢变形等，严重影响到形体健美。对于普通人来说，尤其是对于职业上班族，从事一些简易的健美运动锻炼加以形体规范，有一定的必要。下面介绍 10 种舍宾的简单训练方法。

①调适运动。

身体直立，右脚前跨半步，与左脚呈丁字形，双臂左右平伸。弯腰向前，左手在右脚前方触地；心中默数 1~10。身体直立，收回右脚，左脚前跨半步，与右脚呈丁字形；双臂左右平伸，弯腰向前，右手在左脚前方触地，心中默数 1~10。如此，左右两侧弯腰转臂各做 5~10 次。弯腰时上半身保持平衡，脊柱伸展有力，双臂左右摇摆，维持身体平衡，调适肢体匀称。

②侧身运动。

身体直立，右脚向外，左脚向前，呈丁字形，保持站立平稳。双臂向左右两侧平伸；然后，身体向左侧弯 30°，头略转，双眼视线随右手臂方向凝视，心中默数 1~10。身体直立，左脚向外，右脚向前，呈丁字形，保持站立平稳。双臂向左右两侧平伸，然后身体向右侧弯 30°，头略转，双眼视线向左手臂方向凝视，心中默数 1~10。如此，左右两侧弯腰展臂各做 5~10 次。动作注意挺胸收腹，肩臂展平，锻炼两侧均衡协调，肢体匀称发展。

③伸腿运动。

身体直立，双腿分开，相距半步，双臂上举。然后，上半身向右侧弯，头与双臂同时向右，右腿稍弯，左腿向右伸直，脚尖着地，心中默数 1~10。身体直立复原，改为上半身向左侧弯，头与双臂同时向左，左腿稍弯，右腿向右伸直，脚尖着地，心中默数 1~10。如此，左右两侧弯腰伸腿各做 5~10 次。保持伸腿平直有力，臀部紧缩，大腿与小腿肌肉匀称发展，外形丰满圆润。

④展臂运动。

身体直立，右脚向前跨出一步，与左脚呈丁字形。身体上半身平直向前倾俯，左脚跟抬起，脚尖着地，身体与左腿成直线，与地面成 30°，双手臂向身体两侧平伸，双眼目光俯视地面，心中默数 1~10。身体起立复原，改为左脚前跨一步，右脚跟抬起脚尖着地，身体俯倾，与右腿成直线，并与地面成 30°，双手臂左右平伸，目光视地，心中默数 1~10。如此，两侧各做 5~10 次。注意腰背平直，俯倾适度，收腹缩臀，臂腿协调。

⑤俯身运动。

身体直立，双手臂在身体两侧左右平伸，左脚站稳，右腿后抬，上半身前倾，同时从胸中呼出“哈!”的声音，稍停，心中默数 1~10。身体真正复原，然后，变换方向，改为右脚站稳，左腿后抬，同样动作再做一遍。如此，两侧各做 5~10 次。注意单腿站稳，上身保持平衡，挺胸收腹，背腰挺直，呼吸流畅。

⑥弓腿运动。

身体直立，双手臂在身体两侧平伸，左腿略弓，左脚站稳，支持身体重心。右腿后伸，脚尖着地，保持平衡。身体向左前倾，双臂随之倾斜，上身平直，目视前方。心中默数 1~10，身体直立复原，然后变换方向，右腿略弓，左腿后伸，同样动作再做一遍。如此，双腿交替各做 5~10 次，注意弓腿有力，锻炼大腿小腿肌肉，协调四肢，挺胸收腹，保持平衡。

⑦踢腿运动。

身体直立，右侧站稳，左腿前伸，用力挺直，左手臂后伸，右手臂前伸，掌心向上，目视右手，心中默数 1~10。身体直立复原，然后变换方向，左脚站稳，右腿前伸，用力挺直。同样动作再做一遍。如此，双腿交替各做 5~10 次。注意单腿直立时应重心平稳，力度均衡，踢腿用力，上身平衡。

⑧平衡运动。

双腿分开，相距一步，脚呈八字站立，双手臂在身体两侧斜上方直伸，手指伸直。昂首收颌，挺胸收腹。双腮用力挺直，心中默数 1~10。行腹式呼吸，心境平和，神态自若，身体直立复原。再按同样动作重复做 10~20 次。注意身姿匀称，脊柱平直，双腿挺立，呼吸均匀，保持形体姿态平衡。

⑨举臂运动。

双脚分开，相距一步，脚呈八字形站立。双手臂向身体两侧平伸。缓慢抬起右臂，略微屈肘，小臂上举，心中默数 1~10。行胸式呼吸，身体直立复原，然后，双臂变换方向，左臂曲肘，小臂上举，同样动作重复做一遍。如此，双臂交替各做 5~10 次。注意举臂稍慢，脊柱挺直，同时收腹缩臀，双腿挺直用力。

⑩协调运动。

身体直立，右脚向前跨出半步，双手臂在身体两侧左右平伸，这时右腿屈膝弓腿，左腿向后叠起屈膝下弯，呈半跪姿势。左手臂向内屈肘，右手臂向斜上方伸展。身体向左侧倾，头随之稍转，双眼目视右上方，心中默数 1~10。身体直立复原然后变换方向，同样动作再做一遍。如此，身体两侧各做 5~10 次。注意肢体弯曲适度；动作准确，臂腿协调，呼吸均匀。

上述动作需要一次性连续做完。可自选一段轻松乐曲，身着弹力体操服，在清晨或晚间饭后睡前进行，宜隔日一次。每节做的次数也可按自身的耐受力酌定。经常锻炼有益于规范形体姿态，促进身心健康，可延缓衰老，也可增加与人的接触和交流。任何一种锻炼，既是健身的手段，更是交流的拓展。

舍宾作为高质量的形体雕塑、整体美化设计工程系统，可以说在美容界或是体育运动界都是一个先进、科学的可操作系统。

（4）舍宾练习的基本要求

舍宾的最佳运动负荷和运动节奏为每周训练两次，每次不少于 1~1. 5h。这是因为人体肌肉和骨骼有 72h 的恢复期，即运动维持量及脂肪消耗可以达到 72h。

（5）舍宾系统的形体测评

舍宾系统的创造者用了近十年的时间，通过对大量人类形态数据的调查和处理，以人类不易改变的骨骼结构特征为依据，将人类分成 9 种不同的骨骼结构类型，从而解决了人类形体评价方面的难题，并以此为划分基础，在 9 种不同类型的群体中取得标准模特数据。因此模型标准同样也具有广泛的代表性。每种骨骼结构类型的人在舍宾的模特中均能找到自己通过努力即可能达到的标准。

（6）舍宾系统的运动处方

舍宾系统的评测不只是形体评测，为了给出运动训练处方还必须进行体能测试和医学测试。将上述测试的信息加上形体评测信息输入计算机，才能得到一个只属于个人的形体训练计划。因此，在舍宾的综合系统中，运动处于重要位置。此外，通过舍宾系统锻炼改善了肌肉内生化环境的人，由于消除或减少了体内的增肥因素，所以其反弹是各种减肥方法中最少、最慢的。

（7）舍宾系统的营养处方

舍宾运动不提倡单纯的“节食”，而是采取合理的营养调配，即舍宾营养处方。舍宾的营养处方不是根据一般的营养原则，也不是凭医生和专家经验得出的饮食配方，它是综合每个舍宾参加者的营养测评信息、身体测评及运动处方等信息后，针对每个人形体雕塑和基本健康需要而制定的科学化配餐表。其作用是与运动处方配合得到最佳的形体锻炼效果。

舍宾营养调配的另一个指导思想就是以人类的自然饮食为基础，各种合成的减肥营养品都只是作为万不得已的辅助用品，因为剥夺人的饮食乐趣是不可取的，也是任何人都无法长期坚持的。

（8）注意事项

训练外的营养规则：建议少吃多餐，每天 4～5 次，以水果和蔬菜为主，少吃或不吃高热量的食品；无论是否为训练日，睡前 2～3h 不可进食；请在生理期后的第一节课通知教练并预约测量时间，测量时间一经约定请不要迟到，以免错过测量时间。训练当天的营养规则：训练前 5h 和训练后 5h 不能食用任何动物蛋白质食物，如鱼、牛肉、牛奶等；训练前 3h，可进最后一次正餐，可食用少量主食及素菜类食物；训练前 2h，必须吃少量水果或新鲜蔬菜；训练后不得马上饮水，训练 1h 后方可喝水，但仅限于白开水、矿泉水、纯净水、无糖茶水；训练后经过 3h 可进行正餐，建议在吃正餐前最好先吃些水果，这样可以减轻胃部饥饿感。

含宾体系主旨在于雕塑出人的整体美，并以人的健康为中心，在外形、围度、脂肪百分比、皮肤等方面，对一个人进行全方位、综合系统的训练。

二、形体美的评价标准

1. 形体美的含义

在人类历史的发展过程中，形体美的标准是随着时代的变化而变化的，即使是同一时代的人，由于民族特点、种族差异、地理环境和审美习惯的不同，对形体美的标准也不同。普列汉诺夫说：“绝对的美的标准是不存在的，并且也不可能存在。”

形体美是指以人的形体作为审美对象所表现出来的容貌和体型的美。形体美包含两方面的含义：首先是作为自然美的范畴，人体在正常状态下的形体结构、生理功能和心理过程的协调、匀称、和谐的统一；其次是指形体美作为社会美的范畴，充分显示出人类蓬勃向上的生命活力。总的来说，形体美的标准是五官端正、结构协调、肌肉发达、体魄强健、生机蓬勃、精神焕发。先天生理条件是形体健美的基础，后天长期、全面、严格的训练，以及在一定社会环境中形成的个性、气质等起着重要的作用。

2. 形体美的审美特征

（1）形体美是和谐统一的整体

形体美首先要求局部与整体、局部与局部应协调和谐。这包括身体的各部分大小、长短、粗细等要合乎正常比例。从古希腊时期开始，人们就提出了人体各主要部位的比例以近似于黄金分割比例最佳。达·芬奇在他的《达·芬奇论绘画》中，就人的和谐比例做过精辟描述："人的头应是全身高度的七分之一，人肩宽应是身长的四分之一……"中国古代也提出了"立七、坐五、盘三"的人体比例关系，这说明了人体的形体应该是美的，形体美应该有一定的规律和标准。

（2）形体美应是均衡匀称的形态

人体在外部形态上都是左右对称的，一般形体匀称的人，身高与体重应该相称，其理想的比例接近黄金分割规律。

（3）形体美应是健、力、美的结合

健康匀称的体魄是人体美的首要条件。只有健康匀称的人体形象，才能表现出生命力的美。秀丽的维纳斯、矫健的掷铁饼者，都是健康匀称的人体形象，是健、力、美的结合，是人体美的典范。健美的形体，要求男性有发达的肌肉和强健的骨骼；女性体型匀称，姿态优美，富于生命韵律的流动曲线。但有些女青年认为柔弱、纤细才是女性的美，因此采用节食、勒腰、束胸的办法使自己身体苗条。其实这样做不仅达不到健美的目的，反而会影响身体的发育和健康。

3. 形体美的标准

形体美在人体美和对人体美的鉴赏中占有重要的地位。长期以来，人们都在探讨形体美的标准。古希腊人提出了人体各主要部分黄金分割的比例；文艺复兴时期意大利著名画家达·芬奇提出了绘画中人体各部位的最佳比例关系；中国古代画家作画时也提出过类似的比例数据。近代，国内外专家学者对形体美的评价标准取得了研究成果，将形态美、姿态美和气质美三方面作为形体美的评价标准。

（1）形态美

形态美的标准有如下几条。

①标准体重（kg），标准体重计算的公式如下。

男性标准体重(kg) = [身高(cm) − 100] × 0.9；

女性标准体重(kg) = [身高(cm) − 100] × 0.95；

肥胖度(%) = (实际体重 − 标准体重)/标准体重。

肥胖度（%）在±10%范围内为正常，超过10.1%~20%为过重，超过20.1%则为中度肥胖。

②男性以股骨大转子为中心，上下身长相等；女性以肚脐为界，上下身比例为5∶8。

③男女两肩的宽度等于1/4身高。

④男女两臂侧举时的长度等于1/4身高。

⑤男女大腿长等于1/4身高（女性两腿腿长加上足高应大于1/2身高）。

⑥男性胸围约等于1/2身高加5cm；女性胸围不小于1/2身高。

⑦男性腰围约小于胸围18cm；女性腰围不大于1/2身高。

⑧男性臀围等于胸围；女性臀围大于胸围2~3cm。

⑨男性大腿围约小于胸围22cm；女性大腿围小于腰围8~10cm。

⑩男性小腿围约小于大腿围 18cm；女性小腿围小于大腿围 18~20cm。

⑪男性脚踝围约小于小腿围 12cm，上臂围约等于 1/2 大腿围，前臂围约小于上臂围 5cm，颈围等于小腿围。

（2）体型的分类标准

人的身体是由头、躯干和四肢构成的，而且各类人种的头、躯干、四肢三者的比例相差不多。但是受地域和遗传的影响，人的体型之间的差异还是很大的。

①20 世纪德国学者克雷奇摩对体型提出了分类，把人的体型分为肥胖型、瘦长型和运动型三类，其特征如下。

肥胖型：身体肥满，中等身材，头部呈圆形，颈部粗短，胸廓宽大，腹部发达，腰围大，四肢短小，肤色滋润，肌肉和骨骼软弱，肩窄而躯干粗，头发易落，运动机能较差。

瘦长型：身体各部位较长，但围径、厚度、宽度各指标均小，头小且鼻梁高，胸多扁平，肤色苍白，骨骼和肌肉纤弱，皮下脂肪较差，毛和头发生长良好。

运动型：中等以上身材，肌肉与骨骼隆起，颈长而粗，肩宽。胸部发育良好，下腹扁平，腰部较细，四肢粗大，肤色良好，全身发育匀称。

②20 世纪 40 年代美国人威廉·谢尔登根据人的生理胚胎学原则，将人的体型分成内胚层型、中胚层型和外胚层型三种体型，其特征如下。

内胚层体型：它是由内胚层发育而成的消化系统机能所决定的。内胚层成分占绝对优势的个体特征是整个身体的各关节段均呈圆胖状，蓄积了大量的脂肪组织。这类人头大而圆，颈部粗短，胸廓宽阔，腹部隆起并下垂，腰部粗大，臀部丰满，四肢短粗。

中胚层体型：它是由中胚层发育而成的肌肉、骨骼发育程度所决定的。中胚层成分占绝对优势的个体特征是身体各部位的肌肉、骨骼和结缔组织发育良好。这类人身体魁伟结实，肌肉粗壮并轮廓清晰，骨骼和关节粗大，肩部和胸部宽阔，腰腹比肩胸小，具有一定的曲线感。

外胚层体型：它是由外胚层发育而成的皮肤和神经组织状态所决定的。外胚层成分占绝对优势的个体，往往骨头较大脸面瘦削，下颌尖细，颈部细长，胸薄而狭长，腹平坦甚至下凹，臀部不显眼，四肢瘦长。

其实，内胚层型、中胚层型和外胚层型的三种体型分类方法与肥胖型、瘦长型和运动型三类分法是基本吻合的。

目前有人提出有目的地参加各类运动，在运动中可将自己的体型向以下 4 个方面发展：首先，力量型和肌肉改进型，这是欧美健美比赛中所崇尚的体型。其次，体能型，适于参加各种运动的较协调、较灵活的体型。再次，适应型，根据自己的身体条件，塑造符合自己意愿的理想体型。最后，姿态型，是体型美与姿态美紧密结合的一种体型。

（3）姿态美标准

站姿：正确、优美的站姿应该是头、颈、躯干和脚的纵轴在一条垂直线上，挺胸、收腹、梗颈、两臂自然下垂，形成一种优美挺拔的体态。人在站立时要做到挺、直、高。这样脊柱的曲线美也就表现出来了。

行姿：除保持站姿正确、优美的姿态要求外，还要做到躯干移动正直、平稳，又不僵硬呆板；两臂自然下垂前后摆动协调；膝盖正对前方，脚尖微外侧，行走落地时从脚跟过渡到前脚掌，两脚后跟几乎在一条直线上，两脚交替前移的弯曲程度不要太大，步伐稳健均匀。

坐姿：优美的坐姿与站、行一样，仍然要保持挺胸、收腹。四肢的摆放要规矩端正，尤其是两腿不能分得太开、太大，更不能跷起“二郎腿”，东倒西歪。养成良好的坐姿有利于体型美的形成。

卧姿：良好的卧姿能使心血管、呼吸系统在安静状态的工作中起到保证作用并有助于消除肌肉的疲劳。人在实际睡眠中往往要翻来覆去地变换姿态。为避免心脏受压，一般为右侧卧。为避免局部受压发麻甚至出现痉挛的现象，仰卧也比较好，但不要把手放在胸上，以免压迫心脏使睡眠不宁或做梦。

（4）气质美的标准

聪慧、机智是男女共有的气质美的核心。然而，男女的气质美仍有区别。男性的气质美主要表现出阳刚气概，其特征是刚毅、顽强，善于自制，勇敢沉着，当机立断，胸襟开阔，豁达大度，粗犷豪放，待人诚恳，目光远大，勇于进取。女性的气质美表现为优雅、娴静、温和、柔顺、体贴、细腻、深情、宽容、纯真、善良等特征。

4. 形体美的各部位标准

形体美不仅仅反映出人体的外表，也反映出人们的精神面貌。它的基础既不是华丽的衣衫，也不是健康、协调的体型。综合中外美学家对人体形体美的见解，可归纳成以下几条标准。

（1）骨骼发育正常，关节灵活自然，不显粗大凸起，体态丰满而不显肥胖臃肿，此外，匀称是关键。

（2）肌肉均衡发达，皮下脂肪适当。

（3）五官端正，与头部配合协调，眼大有神。

（4）双肩对称，男宽阔，女圆浑，肩部不沉积脂肪，略外展，下沉。

（5）脊柱正位垂直，曲度正常。

（6）男性胸廓隆起厚实，正面和背面看略呈 V 形；女性胸部丰满而不下坠，侧视有明显曲线，微挺胸立背。

（7）腰细而结实，微呈圆周柱形，腹部扁平，腰部比胸部略细；男性有腹肌垒块隐现，直立时，腰部要上立。

（8）臀部圆满适度，略上翘，有弹性。

（9）两腿修长，腿部线条柔和，小腿肌肉突出，跟腱长；正、侧观看有曲线感，体现敏捷活力。

（10）踝细，足弓较高。对于女性来说，肌肤的美也很重要。肌肤美的标准是红润而有光泽，皮质表面光洁细腻、柔韧、富有弹性，给人以容光焕发、富有朝气的感觉。

第四节 不良形态纠正训练

学习目标

理论目标：了解不良形态的纠正训练方法

实践目标：通过学习改善不良形态

学习内容

不良形态主要表现为含胸驼背、O 形腿、X 形腿、八字脚、斜肩和溜肩等。含胸驼背是指胸椎后突所引起的形态改变，不是脊柱本身有病变。一般来说，含胸驼背一方面是因为长期不正确的看书、写字、上网等姿势以及过度使用手机造成的，另一方面则是在平时的坐、立、行走中不注意正确姿势或从小受他人不良姿势的影响造成的。含胸驼背易给他人留下不大方、不自信、缺乏朝气的印象。不良形态及时发现并进行纠正训练较容易矫正，在日常生活中注意保持挺胸、收腹、立腰和正确的脚型、腿型等身体姿态。

一、肩胸部位拉伸矫正训练

1. 站立抬头展胸

练习方法：两腿开立，双手于体后交叉相握，头后仰。尽力挺胸展肩，用力向后伸展头颈和肩胸。拉伸控制 1~4 个八拍，然后放松，多次重复练习。

2. 振肩、肩绕环

练习方法：两腿开立，两臂伸直上举，两手交叉相握，掌心向上。有节奏地用力向后振动肩胸。两拍一动，连续拉伸 2~4 个八拍。然后向后做展胸、手臂绕环运动。一个八拍完成一次绕环运动，连续完成 4~8 个八拍。

3. 含胸展胸

练习方法：两腿开立，两臂侧平举。躯干开始用力，逐渐松腰、低头、含胸弓背，同时两臂抱于胸前，稍屈膝下蹲。然后立腰、抬头挺胸，同时两臂向后打开至水平侧后举（掌心向后），两腿直立。含胸、展胸动作充分，幅度大，速度均匀缓慢。可按照节拍练习，四拍一动，连续完成 8~12 个八拍。

4. 扶把拉伸肩胸

练习方法：两腿开立，双手与肩同宽扶把，上体前屈至水平位。向下缓慢用力拉伸肩胸部位肌肉韧带。也可在同伴的助力下完成练习，效果更好。可动力性拉伸与静力性拉伸相结合，二拍或四拍一动，连续完成 8~12 个八拍。

5. 坐立抬头展胸

练习方法：端坐于椅子或垫上，双手于头后交叉相握。头后仰，后背用力挺直，充分立腰挺胸。控制 4 个八拍后放松，多次重复练习。

6. 跪立体后屈

练习方法：跪立，头后仰，躯干后屈，两手抓住踝关节，完成体后屈动作，控制 1~2 个八拍后放松，多次重复练习。

7. 仰卧挺身起

练习方法：仰卧，两臂侧举放于垫上。通过依次向上用力顶腰、挺胸、抬头、收腹，带动躯干后屈抬起至坐立位置，然后回到仰卧姿势。连续完成 4~8 次为一组，完成 2~3 组。

8. 俯卧抬上体

练习方法：俯卧，双手于头后交叉相握，两脚固定住（或由同伴压住脚踝）。腰背肌用力，向上抬起上体至 45°位置，控制 1~2 个八拍，然后躯干有控制地下落至俯卧。连续完成 8~12 次为一组，完成 2~3 组。

9. 仰卧起桥

练习方法：仰卧，双手双脚屈膝支撑开始，躯干向上用力挺起，成形似桥状的拱形支撑（双手和双脚距离越近，上体伸展则越充分）。控制 4~8 拍后，躺下成仰卧姿势。连续完成 2~4 次。

二、下肢不良形态矫正训练

1. O 形腿矫正训练

O 形腿是指膝关节内翻，双脚踝部并拢但双膝不能靠拢，形成 O 字形，因此被称为 O 形腿。O 形腿主要是儿童时期骨骼发育不良所致。医学上一般将此类症状划分成三个不同程度，即轻度（两膝间距在 3cm 以内）、中度（两膝间距在 3cm 以上）、重度（走路时左右摇摆）。矫正 O 形腿应重点锻炼腿部相应的肌肉和腿部内侧的柔韧性，同时有针对性地进行站立姿态的训练。

（1）腿屈伸或蹲起

练习方法：直立，两脚并拢，两手扶住大腿中部。两拍一动，匀速而有控制地完成腿的屈、伸练习。连续完成 2 个八拍。然后加大动作幅度，四拍一动，完成下蹲。起立练习，连续完成 4~8 个八拍。

（2）半蹲夹膝

练习方法：两脚相距 30cm 左右开立。两手扶膝成屈膝半蹲姿势，两膝向内逐渐相对用力、靠拢，夹紧两膝，坚持 1 个八拍，然后放松，重复 4~6 个八拍。

（3）脚尖脚跟外展、内收

练习方法：两腿并拢站立。先以脚后跟为轴（支撑点），有节奏地完成脚尖外展，内收动作。两拍一动，连续完成 4~8 个八拍。然后以脚尖为轴（支撑点），有节奏地完成脚跟外展、内收动作。两拍一动，连续完成 4~8 个八拍。在完成动作过程中，两腿始终伸直并拢。

（4）跪坐小腿外展

练习方法：跪于垫上，双手撑地，呈跪撑姿势。两脚和小腿逐渐向外用力打开，控制1个八拍，然后收拢放松。连续完成4~8个八拍。

（5）双脚夹球

练习方法：坐于椅上。膝盖并拢，用两脚夹住一个排球，向内逐渐用力，坚持1个八拍，然后放松。连续完成4~8个八拍。

（6）夹球蹲跳

练习方法：两脚踝内侧夹一个排球，两手扶在两腿上。两膝向内用力夹紧，两脚跟提起，下蹲（膝角大于90°），做向前连续的蹲跳动作。连续跳15~20次为1组，做2~3组。

2. X形腿矫正训练

X形腿是指站立时两膝并拢，但两脚跟不能并拢，其间隔距离为1.5cm以上的均属X形腿。X形腿的形成是由于先天遗传和后天疾病、创伤、营养不良，以及幼儿时期坐立行走的姿势不正确和双腿负荷过重所造成的。

X形腿是由于股骨过度内收、内旋和胫骨外展、外旋形成的一种骨关节异常现象。X形腿的矫正相对困难，但是长期坚持练习，会收到一定的效果。

（1）盘坐压腿

练习方法：坐立，左腿于体前伸直，右腿屈膝外展，右脚放于左腿内侧，左手扶住右脚脚踝，右手扶右膝内侧。右手逐渐向下用力，压住右膝至最大幅度，控制2~4个八拍，然后慢慢松手还原。重复4~8个八拍，两腿交替练习。

（2）直腿夹球

练习方法：坐于椅上，两手后撑椅，两踝夹住一个排球，脚跟着地。用脚带动腿逐渐向内夹紧球，并抬起至45°位置，控制1~2个八拍，然后放松还原。重复4~8个八拍。

（3）坐立压腿

练习方法：坐立，左腿向前侧伸直打开，右腿于体前屈膝着地。上体前倾并稍向右转。胸部贴近膝关节内侧，两臂充分前伸至最大限度，控制2~4个八拍，然后放松还原。重复4~8个八拍，两腿交替练习。

（4）坐立展膝

练习方法：坐立，两膝外展，两脚掌相合并拢，两手分别扶住同侧膝关节。两手有节奏地用力下压膝关节，使两膝向外充分展开，两脚掌尽量并拢，控制1~2个八拍，然后放松。重复4~8个八拍。

3. 八字脚矫正训练

八字脚，有外八字和内八字之分。走路时两脚尖向内扣的称内八字，走路时两脚尖向外撇的称为外八字。常见的大多是外八字脚，它是因为儿童时期过早站立学走路，腿的力量弱，很难保持身体平衡，脚尖自然地向左右分开，慢慢地形成了八字脚不良习惯。一般情况下，脚尖内扣或外撇不明显的则不称之为八字脚。如果脚尖指的方向与前进方向之间的夹角超过40°，影响到了脚形和行走，形成八字脚，就需要矫正。

（1）沿直线走跑

练习方法：自然站立，两手叉腰或前后自然摆动。在地上画一条直线，有节奏地沿直线向前行走。行走时，膝关节和脚尖正对前方，脚尖和脚跟保持在一条直线上。一拍一动，连续行走4~8个八拍。

（2）跳下台阶

练习方法：站于高20~30cm的台阶上，反复练习从台阶上往下跳的动作。空中脚面、膝盖绷直，脚尖并拢，有控制地落地，落地时两脚完全并拢。连续完成跳跃动作10~15次。

（3）负重蹲起

练习方法：肩扛杠铃站立。两脚站位与八字脚形态相反，即外（内）八字脚，以内（外）八字脚站立。有控制地匀速完成半蹲、站立练习。四拍一动，连续完成4~6个八拍为一组，完成2~3组。

（4）负重提踵

练习方法：肩扛杠铃开立，脚尖正对前方。保持正确的脚形，有控制地完成提踵练习。两拍一动，连续完成2~4个八拍为一组，完成2~3组。

【练习提示】

1. 腿形的矫正练习，主要通过反向用力，达到矫正目的。因此，应逐渐增加用力的程度和强度。避免过度用力拉伸或按压膝关节，以免造成膝关节内侧韧带的损伤。练完后加强放松练习。

2. 在平时的站立、行走和跑跳过程中，注意保持正确的脚形和腿形。

3. 矫正O形腿应重点锻炼腿部相应的肌肉和内侧韧带的柔韧性，有针对性地进行站立姿态的训练。对照镜子完成练习，效果更好。

三、肩部不良形态矫正训练

1. 斜肩矫正训练

在日常生活中，斜肩一般表现为两种：一种是肩向一侧倾斜；另一种为一肩高，另一肩低。造成斜肩的主要原因是肩部长期用力不均，使两侧肩部的肌肉力量发展不均衡所致。如长期用一侧肩背书包、扛重物，持续使用优势上肢或常以松懈不正确的姿势打电话、看书、写字或上网等。这样易使某一侧肩关节周围的软组织因长期处于紧张状态，造成该侧肩以下部位的肌群力量弱化，而肩以上部位的肌群被强化（另一侧则相反），从而导致两肩发展高低不一，形成斜肩的不良习惯。严重者还会形成脊柱侧弯。因此，斜肩的矫正，重点应加强弱侧肩部、颈部和背部肌肉的锻炼。

（1）肩绕环

练习方法：直立，两臂侧平举。

①两臂同时向内肩环绕一周，然后向外肩环绕一周。八拍完成一次绕环，连续完成8~12个八拍。

②两臂同时向后肩环绕一周，然后向前肩环绕一周。八拍完成一次绕环，连续完成8~12个八拍。

（2）提肩、沉肩

练习方法：直立，两臂自然下垂。两肩同时有节奏地完成上提和下沉动作。一拍一动。连续完成2~4个八拍。然后两肩依次完成上提和下沉动作。一拍一动，连续完成4~6个八拍。上述提肩、沉肩练习，还可以手持一定重量的哑铃完成练习。

（3）单臂持铃提拉

练习方法：肩低的一侧手握哑铃，下举，两腿开立或坐立。持铃手臂向侧匀速抬起至侧平举，然后有控制地还原。连续做8~12次为一组，完成3~5组。

（4）俯撑移动

练习方法：俯卧支撑，身体保持平直，脚背触地。两臂支撑交替向前移动，腰腹控制用力。带动身体前行。行走10~15m为一组，完成2~3组。

（5）斜身倒立

练习方法：背对墙蹲立，距离墙约50cm。两手与肩同宽，在体前撑地，两腿蹬墙成斜身倒立动作。控制20~30s为一组，练习2~3组。

2. 溜肩矫正训练

溜肩又叫垂肩，是指肩部与颈部的角度较大。溜肩常伴有含胸驼背等不良形态。造成溜肩的原因，一方面是遗传，另一方面则主要是因为日常生活中的含胸驼背姿势以及身体活动较少，最终致使肩部锁骨和肩胛骨周围附着的各肌肉群（三角肌、胸大肌、背阔肌等）软弱无力，使锁骨和肩胛骨远端下垂，从而形成溜肩的不良形态。对于女性来说，溜肩尤其影响形体的美观。矫正溜肩可做以下训练。

（1）耸肩

练习方法：站立或坐立，上体保持正直。耸肩，即两肩同时上提，控制四拍，然后放松还原。连续完成4~8个八拍。也可双手各持一个哑铃完成耸肩练习。

（2）双臂持铃提拉

练习方法：站立或坐立，上体保持正直，两手各持一哑铃放于体侧。两臂同时抬起至侧举，控制4~8拍，继续抬起至侧上举，控制4~8拍，然后有控制地还原。连续完成4~8个八拍为一组，完成2~3组。

（3）双臂负重推举

练习方法：两脚开立，两手持哑铃于胸前立屈，拳心相对。两臂用力向上推直手臂至上举，拳心相对，接着有控制地还原。连续完成10~20次为一组，完成2~3组。

（4）俯卧撑

练习方法：俯卧支撑（男性），两手与肩同宽，两腿并拢或分开。连续完成20~30个俯卧撑为一组，完成2~3组；跪卧支撑（女性），两臂与肩同宽，连续完成10~20个跪卧支撑为一组，完成2~3组。

【练习提示】

1. 在完成斜肩、溜肩矫正练习之前，负重练习完成后，注意放松练习。

2. 针对斜肩和溜肩形成原因，有针对性地进行拉伸和阻抗练习。练习时应循序渐进，逐渐增加运动量与强度。重点发展弱势肩侧的三角肌及肩部肌群力量。

3. 在日常生活中，行走、站立和坐时均应注意立腰、直背。此外，注意双肩均衡用力，如用左右肩交替挎包，用左右手交替持物或提重物等。

4. 建议男性进行一些简单的单杠、双杠、杠铃或哑铃练习，以及游泳、划船、投掷等运动，有助于溜肩的矫正。

【思考与练习】

1. 简述形体训练的基本原则。

2. 简述形体训练的特点。

3. 简述形体训练内容的分类。

4. 简述姿态美的标准。

5. 简述形成弓腰驼背的主要原因，并说明矫正的方法。

6. 根据自身或同学身体形态问题，参考本章的相关内容，设计三种矫正不良形态的训练方法。

第九章　空乘人员的气质培养与美容养生

空乘人员的气质培养与美容养生：近年来，《偶像来了》《天使之路》《舞千年》等一些节目的热播，引发大众对于明星们的服饰、饮食、健身、妆容等方面的广泛关注与热议。“气质”这一词汇在大众形容明星时被广泛提及，也日益进入人们的视野。随着科技及经济的发展，航空出行已经成为大众远途出行的首选交通工具，因此，社会大众对空乘专业人员的要求也越来越高，除优质的服务外，其气质、外在形象也是大家关注的焦点。空乘人员的工作环境比较特殊，作息时间常不规律，这对身体健康和气质形象等都会有所影响。因此，对于空乘人员来说，要充分通过科学的饮食来调整身体状况，通过养生以保持健康的体魄、靓丽的外表，从而在工作中体现空乘人员的职业精神和专业气质。

小故事 1：欧阳修养生倚“五友”

欧阳修爱好广泛，博学多才。对“琴、棋、书、画、诗”这文人“五友”无所不通。他由于不得志，心情郁闷不畅，久之患上了“幽忧之疾”，多方求医，不见好转，痛苦之极，别无良方。为解除烦恼，他便操练这“琴、棋、书、画、诗”五友，一旦全心投入了角色，便怡然自得、不知不觉病已痊愈。欧阳修在《送杨寘序》文中写道：“予常有幽忧之疾，退而闲居，不能治也，既而学琴……久而乐之，不知疾之在其体也。”他劝人以“五友”为伴，防病养生。

欧阳修在《秋声赋》中写道：“百忧感其心，万事劳其形。有动于中、必摇其精。而况思其力之所不及，忧其智之所不能。人常有多忧多思之老，方壮遽老，方老遽衰，反之以长生之法。”他在告诫人们过多的忧伤会伤害心灵，过重的劳动会伤其体魄，一个人的智慧与体力是有限的。如果老是多愁善感，则青壮年会加速老化；老年就会加速衰竭，如果反其道而行之，则是长生方法也。事实证明，欧阳修的话是正确的。性烈之士多招疾患，情郁之人甚少高龄，能以“五友”为伴者，则长寿者多也！

现代医学科学研究证明：健康、优美、悦耳的歌声、琴声对神经系统是个良好的刺激，并反射性地影响人体而表现出兴奋、抑制、降压镇痛、消除疲劳、增进食欲等功效。练习书法、绘画、下棋、作诗，不但陶冶人的情操，增进美好情趣，而且对健康是非常有利的，又何乐不为呢？

小故事 2：陆游的养生长寿诗

陆游是一位非常注重养生的人。享年八十六岁的高寿，直到临终都很健康。“八十老翁顽似铁，三更风雨彩云归。”便是陆游七十七岁时对自己身体的写照。其秘诀就是两点：

一是坚持运动。陆游在三十八岁写的《记梦》中说：“少年学剑白猿翁，曾破浮生十载功。”可以看出，陆游青中年就非常注重锻炼，常常以骑射行猎为课。

二是豁达开朗。陆游喜欢养花养草，认为这是修身养性的好方法。

每个人的机体功能会随着年龄而退化，保持良好心态、学习健康养生知识、每天坚持运动，这样不仅能延年益寿，也可以以一种健康的状态度过每一天。

小故事 3：敬业是你最帅的气质

在飞往哈尔滨的东海航空的航班上，旅客登机后，张桐（化名）注意到 7C 座位的旅客似乎腿脚不适，一直吃力地抬着腿，试图缓解痛苦。经过张桐与前排旅客真诚的沟通后，为 7C 旅客调换了前排的座位。虽说换座位后腿部可活动的空间大了，但是该旅客腿部的不适似乎没有得到更好的缓解。对此张桐贴心地用枕头做成了一个又高又软的垫子放在旅客腿下，旅客感动不已。飞机下降后张桐特意询问旅客是否需要申请轮椅下机。旅客欣然接受，并感受到东海航空体贴入微的服务。落地后旅客紧紧抓住张桐的手并郑重地表示感谢，表示下次还会选择东海航空出行。事后张桐说：“身为一名乘务员，我们的一举一动都经过反反复复的练习才能让旅客感受到我们高标准的服务，为了不负这份工作，所以我要认真负责地对待，同时也要求自己待人以宽，希望在以后的工作中光明正大、细水长流。”

第一节　气质的影响因素及培养

学习目标

理论目标：了解影响气质的因素，体会气质培养的重要性

实践目标：根据自己的身体和体型条件，完善不足

学习内容

气质的形成和培养受诸多因素的影响，如自然环境、文化氛围、社会风气、家庭教育和个人因素等方面。因此，气质也可以从心理学和生理学两方面作为一种新颖独特的概念进行阐述，从内外部是否可控等维度进行考量。

一、心理学上的气质概念类型

想了解“气质”，首先要清楚“气质”的内涵和类型。一般心理学认为，气质是人心理活动稳定的动力特征，即心理过程的速度和稳定性、心理过程的强度、心理活动的指向性。气质类型最早由古希腊医生希波克拉底提出，他通过黏液、黄胆汁、黑胆汁、血液四种体液的混合将人分为四种类型，即多血质、黏液质、胆汁质、抑郁质。多血质行为特点表现为活跃好动、反应速度快、喜欢与人交往，注意力容易转移；黏液质行为特点表现为沉稳、安静、善忍耐、情感不易外露，注意力稳定但不易转移、反应速度缓慢、沉默寡言；胆汁质行为特点表现为直率、热情、积极、情绪兴奋性高，急躁不安、容易冲动、心境变化剧烈；抑郁质行为特点表现为体验性较强、情绪体验深刻、善于发现别人不易觉察的细节，行动迟缓但不强烈、孤僻。尽管后来的研究表明，根据血液来划分气质类型并不

完全科学，但四种气质类型的概念能保留并延续至今，依旧有其借鉴意义。

生理学上，由于地域差异影响了人格发展，根据生理特征和身心发展差异自然形成了不同性格和气质类型，也自然而然地产生了对应的气质，如北方人大多性格豪爽，气质多豪放；南方人大多性格绵柔，气质多温婉。

二、气质的影响因素

1. 自然环境影响气质多样性

自然环境是影响气质的基础因素。俗语有谓“一方水土养一方人”，“水土”即指自然环境。而自然环境包括当地气候、土壤的多寡、海陆位置、植被覆盖率等，这些因素影响了当地的生产方式，从而影响社会角色定位，进而促使形成了气质的多样性。

如北方地区气候四季分明，与南方气候形成鲜明的对比。在气候的影响下，古代北方人服饰以保暖为主多为粗布，而南方人服饰以透气为主多为丝绸，相比之下南方人的服饰要华美许多，所以使得北方人与南方人在外表上有一定的差别，从而认为北方人气质多豪放，南方人气质多温婉。

2. 家庭教育影响角色塑造，实现气质家庭化

家庭教育是气质最直接最具有冲击力的因素。家庭教育既指在家庭中进行的教育，也泛指由家庭环境因素所产生的教育功能。前者指的是受教育者在家庭中所受到的由其家庭成员（不论长幼，但主要是指父母）施予的自觉或非自觉、经验性或有意识、有形或无形等多种生活水平上的影响；后者则指家庭诸多的环境因素（包括家庭的社会背景和生活方式）对受教育者产生的“隐性”影响。由此可见，家庭教育中，家庭生活教育方式、家庭物质条件、家风（精神条件）、家庭成员总体文化水平等直接影响个人成长。

家庭生活教育方式作为家庭教育中最直接最主要的因素，主要表现有民主型、溺爱型、放任型、专制型和冷漠型。民主型家庭中，人的成长往往独立自主、自信、民主。溺爱型、放任型家庭中，人在成长中逐渐转变为不独立、张扬、霸道的极端性格气质。专制型、冷漠型家庭中，人的性格常倾向为冷淡、胆怯懦弱或极端反抗。

因此，良好的家庭生活教育对于人类的成功塑造至关重要，个人气质的体现带有浓重的家庭化色彩。

3. 个人因素影响自我发展，直接展现气质个性化

个人因素是气质形成的最根本的主观因素。个人因素包含了内在层面和外在层面。外在层面是个人先天发育而成的外貌、身高、肤色、智力发育等；内在层面是后天受家庭教育和学校教育后个人所达到的综合素质。个人因素在内在和外在层面表现个体的自身发展，展现个人气质的个性化。

先天发育的外貌、身高、肤色等虽然不可自主选择，但这是先天而成的独特外表特征，是气质个性化的生理基础。

后天经家庭教育和学校教育的熏陶而达到个人学识修养，又因受先天的智力发育程度

等影响而有所差异。理想化的状态是个人修养学识得到质的提升，弥补了某些先天外貌不出众的生理弱势，使他们内心精神世界更富足，对世界上的人和事有自己独到的见解，其思想层面的成熟影响其自身的发展，这是气质个性化的教育和心理基础。

三、气质的培养

气质是一种受多重因素影响的综合性概念，也是气质的个体化和群体化特质。而气质的培养也应由因到果、从多个维度来分析。如从内外部影响因素情况而言，自然环境、文化、社会风气、家庭生活教育属于外部影响因素，个人因素属于内部影响因素。从可控和不可控的因素来看，自然环境、个人因素因其先天自然性属于不可控因素，文化、社会风气、家庭教育属于可控因素。

个体发展是主客观因素共同作用下实现发展的，所以气质的形成和培养也离不开内部和外部因素两方面。

自然环境是造就气质多样性的基础影响因素，营造相对良好自然环境，将对气质培养实现潜移默化的影响。文化和社会风气主要是在社会层面对气质的造就施加影响，所以，应接受先进思想文化熏陶，抵制不良文化习俗和社会风气，维护自身独立性。语言在文化和社会风气中是非常重要的表现形式，家庭教育应为人们的气质培养提供良好的家庭氛围及民主型教养方式，避免溺爱或者专制。

个人因素作为气质的最根本因素，要根据自身特点个性化发展，并针对自身不足之处，在外部因素的帮助下努力改善，并发扬先天优势，使自己成长为富有个性气质的新时代青年。

四、空乘人员职业气质养成

空乘人员气质的养成是空乘职业综合素质中的重要部分。空乘专业的学生要想得到真正的气质提升，就必须要找到科学合理的训练方法，如健康的身体状态与协调的形体、较为丰富的知识储备与良好的语言沟通能力、得体可亲的形象与主动服务的意识。

1. 健康的身体状态与协调的形体

空乘专业的学生要注重自身的身体状态和形体的学习，这对于空乘专业学生而言是十分重要的，因为良好的体态，可以表现出一个人的气质，而空乘服务人员的气质也正是从他们的一言一行、待人接物中体现出来的，如旅客登机时，乘务员需面带微笑，主动迎接并问候；回收饮料用具时，乘务员需略向前倾（30°~45°），面带微笑，注视旅客；与旅客交谈时，乘务员需站在面对旅客成45°角的方位，身体前倾与客人保持适当距离，若需要长时间交谈时，可以采取蹲姿。乘务员的体态动作需要按照学习与培训中的统一标准，端庄中融入温柔，干练中渗透内涵，这样才能给旅客宾至如归的舒适感。

2. 良好的语言沟通能力与较为丰富的知识储备

作为空乘专业学生需具有良好的语言表达能力，因为在服务旅客的过程中，难免会出现交谈或询问的现象，这时空乘服务人员不仅要表情自然，更要言语贴切，让旅客既感受到关心，又体会到温馨。即使在服务的过程中没达到旅客的满意，也不能急躁，在发生失误时，一定要立即说对不起，这些都是空乘专业学生专业知识的必修课，更是培养服务意识、提高服务质量的根本。因为在空乘服务的过程中，经常会出现旅客意见不一致的情况，如果自身的能力无法满足旅客的要求，也不能直接拒绝，而是需要委婉地提出一些更有利于旅客的需求来进行替代或弥补，让旅客有更多选择的机会。

另外，空乘专业学生在进行专业学习的过程中，还需要学习一些服务心理学、营销学等方面的知识，这样就能够从不同角度、不同层次去了解旅客，对服务的理解也会更加深刻，能够从被动服务的状态转化为主动服务，使服务效果更佳。

3. 主动服务的意识与得体可亲的形象

空乘专业学生服务意识的培训，并不是表面上做文章，而是需要从内心去进行感悟，服务者不仅要付出真心和热心，还要以愉快的心态去为旅客服务，被服务者也能够从服务中体验到真正的快乐和温暖，所以说服务意识的培养，是需要达到双方的愉悦感，这样才能实现服务的价值。

赠人玫瑰，手留余香，空乘服务人员在以感悟服务理念为核心的前提下，全身心地投入到工作当中，才能正确理解服务的真谛，让服务的过程变成自发而主动的过程。空乘专业学生通过训练和学习，掌握服务的技巧，以及热情与主动地融入，这样才能达到服务的目的。正确理解服务的内涵，树立正确的服务理念，急乘客所急、想乘客所想，这也是空乘专业服务的核心之所在。

第二节　培养良好的生活习惯

学习目标

理论目标：了解良好的生活习惯对身体的影响

实践目标：学会养成良好的生活习惯，促进身体健康发展

学习内容

培养良好的生活习惯是塑造健康身体的有效保障，但最主要的影响因素还是生活中的细节。拥有良好生活习惯的人相对心态更加积极乐观。若想拥有青春、健康的容颜，就必须从平时生活中不可忽视的细节做起，因此，养成良好的生活习惯与空乘人员的身体健康有着密切的关系。

一、培养良好的饮食习惯

1. 科学的饮食习惯

（1）得舒饮食

得舒饮食主张多摄入蔬菜、水果、水果干（葡萄干、枣等），主食多吃全谷杂豆，少吃或不吃精白谷物，用鱼类、低脂奶类、禽肉和坚果代替红肉，烹饪中少用高饱和脂肪的

油脂（牛油、猪油、棕榈油、椰子油等），盐的摄入量每天控制在6g以下。

（2）地中海饮食

地中海饮食被认为是所有饮食中以植物为基础的最佳饮食。该饮食除了提倡摄入水果、蔬菜、全谷物，还力荐橄榄油、鱼类、红酒。有研究表明，地中海饮食能降低心脏病和乳腺癌风险，利于提升大脑认知能力。

（3）弹性素食

这种饮食强调素食主义者不必完全放弃肉类，可以少量吃，日常多摄入豆类、坚果等植物蛋白和奶制品。

鱼肉蛋奶中的蛋白质含有人体的必需氨基酸，较容易消化吸收。全谷主食含有一部分蛋白质，但质量略低。

豆类、豆制品含有较为优质的植物蛋白，虽然消化吸收率低于动物蛋白，但富含多种抗氧化物质、维生素E、维生素K和膳食纤维，有益于心脑血管疾病、糖尿病。因此，素食者应特别注意补充豆类食物。豆类的种子结构较紧密，妨碍消化吸收，肠胃不好的人应尽量烹饪得细碎些，如用压力锅焖。

（4）体重观察饮食

倡导体重观察饮食的多位营养学家给食物营养打出了分值，饱和脂肪及糖分含量越高，分值越高；蛋白质含量越高，分值越低。建议空乘人员应选择总分值低的食物，并每天监测自己的饮食总分。

同样热量的食物，矿物质、维生素、优质蛋白含量越高，对身体不益的成分越少，营养素密度就越高，在体重观察饮食中的分值也越高。高营养素密度食物的原则是“少油、少糖、少精白淀粉”，以蒸、煮为主，避免油炸。注意果蔬、粗粮、奶制品合理搭配，以坚果、水果代替饼干、点心等，提高整体分值。

（5）TLC饮食

TLC饮食由美国国立卫生研究院创建，强调饮食要减少饱和脂肪，增加优质蛋白摄入，整体改善身体代谢状况，尤其主张肉类应去皮吃。

大多数人习惯用液体植物油烹调食材，如不经常吃饼干、点心和油炸零食，饱和脂肪摄入量不会太高。一些人认为“猪皮美容”“鸡皮补胶原蛋白”，事实上，吃大量肉皮制品，不仅达不到美肤效果，还额外摄入了很多脂肪，不利于心脑血管健康。因为羊油、牛油、奶油中的饱和脂肪含量最高，市面上的牛油、油酥点心应尽量少买，红肉中的饱和脂肪也较高，建议空乘人员多吃鱼虾、禽肉类，控制红肉摄入。

2. 如何正确饮食

（1）少吃油炸食物

大多数的空乘人员飞往不同地方都会尝试当地的美食，年轻的空乘人员都喜欢吃油炸的食物，就比如薯条、炸鸡，还有街边各种油炸类的烧烤，这些食物虽然美味可口，但是这些食物也是减肥的杀手，我们都知道油炸食物上面都包含了大量的油脂和脂肪酸。一口下去几天的节食效果荡然无存，所以爱美的女生一定要控制住自己的嘴，千万要少吃油炸食物，这样既可以有效地保持完美的身材，对健康也有极大的好处。

（2）少大鱼大肉

空乘人员在深夜结束工作后，常会约同事一起吃夜宵来释放工作压力，但夜宵店的菜品往往都是含有较高脂肪的食品，如小龙虾、烤鱼、烤串等，高热量肉类会让肝脏以及肾脏负担加重，长时间食用不仅会导致肥胖，还会让各项指标失控，患上心脑血管疾病的概率增加。

（3）不要暴饮暴食

空乘人员属于高空作业群体，工作辛苦劳累，工作压力大，而且还要面对各种不同性格、不同层次的旅客。所以空乘人员在心情不好或者心情愉悦时，认为通过暴饮暴食能让情绪更好，而这是一种不良的饮食习惯，暴饮暴食会让进食食物的速度加快，导致食物没办法充分在口腔内咀嚼而进入肠胃，给肠胃带来负担，如消化不良等，甚至有调查研究发现，在暴饮暴食的两个小时内发生心脏病的概率要比正常人高，而且暴饮暴食会让大脑反应力下降，促使大脑细胞老化。

（4）不要吃霉变食物

很多人在食用原打开过的食品前，都会先闻味道，再观察食物是否有发霉现象，这是一种很好的习惯。因为食物在霉变后会滋生细菌，细菌会扩散整个食物，虽然没有腐烂的一面看似完好，但也会涉及细菌，所以一旦进食会影响肝脏和其他器官，因此不要以为只有一小处霉变剔除就好，要注意食用保持新鲜的水果蔬菜以及饮食。

（5）多吃蔬菜水果

在工作时为了保证服务质量，有些空乘人员在就餐时用面包、饼干等食品代替主食来节省就餐时间，但这样往往会影响身材，建议有想减肥的空乘人员平日里要多吃些水果和蔬菜，因为水果和蔬菜中有丰富的维生素和矿物质，还有大量的纤维素，重点是吃这些可以增加人的饱腹感，使人们对肉类食物减少兴趣，另外吃这些食物可以补充身体内流失的水分，帮助身体加快新陈代谢达到减肥的效果。

二、身体补水

1. 合理饮水

（1）按需喝水

空乘人员在工作时由于时间的限制，往往会忘记喝水。但按需喝水是喝水养生的重点之一，这是因为要顺应人体的需求，喝太多的水可能会伤害到肾脏，而喝水较少也会影响到人体的新陈代谢，可能会导致血液黏稠度上升。因此按需喝水是保障喝水养生方法的基础，如果出现了病理性改变或者受到外界因素的影响，就可以根据自己身体需求的情况来判断饮水量的变化。

（2）避免大口猛喝水

空乘人员在工作时，通常是口渴了才想起喝水，所以喝水速度快且喝水量大，但如果短时间内突然喝太多的水，也会给身体造成负担，主要是会迅速增加心脏负荷，所以在喝水的时候要保证少量多次慢饮的原则。一般将一口水分几次徐徐咽下，既能够充分润滑口腔和喉咙，也可以缓解口渴，如果是患有肾病或者心脏疾病的人群就不能多喝水。

（3）选择喝水的时段

空乘人员因在工作时喝水量少，会出现便秘现象；因工作时间不固定，导致起床后一段时间仍旧感觉无精打采，但只要学会选择喝水的时间段，就可以轻松解决这些问题。因为喝水的时间段就决定了喝水之后对身体起到的作用，所以选择喝水的时段是比较重要的。比如，在早晨喝水就可以起到润肠通便的作用，但是一般饮水量要少一些。而在中午喝水则能够起到防止困倦的作用，同时也能够帮助高血脂的患者降低血脂。如果是在夜晚睡前喝水，通常能够起到滋阴，防止血液黏稠的作用，但是喝水量不宜过多。

（4）避免喝生水

生水一般就是没有经过处理的水源，这种水中含有大量的细菌，并且对于身体也有一定的危害。因为没有经过处理的情况下，可能会存在一些微生物和毒素，容易引起消化道感染性疾病，即便是与开水混合饮用，也是有可能会诱发疾病的，所以就要避免。日常生活中，获取水分一般还是要以白开水为主，既健康也能够保证安全。

（5）尽可能喝温水

许多空乘人员在夏天喝水时喜欢加入冰块解渴，而冬天喜欢喝水温较高的热水来提升体温，因为太冷的水会直接造成呼吸道以及胃部的刺激，温度过高的水则会引发损伤，而温水是比较接近于人体内温度的，所以喝温水才能够避免刺激，起到养生功效。

2. 喝水养生需避免的坏习惯

（1）尽量少喝饮水机内的水

桶装水和饮水机无论在家庭还是办公、公共场所都已非常普遍，而常用的饮水机洁净度却令人担忧。

饮水机看似让人喝上好品质的水，实则“二次污染”很严重。每当打开饮水机龙头时，听到“咕噜”的声音，桶里翻出一串气泡，这就是有空气进入，灰尘及微生物就会被带入。

据国家环境卫生监测部门监测数据显示，桶装饮水机内的冷热水胆三个月不洗就会大量繁殖细菌，如大肠杆菌、葡萄球菌等，所以，建议最好一月清洁一次。办公室的饮水机因为使用频繁，应更得勤加清洗。

（2）少喝瓶装水

空乘人员在后舱为了方便饮水，所以经常会喝瓶装水来节约时间，但瓶装水所使用的聚酯瓶往往含有可能导致人体慢性中毒的物质，尤其是当瓶子在高温环境中，或开启后没及时喝掉，有害物质会渗入水中，危害健康。如果不注意饮用瓶装水的习惯，长期会对身体产生不良的影响。

（3）不渴不喝水

国内一项调查数据显示，七成人都是发觉渴了才喝水，我们大多数空乘人员因工作环境特殊，服务环节紧凑，也是感觉非常口渴了才想到需要喝水。殊不知当你感到口渴的时候，你的身体至少已经流失了1%的水分。

喝水不是为了解渴，而是让其参与新陈代谢，被人体吸收，长时间缺水会增加血液的黏稠度，诱发心脑血管疾病。同时，越不注意喝水，喝水的欲望就会越低，人就会变得越来越“干旱”。

（4）用饮料代替水

空乘人员大多数是年轻人，且都爱喝碳酸饮料、果味饮料，用饮料代替纯净水。这种喜好不但起不到给身体补水的作用，还会降低食欲，影响消化和吸收。

如果一定要喝有味的水，也要根据自身体质，适当改善。比如，便秘的人可以喝点蜂蜜水或者果蔬汁，能够促进肠道蠕动；而胃寒的人要少喝性寒的绿茶、凉茶、果汁，多喝暖胃的红茶、姜糖水。

总之，喝水也是有讲究的，正确的喝水方法才能起到养生效果，而在日常生活中随意补充水分，其实是很难对身体达到调节的功效。所以如果想要通过喝水来养生，就要明确喝水的各种方法，同时也要注意不健康的饮水会给身体带来影响。

第三节　空乘人员的皮肤特点与食疗护理

学习目标

理论目标：了解合理的饮食与美容的关系

实践目标：充分掌握空乘人员皮肤的特点，利用饮食中的营养达到美容的目的

学习内容

不确定的工作时间和休息地点是空乘服务行业与其他行业的最大区别，空乘人员因工作原因导致饮食不规律，从而会影响皮肤的健康。科学的饮食可使身体正常地进行新陈代谢，维持健康的身体状态，自然会造就健康的皮肤。除了用护肤品保养皮肤，食疗是造就美丽皮肤最基本的办法，甚至会比使用护肤品有更明显的作用。

一、饮食与美容的关系

饮食中的营养成分不仅与身体健康密切相关，而且与身体美容有着一定的联系。体型的肥胖与消瘦，皮肤的粗糙与细腻，毛发的亮丽与干枯等一系列美容问题均与饮食是否科学合理密切相关。民航乘务工作十分辛苦，空乘人员需要了解饮食与美容的关系，通过平衡饮食使自己皮肤红润、容光焕发、充满活力，达到美体与美容的目的。

1. 饮食对美容的影响

生活中的许多食品除了可以供应人们身体所必需的营养物质之外，还兼具养颜、护肤、美容等功效。科学合理的膳食，就能够改善人类遗传、后天环境等方面的不足，进而优化皮肤状态、减缓人自身的老化进程，起到健康美貌驻颜的作用。为了达到健康美貌的功效，饮食应该做到以下几点。

（1）饮水对美容的帮助

身体需要大量的水分，当体内水分减少时，肌肤会产生干涩，皮脂腺分泌减少的状况，进而使肌肤缺乏弹力，甚至产生皱纹。建议一天中最少应喝 3L(6 杯左右)；饮水最好以白开水为主，也可以以牛奶、菜汁适量代水；少喝冰水，因冰水会导致消化不良；临睡前不宜多喝水，晚上水喝多了会引起眼皮水肿而影响容貌。

（2）合理补充营养素，对美容有帮助

不少食品中的营养素本身就具有很好的美容作用。因此，提高含有胶原食物的摄入量有助于使细胞更加充盈，进而使肌肤细腻而富于弹力，建议多食用猪蹄、动物筋腱和猪皮等含有胶原的食物。增补优良蛋白质，能够提高人体细胞的形成、改善肌肤的生理功能，建议多食用猪瘦肉、兔肉、生鸡蛋、鸭蛋、羊奶、牛乳、海参、乌骨鸡、银鱼、黑豆等富含优良蛋白质的食物。不饱和脂肪酸、亚麻酸有极好的滋润皮肤的作用，建议多食用葵花子油、大豆油、玉米油、核桃仁、松子仁等食物。合理补充糖类可帮助蛋白质在机体内合成，保证身体正常脂类新陈代谢，保护肝功能，并间接具有润肤美容的功效。

（3）科学搭配微量元素

微量元素参与生命物质的代谢过程，并且是护肤美容所不能缺少的重要物质。身体缺铁，则颜面无血色、肌肤无华，建议多食乌鱼、海虾、海带、猪肝、牛肝、牛肾、淡菜、海参、黑豆、黄豆、菠菜、黑木耳等含铁较多的食物；如果身体缺锌，会肌肤粗糙、颜面无血色、毛发干燥，建议多食海参、海鱼、海带等海产品，以及鸡蛋、羊肉、核桃、松子仁、葵花子、葱等含锌较多的食物；体内缺乏铜，则可导致肌肤干涩、粗糙，头发干燥，需要多服食富含铜的食物，如哺乳动物肝、牡蛎、瘦肉、大豆、芝麻、大白菜、花生、核桃等食物；而体内缺乏碘，则肌肤多褶皱并失去光泽，需要多服用含碘量较丰厚的饮食，如海带、紫菜、海参、海蜇、海虾等海产物，以及胡萝卜、番茄、蘑菇等蔬菜水果。

（4）常吃富含维生素的食物

维生素对抵抗肌肤老化、维持肌肤细致润泽起了很大作用。维生素 E 对肌肤抗衰老有重要功效，含维生素 E 多的食品主要有谷物、小麦胚芽油、棉籽油、绿叶蔬果、蛋黄、坚果类、肉类、乳制品、豆油、花生油和香蕉等。维生素 A 也能够让人的肌肤柔润有弹力、眼神亮丽，一般富含维生素 A 的美食有哺乳动物肝肾、鱼肝油、牛乳、蛋白质、胡萝卜、番茄、橘子、小麦胚、植物油等。缺乏维生素 B 的人肌肤也很容易干枯而形成皱纹，因此需要多服用富含维生素 B 的饮食，如粗粮、花生、黄豆、瘦猪肉、高蛋白质、哺乳动物肝等。而缺少维生素 B_2 的人也会形成口角炎和脂溢性皮炎、痤疮和色斑等，因此需要多服用富含维生素 B_2 的饮食，如哺乳动物肝、奶油、绿叶菜、蘑菇等。维生素 B_5 与氨基酸代谢关系甚密，应该多食用富含 B_5 的食物，如酵母、米糠等。维生素 C 可排除毒物，并促使胶原合成，从而产生较强的抗氧化功能，可保持肌肤洁净细嫩、预防老化，新鲜水果与蔬菜中都蕴含大量的维生素 C。

（5）酸碱食物平衡

食物有“酸性”与“碱性”之分。日常生活中人类所食的鱼、肉、禽、蛋、粮谷等均为正常生理酸性，而葡萄、橘子、菠菜、胡萝卜、番茄、青瓜、香蕉、梨、牛乳、芹菜、蘑菇、马铃薯等，均为正常生理碱性。如果过度食用酸性食品，会使人体内水分和血液中的乳酸、尿酸浓度升高，当有机酸无法尽快排泄至体外时，就会侵害较敏感性的表面细胞，使肌肤粗糙没有弹力。常食用碱性食品，肌肤较不易遭受病菌及药物的侵害，但一旦过度食用，就会产生营养不良，而造成肌肤的枯黄。

2. 饮食对身材的影响

饮食对保持匀称的身材起着重要的作用，为了保持身材，饮食方面应该注意以下几点。

（1）科学安排三餐

首先，体重较重的空乘人员不宜长期节食，因为长期节食虽然能够短暂降低体重，但同时也会引起营养不良、体质减退、免疫功能下降，甚至引起各种病症。其次，要坚持吃早餐。长时间不吃早餐易导致急性胃炎、胃扩张病等，中餐在饥不择食的情况下，吃得又快又多，反而会热量过剩使身体发胖。再次，谷物、水果、青菜都要充分均衡地分配在三餐中。最后，贯彻“早餐吃得好，中餐吃得饱，晚餐吃得少”的习惯，尤其是在睡前三个小时之内不能进食其他东西，因为吃夜宵会产生大量超额热能，而多余的热能就会转变为脂肪积聚起来，很容易发胖。

（2）合理饮水

很多空乘人员为了保持身材，通常会控制饮食，但饮食过少不能调节脂肪代谢，因此平时要及时饮水。口渴其实是身体缺水的一种警告，不要等到口渴时再去喝水，此时身体已经是缺水状态。鸡汤也是一个不错的食欲抑制剂，在平时吃饭时多饮一些鸡汤，有助于降低对主食的摄取，进而达起到保持身材的目的。

（3）注重饮食搭配

粗粮杂粮中含有大量的B族维生素、饮食有机纤维和矿物质，促进了正常生理功能的调整与代谢。因此，燕麦、玉米、荞麦等均有降脂减压、平肝通便、预防代谢性疾病的功效，所以，经常服用粗杂粮，对保持良好的身材有益。

（4）多吃蔬菜水果

因为空乘人员工作环境较为密闭，空气流通速度慢，从而会影响到空乘人员的新陈代谢，而果蔬中富含矿物质和维生素，容积大且热能较少，因此有着明显的降脂、助消化吸收等功效，同时果蔬中还富含膳食有机纤维，多吃富含膳食有机纤维的食物，可以降低人身体对有毒化学物质的吸收，并排除人身体的垃圾，防止发胖。

（5）多食用可减肥的食物

体重较重的空乘人员往往都比倾向肉类食品，不喜欢吃蔬菜，而蔬菜中的西兰花具有大量的高纤维成分，搭配番茄、洋葱、青椒等配料可以煲成瘦身汤。再如，茄子在一顿正餐中也能够起到抑制吸收油脂的效果；扁豆如果搭配绿叶菜食用，则能够促进人体的代谢，也有助于减重。除此以外，人们还食用如黄瓜、生菜、白菜、萝卜、冬瓜、韭黄、洋葱、菠菜、豆芽、香菇、茼蒿、黑木耳、海带、山梨、酸乳、豆类、海蜇、燕麦、小麦、醋等有利于减肥降脂的食物。

（6）少吃甜、凉、油腻的食物

空乘人员因工作压力较大，为了缓解工作压力喜欢吃相对刺激的物品，如高糖食品、冰冷食物、含酒精的饮品，这类食品不仅不利于身体吸收，还对身体有害。在生活中，忌食糖、巧克力、甜饮品、甜食、冰激凌、酒类等，也尽量少食蜂蜜、肥肉、黄油、哺乳动物脏器、鱼子等，也少食或不吃高热量的食物，是保持苗条身材的秘诀。

（7）减慢进食速度

空乘人员因服务工作环节紧凑，往往在就餐时为了节约时间而快速进食，这也是导致身体肥胖的因素之一。而进食时减慢进餐速度，也是保持身材的一个小窍门。日本学者通过观察实验表明，当食物流入身体后，身体血糖水平就会上升，当身体血糖水平上升至一定标准量水准时，人脑食欲中心才能产生或终止食物的信息。当吃得过快，人脑的食欲中心产生停止食物信息时，人通常早已吃了过量的食品，从而快吃便会导致肥胖。因此在进食时必须要细嚼慢咽，降低进餐速度，如此便可合理地调节食量，从而取得减肥的成效。

二、饮食对空乘人员美容的影响

因为飞机客舱环境相对干燥，加之空乘人员的飞行时间不固定，常会有倒时差的现象，再加上飞机所在区域的温度变化所带来的磁场的影响，空乘人员的肌肤也很容易形成褶皱，所以对于空乘人员来说，除了通过锻炼，保证休息睡眠时间以外，还应该通过科学的饮食来减少皱纹的产生。

（1）含骨素丰富的饮食有助于缓解肌肤褶皱的形成，让肌肤保持弹力与细腻，因此建议多食用富含骨素的食品，如猪骨汤、牛骨汤、鸡骨汤。

（2）谷氨酸类食品既可延缓老化，也可避免肌肤褶皱形成，建议多食用鱼类、对虾、蚝、蘑菇、银耳、蜂蜜等含有谷氨酸类的食品。

（3）碱性饮食能使血液呈碱性，降低乳酸对肌肤的腐蚀和损伤，平日建议多摄取一些新鲜的水果、蔬菜和牛奶等碱性食物平衡血液的酸碱度。胶原蛋白有提高肌肤储水能力，以及维持肌肤组织细胞内外水分平衡的功能，建议多吃猪皮、猪蹄、甲鱼等富含胶原蛋白的食物。

食物是维持人体生命和健康不可缺少的，它可以长期食用而不产生毒副作用。根据食物的性味功能及个体差异，精心调配，从内部平衡脏腑阴阳，调节气血经络，增进健康。将食物根据需要配制成不同剂型，直接作用于体表皮肤及外部器官，营养局部。运用食物或可食药两用的天然植物或以食物为主的药膳，美化仪容、保持健康。生命之树常青，需要热量、蛋白质、脂肪、碳水化合物、矿物质、维生素等。提倡科学进食，合理搭配，饮食多样化，全面摄取营养，让五脏六腑之华彩流注于体表，展现生命之美。

【思考与练习】

1. 饮食对美容的影响有哪些？

2. 浅谈有利于减肥降脂的食物有哪些。

3. 简述皮肤干燥有细纹出现时，可以通过什么食材中的营养进行调理。

4. 结合自身实际，根据古希腊医生希波克拉底提出的四种类型，分析自己是哪种类型。

参考文献

［1］张岩松．职业形象设计［M］．北京：清华大学出版社，2019.
［2］陈丽娟．美容皮肤科学［M］．北京：人民卫生出版社，2014.
［3］申泽宇．美容美体技术［M］．上海：复旦大学出版社，2019.
［4］Milady．国际美容护肤标准教程［M］．马东芳，译．北京：人民邮电出版社，2016.
［5］冰寒．问题肌肤护理全书［M］．青岛：青岛出版社，2019.
［6］庆田朋子．护肤美容［M］．吴梦迪，译．南京：江苏凤凰文艺出版社，2019.
［7］崔浣莲，刘晓英，罗艳琳．华北、华东和华南地区人群皮肤颜色与年龄的关系［J］．中国皮肤性病学杂志，2013，27(2)：204-207.
［8］侯素珍．夏季防晒及防晒霜的使用［J］．日用化学品科学，2012，35(8)：43-50.
［9］王燕．如何做到正确的面部清洁［J］．按摩与康复医学，2012，3(10)：200.
［10］陶诗秀．卸妆产品该如何选择［J］．家庭医学，2016，46.
［11］高于洋．多重功效的洗发水和护发素［J］．日用化学品科学，2011，34(6)：12-14.
［12］李慧伦．精准化妆术［M］．青岛：青岛出版社，2019.
［13］安洋．化妆造型［M］．北京：人民邮电出版社，2021.
［14］戚立．化妆设计基础［M］．北京：化学工业出版社，2022.
［15］李勤．空乘职业形象设计与化妆［M］．北京：清华大学出版社，2017.
［16］于莉，韩秀玉，马丽群．空乘职业形象塑造［M］．北京：化学工业出版社，2019.
［17］张园园．女性气质的影响因素及培养［J］．现代商贸工业，2018，39(12)：70-72.
［18］叶奕乾．个性心理学［M］．4版．上海：华东师范大学出版社，2016(5).
［19］骆风．简析当代家庭教育概念的演进［J］．学前教育研究，2004(11)：17-18.
［20］庞荣．浅谈空乘服务人员职业素养的培养提高［J］．广东蚕业，2019(9).
［21］黄鹤馨．空乘人员职业素质提升策略［J］．中外企业家，2020(8).
［22］白明婕．空乘礼仪对空乘人员素质的影响探讨［J］．造纸装备及材料，2020(1).
［23］杨静．形体礼仪使用教程［M］．北京：中国戏剧出版社，2013.
［24］人社部教材办公室．形体训练［M］．北京：中国劳动社会出版社，2016.
［25］张玲．形体礼仪［M］．武汉：华中科技大学出版社，2010.
［26］张桂兰．形体训练［M］．北京：国防工业出版社，2010.
［27］樊琳娜，贾焱，蒋丽刚．敏感皮肤成因解析及化妆品抗敏活性评价进展［J］．日用化学工业，2015，45(7)：409-414.
［28］董银卯，孟宏，马来记．皮肤表观生理学［M］．北京：化学工业出版社，2018.